Joachim Weiner · Ästhetik und Identität

Philosophische
Texte und Studien

Band 5

Joachim Weiner
Ästhetik und Identität

1983
Georg Olms Verlag
Hildesheim · Zürich · New York

Joachim Weiner

Ästhetik und Identität

Ein Beitrag zur Kritik
der ästhetischen Bewältigung
neuzeitlicher Bewußtseinskrisen

1983
Georg Olms Verlag
Hildesheim · Zürich · New York

© Georg Olms AG, Hildesheim 1983
Alle Rechte vorbehalten
Printed in Germany
Umschlagentwurf: Paul König, Hildesheim
Herstellung: Weihert-Druck GmbH, Darmstadt
ISBN 3 487 07359 5

INHALT

Einleitung   1

I. Bewußtsein und Identität   7
1.1 Die 'Erfindung' des Individuums in der Renaissance   7
1.2 Die programmatische Setzung der Individualität als   15
    selbstidentische Subjektivität durch die Aufklärung
1.3 Identität als Versprechen konkreter gesellschaft-   20
    licher Integration und Autonomie des bürgerlichen
    Individuums

II. Kant: Das Problem der Identität als Problem der   30
    Einheit von Geist und Natur in der "Kritik der
    Urteilskraft"
2.1 Die gesellschaftlichen und geistigen Voraussetz-   30
    ungen der Kantischen Philosophie
2.2 Die Unvermitteltheit reiner und praktischer Ver-   35
    nunft als Ausgangspunkt für die "Kritik der Ur-
    teilskraft
2.3 Die "Kritik der Urteilskraft" als Suche nach   42
    einer vernünftigen Natur
2.4 Die ästhetische Totalisierung des bürgerlichen   53
    Lebenszusammenhanges zwischen Kritik und Recht-
    fertigung

III. Hegel: Geistphilosophischer Lösungsversuch der   68
     Identitätsproblematik des neuzeitlichen Bewußt-
     seins
3.1 Hegels Absage an die ästhetische Vermittlung von   68
    Vernunft und Natur und das Bedürfnis nach Philo-
    sophie
3.2 Das Bedürfnis nach wissenschaftlicher Erfassung   77
    von Kunst und Religion
3.3 Die Selbstbefriedigung des Geistes in der Kunst   87
3.4 Hegels Ästhetik und die Kunst der Moderne   107

IV. Th. W. Adorno: Die Beschwörung des Ästhetischen   113
    gegen die vernichtende Logik der Identität
4.1 Geschichtsphilosophische und gesellschaftstheo-   113
    retische Voraussetzungen der ästhetischen Theo-
    rie Th. W. Adornos
4.2 Das Naturschöne als Vermittlungsinstanz zwischen   131
    Geschichtsphilosophie und ästhetischer Theorie
4.3 Kunst als bestimmte Negation   135

4.4 Die hermetische Kunst der Moderne	143
4.5 Das Überleben der philosophischen Reflexion in der Form der ästhetischen Theorie	150
V. Die Möglichkeit und Funktion ästhetischer Theorie in der spätbürgerlich-kapitalistischen Industriegesellschaft	159
5.1 Kritik an der Beschränktheit philosophischer Ästhetik	159
5.2 Der Charakter und die Seinsweise des Kunstwerks	167
5.3 Das Interesse des neuzeitlichen Bewußtseins an einer Philosophie der Kunst	173
5.4 Folgerungen für die gegenwärtige philosophische Ästhetik	180
VI. Exkurs zur schizophrenen Situation der gegenwärtigen Kunstszenerie	182
Literaturverzeichnis	190

EINLEITUNG

Ausgangspunkt dieser Arbeit ist die Erfahrung der Verschränkung von Ästhetik, Therapeutik und Rationalitätskritik in einer seit einigen Jahren anhaltenden, in der Hauptsache von Intellektuellen geführten Identitätsdiskussion, an der sich Konservative und Linke unter verschiedenen Vorzeichen gleichermaßen beteiligen. Im Zentrum dieser Diskussion steht das Verhältnis des Individuums zu einer gesellschaftlichen Realität, die in den westlichen Industrienationen zwar materiellen Reichtum in einem geschichtlich noch nie dagewesenem Ausmaß gewährleistet, aber gleichwohl eine beträchtliche Anzahl von den Individuen als wesentlich empfundene Bedürfnisse nicht zu befriedigen vermag. Von daher wird die gegenwärtige Identitätsdiskussion von dem Gefühl geleitet, daß in der gesellschaftlichen Entwicklung der Neuzeit etwas falsch gelaufen sei und daß bestimmten gesellschaftlichen Entwicklungen Einhalt geboten werden müsse, allerdings ohne recht zu wissen wie. Zentral bestimmend ist das Gefühl einer tiefgreifenden Ohnmacht des Individuums gegenüber einer unüberschaubar gewordenen, komplexen und scheinbar sich selbst bewegenden gesellschaftlichen Realität, deren Telos die die Selbstvernichtung zu sein scheint. Die angesichts dieses Zusammenhangs diskutierte Identitätsproblematik ist Ausdruck der Ortlosigkeit, die das individuelle Bewußtsein im gesellschaftlichen Lebenszusammenhang erfährt, einer Ortlosigkeit, die verbunden ist mit dem Gefühl der Orientierungslosigkeit sowohl bezüglich der eigenen Lebenspraxis als auch der gesamtgesellschaftlichen Entwicklung. Die gegenwärtige Identitätsdiskussion signalisiert eine tiefgreifende Sinnkrise, die sich von früheren Sinnkrisen, an denen es in der Geschichte der bürgerlichen Gesellschaft niemals gemangelt hat, dadurch unterscheidet, daß auch die traditionell sinnstiftenden Formationen Philosophie, Kunst, Wissenschaft und Religion von ihr ergriffen sind und ihre einst Orientierung gewährende Funktion weitgehend eingebüßt haben. Gleichwohl scheint es für das intellektuelle Bewußtsein, das sich weitgehend über die Teilhabe an diesen Institutionen definiert, kennzeichnend zu sein, im Falle von Identitäts- und Sinnkrisen gerade bei ihnen Antworten auf die Frage nach der Möglichkeit einer sinnvollen individuellen und gesellschaftlichen Lebenspraxis zu suchen. Eine favorisierte Stellung unter diesen Institutionen nimmt in der bürgerlichen Gesellschaft die Kunst bzw. das Ästhetische ein. Der Rückgriff auf das Ästhetische in gesellschaftlichen und politischen Krisenzeiten hat in Deutschland Tradition. Lange Zeit war er eine Domäne der philosophischen Ästhetik, die als Theorie der Kunst oder der Natur sowohl rationalitätsspezifische als auch gesellschaftspolitische und geschichtsphilosophische Schwierigkeiten der Neuzeit zu bearbeiten und zu bewältigen versuchte. Von daher überrascht es nicht, daß auch in der gegenwärtigen Rationalitäts- und Identitätsdiskussion Kunst und ästhetische Reflexion eine nicht unwesentliche Rolle spielen. Identitätsprobleme sowohl erkenntnistheoretischer als auch sozialer Art haben in der philosophischen Ästhetik immer ein Zentrum gebildet, um das die Reflexion kreiste. Diese Arbeit will an Hand der Ästhetiken von Kant, Hegel und Adorno die Affinität philosophisch-ästhetischer Reflexion zum Problem der Identität kritisch hinterfragen. Ich gehe davon aus, daß die Konstitution systematischer ästhetischer Theorie in der neuzeitlichen Philosophie bedingt ist durch die problematischen Implikationen der von ihr entwickelten Vernunftkonzeption. Ästhetik soll als Theorie der Natur oder Kunst nicht nur die erkenntnistheoretischen Schwierigkeiten bearbeiten, die sich aus der Setzung der Vernunft als eines autonomen, sich selbst begründenden Lebensprinzips ergeben, sondern auch die daraus resultierenden Widersprüche und Gegensätze zwischen der jeweiligen Geschichtsphilosophie und einer sich ihr verweigernden gesellschaftlichen Wirklichkeit entweder für das Bewußtsein aushaltbar machen oder aber in die Perspektive einer möglichen Aufhebung setzen. Sie fungiert entweder als kompensatorischer Ersatz für enttäuschte geschichtsphilosophische Hoffnungen und Erwartungen in der Form einer mehr oder weniger magischen Beschwörung der Synthesis unversöhnlicher Widersprüche und Gegensätze (Kant) oder als letzte, die Wahrheit philosophischer Rede garantierende Instanz (Adorno). Einzig Hegels Ästhetik will derartige Kompensation nicht mehr leisten, weil er sich im Besitz eines geschichtsphilosophischen Denksystems wähnt, das der Versöhnungs- und Kompensationsleistung ästhetischer Theorie unbedürftig sei. Wo Ästhetik als Auflösung der erkenntnistheoretischen Problematik des neuzeitlichen Denkens ausgegeben wird oder gar als Substitut für Geschichts- bzw. Gesellschaftstheorie auftritt, erfüllt sie eine therapeutische Funktion für das moderne intellektuelle Bewußtsein. Therapeutisch, weil sie heilende Antwort auf das Leiden dieses Bewußtseins am Verlust seiner substantiellen Wahrheit sein will, die in der zerfallenen christlichen Weltanschauung des Mittelalters garantiert schien. Als Ästhetik versucht die neuzeitliche Philosophie von Kant bis hin zu Adorno mit den erkenntnistheoretischen und geschichtsphilosophischen Problemen fertig zu werden, die sich für das neuzeitliche Bewußtsein aus seiner Setzung der Vernunft als Denken und Handeln gleichermaßen orientierendes autonomes Prinzip ergeben haben. Die Geschichte der Ästhetik ist zugleich die Geschichte der Sackgassen und Schwierigkeiten des neuzeitlichen Denkens mit seinen eigenen Voraussetzungen. Von daher impliziert Kritik an der philosophischen Ästhetik die an der neuzeitlichen Rationalität und der an sie geknüpften geschichtsphilosophischen Perspektiven.

Die Reflexion über das Verhältnis von Ästhetik und Identität verfolgt im wesentlichen drei Ziele. Sie versucht den Nachweis zu erbringen, daß Kunst die ihr von der philosophischen Ästhetik zugemutete Heilfunktion für das moderne Bewußtsein aufgrund ihres spezifischen Charakters nicht zu erfüllen vermag. Kunst soll so von der Zumutung entlastet werden, rationalitätsspezifische und geschichtsphilosophische Probleme zu bewältigen, die entweder prinzipiell unlösbar oder deren Lösungen Angelegenheit der konkreten gesellschaftlichen Praxis sind. Das wäre zugleich ein Beitrag zur Kritik an der Mystifikation der Kunst durch das intellektuelle Bewußtsein.

Sie wird zu zeigen versuchen, daß die Philosophie in der Form der traditionellen Kunstwerkästhetik notwendig den Charakter der

Kunst verfehlt, weil sie Kunst für die Lösung von Problemen instrumentalisiert, die sich aus ihrer Vernunft und Bewußtseinskonzeption ergeben. Die Verlagerung dieser Probleme in die Sphäre des Ästhetischen befreite nicht selten die Philosophie von der unangenehmen Aufgabe, wesentliche Bestandteile ihrer Vernunftkonzeption einer kritischen Revision zu unterziehen. Aufgrund ihres imaginären Charakters war die Kunst dazu geeignet, auch das real Unversöhnliche als versöhnbar darzustellen oder zumindest zu beschwören. Das Interesse der neuzeitlichen Philosophie an der Bewahrung ihrer brüchigen Konstruktionen führte dazu, daß sie als Ästhetik der Kunst Funktionen unterstellte, die sie von sich aus nicht besaß und Leistungen zumutete, die sie nicht erbringen konnte. Eine adäquate Bestimmung des Charakters der Kunst erfordert eine erweiterte Ästhetik, die Kunst nur als eine besondere Form der ästhetischen Produktion und des ästhetischen Verhaltens reflektiert, anstatt in ihr die ausgezeichnete Lösungsgestalt rationalitätsspezifischer und geschichtsphilosophischer Probleme zu erblicken.

Darüberhinaus verfolgt die Arbeit die Absicht, über die Analyse der drei ästhetischen Theorien ästhetische, insbesondere kunstästhetische Lösungsversuche individueller und gesellschaftlicher Probleme als kompensatorische Akte eines an der Starrheit gesellschaftlicher und geschichtlicher Realität leidenden intellektuellen Bewußtseins zu erweisen. Dies halte ich für wichtig, weil die jüngste, durchaus berechtigte Kritik an der neuzeitlichen Rationalität und ihren gesellschaftlichen Begleiterscheinungen dazu neigt, die Erfahrung von Ohnmacht, Verzweiflung und Resignation angesichts der bisher gegenüber strukturellen Veränderungen resistenten gesellschaftlichen Realität unter ästhetischen Bildern und Utopien zu begraben.[1]

---

[1] Vgl. Hans Peter Duerr, Traumzeit. Über die Grenze zwischen Wildnis und Zivilisation. Ffm. 1978, S.151-161. Duerr entwickelt hier das Bild des Grenzgängers als Identitätsangebot für einen nicht mehr ethnozentrisch orientierten Ethnologen und alle diejenigen, die im Blick auf die archaischen Gesell-

Statt Verzweiflung und Ohnmacht als authentische Reaktionen des Bewußtseins auf eine verhärtete Realität zu begreifen, wird die Wirklichkeit durch ästhetisch imaginäre Identitäts- und Sinnangebote erträglich gemacht. Odo Marquard hat den begründeten Verdacht geäußert, daß schon der gegenwärtige Diskurs über Identität ästhetischen Charakter hat.[2] Ich halte es deshalb für notwendig, die Untauglichkeit ästhetischer und insbesondere kunstästhetischer Identitätsangebote für die Lösung rationalitätsspezifischer und gesellschaftlicher Probleme nachzuweisen, weil die Identifikation mit ihnen nur zur Verschärfung der Krisensituation des Bewußtseins führt, gegen die sie mobilisiert werden.

Um den engen Zusammenhang zwischen Kunst, Ästhetik und Identität einsichtig zu machen, soll der Analyse der ästhetischen Theorien von Kant, Hegel und Adorno ein Kapitel über die Entstehung der neuzeitlichen Identitätsproblematik vorangehen, in dem ausgeführt wird, welche Probleme Philosophie in der Reflexion auf die Kunst zu lösen versuchte. Erst daran anschließend

schaften die Beschränktheit der europäischen Rationalität erkennen. Hinter dem einnehmenden Bild des Grenzgängers verbirgt er die faktische Uneinlösbarkeit seiner These, daß der zivilisierte Mensch sich seiner Rationalität in freier Wahl wie einer Hülle zu entledigen vermag, um voraussetzungslos einzutauchen in die mythische Welt der Primitiven.

[2] "Der moderne Telosschwund ... erzwingt als Schwundtelos die Identität: sie profitiert vom Ende Gottes und überlebt -auflebend- den Tod des geschichtsphilosophischen Endzwecks als als Minimalsurrogat der Teleologie: die Identität ist -so scheint es also- eine Art Zweckmäßigkeit ohne Zweck. 'Zweckmäßigkeit ohne Zweck': das aber ist - in seiner 'Kritik der Urteilskraft'- eine Strukturformel Kants fürs Schöne; sie bestimmt dort eine Struktur, die das Geschmacksurteil artikuliert, also eine ästhetische Struktur. Es scheint daher ... nicht unangebracht, eigens und ausdrücklich und provokativ nach ästhetischen Implikationen der aktuellen Identitätsdiskussion zu fragen: inwieweit ist dabei -etwa- die gesellschaftliche Konstruktion der Wirklichkeit eine ästhetische Konstruktion, und in welchem Maße -und in welchem Maße nicht- ist die aktuelle Identitätsdiskussion schon durch ihr Fundamentalvokabular eine verkappte Ästhetik der Wirklichkeit?" Odo Marquard, Identität: Schwundtelos und Mini-Essenz - Bemerkungen zur Genealogie einer aktuellen Diskussion. In: Poetik und Hermeneutik VIII, Identität, hrsg. v. Odo Marquard u. Karlheinz Stierle, München 1979, S.365f.

scheint es mir sinnvoll, die Analyse und Kritik der ästhetischen Theorien zu leisten, die in ihrer unterschiedlichen Bezogenheit auf die Identitätsproblematik ein stetiges Anwachsen der Schwierigkeiten des neuzeitlichen Bewußtseins signalisieren, die Differenz zwischen seinem Anspruch auf Selbstbestimmung und Autonomie und der dazu gegenläufigen gesellschaftlichen Entwicklung durch Reflexion auf die Kunst zu überbrücken. Die entwickelte bürgerliche Gesellschaft kann weder ästhetisch gerechtfertigt noch durch traditionelle Ästhetik in einer ihr adäquaten Weise kritisiert werden. Weil Kunst aufgrund ihres spezifischen Charakters nicht in der Lage ist, die Widersprüche und Gegensätze der gesellschaftlichen Realität auf die konkrete Möglichkeit ihrer Aufhebung hin zu synthetisieren, taugt ästhetische Theorie als Theorie der Kunst nicht dazu, geschichtsphilosophische und gesellschaftstheoretische Probleme zu lösen. Ich werde zu zeigen versuchen, daß Ästhetik sowohl als Theorie der schönen als auch der nicht mehr schönen Kunst spätestens im 20. Jhd. entweder zur Ideologie tendiert, die die gesellschaftlich bedingte Mangelerfahrung eines in seine Aporien verstrickten intellektuellen Bewußtseins kompensiert oder aber als Rechtfertigungsinstrument eines sich seine gesellschaftskritische Bedeutung imaginierenden Kulturbetriebs fungiert.

Das letzte Kapitel der Arbeit dient dem Nachweis, daß die Schwierigkeiten der Ästhetik in der Gegenwart aus ihrer Beschränkung auf die Kunst resultieren, daß sie aber als Theorie der Sinnlichkeit und der Imagination durchaus einiges zum Verständnis gesellschaftlicher und historischer Prozesse beitragen kann. Dazu muß sie sich allerdings aus dem Funktionszusammenhang, in den sie die bürgerliche Gesellschaft gesetzt hat, herausbegeben, indem sie darauf verzichtet, in der Reflexion auf die Kunst gesellschaftlich erfahrene Sinndefizite und Identitätsprobleme des bürgerlich intellektuellen Bewußtseins zu kompensieren. Die Möglichkeit solcher Befreiung ist gebunden an die rückhaltlose Reflexion auf die eigene Geschichte.

I. BEWUßTSEIN UND IDENTITÄT

1.1 Die 'Erfindung' des Individuums in der Renaissance

Die Etablierung der Ästhetik als eine eigenständige Disziplin der Philosophie und ein damit verbundener Bedeutungszuwachs der Kunst im 18. Jhd. geschah im Blick auf die von Beginn an problematische Situation des neuzeitlichen Bewußtseins. Ästhetik wurde nicht um der Kunst willen betrieben, sondern Kunst und Ästhetik erhielten ihre ausgezeichnete Bedeutung aufgrund der ihnen unterstellten Fähigkeit, das krisengeschüttelte moderne Bewußtsein zu stabilisieren. Ästhetik verdankt ihre Konstituierung als philosophische Disziplin dem pathologischen Zustand eines zerissenen und gespaltenen Bewußtseins. Sie antwortet auf die das neuzeitliche Individuum bestimmende Spaltung von Geist und Natur, Subjekt und Objekt, Freiheit und Notwendigkeit, indem sie diese Gegensätze in die Perspektive möglicher Versöhnung stellt. Solche Versöhnungsleistung ist um der Glaubwürdigkeit willen auf Verkörperungen angewiesen. Die Ästhetik beschwört die Kunst als den Ort solcher Verkörperung und stilisiert sie zum höchsten Repräsentationsorgan einer möglichen Versöhnung der Gegensätze, unter denen insbesondere das intellektuelle Bewußtsein leidet. Weil Ästhetik dieses Leiden zu bearbeiten versuchte, avancierte sie gleich bei ihrem ersten Auftreten als systematische Theorie zur Fundamentalphilosophie.[1] Der pathologische Zustand des Bewußtseins, gegen den Ästhetik als Theorie der Kunst oder der Natur als heilende Kraft mobilisiert wird, ist geschichtlich geworden. Er ist vorläufiger Endpunkt eines historischen Prozesses, dessen Anfänge in der Renaissance liegen und der bestimmt ist durch die Konstituierung der bürgerlichen Individualität und der nur wenig

---

[1] Als ersten systematischen Entwurf einer ästhetischen Theorie betrachte ich Kants 'Kritik der Urteilskraft'. Vgl. Odo Marquard, Kant und die Wende zur Ästhetik. In: Zeitschrift f. philosophische Forschung, Meisenheim 1962, S.231-243.

später hinzutretenden Konzeption einer mit sich selbst identischen, autonomen und vernünftigen Subjektivität.

Das Zeitalter der Renaissance signalisiert die Aufweichung der erstarrten geistigen und politischen Strukturen des Mittelalters und die schrittweise Entstehung eines neuen Menschenbildes.[2] Mit Recht kann man die Renaissance als das Zeitalter der Konstitution der neuzeitlichen Individualität bzw. Subjektivität beschreiben. Diese ereignete sich zunächst nicht unter der Ägide eines vorgängigen theoretisch-ideologischen Entwurfs gesellschaftlicher Praxismöglichkeit, quasi als Ersatz für die verlorengegangene Verbindlichkeit der christlichen Weltordnung des Mittelalters, sondern geschah unprogrammiert und schrittweise, ohne in einer bestimmbaren gesellschaftlichen Objektivität notwendig angelegt gewesen zu sein. Die programmatische Formulierung und Setzung der Individualität vollzog erst die Aufklärung angesichts der unglaubwürdig gewordenen christlichen Weltordnung. Die bürgerliche Individualität 'erfand' sich im Kampf gegen die verhärteten Strukturen der mittelalterlichen Welt- und Gesellschaftsordnung, als deren Garant der institu-

---

[2] Die folgenden Ausführungen zur Renaissance erheben nicht den Anspruch, eine ausführliche Darstellung der bedeutsamen historischen Ereignisse und Erscheinungen dieser Zeit zu sein, sondern ihnen liegt die Absicht zugrunde, einen Eindruck von dem wahrhaft Neuen zu vermitteln, das in der Zeit der Renaissance in Europa durchbrach und nicht mehr in den Traditionsstrang des Mittelalters eingeschrieben werden kann. Erst in dieser Perspektive ist die Aufklärung adäquat zu verstehen. Sie ist eine Reaktion auf die Erschütterung des mittelalterlichen Weltbildes durch die Renaissance. Sie signalisiert einerseits den Versuch des modernen Bewußtseins, die Erschütterungen des christlichen Welt- und Lebensverständnisses durch die Renaissance offen aufzugreifen und zu benennen, um aus dieser Einsicht heraus ein neues Orientierungskonzept auf der Basis der Vernunft zu entwerfen. Auf der anderen Seite aber zeigt sich in ihr auch die Schwierigkeit des modernen Bewußtseins, mit dem Verlust einer transzendenten Orientierung zurechtzukommen, insofern die Vernunft in den verschiedenen Konzeptionen nicht selten Züge des christlichen Gottes aufweist. Zur ausführlicheren Würdigung der Renaissance verweise ich auf: Ernst Bloch, Vorlesungen zur Philosophie der Renaissance, Ffm. 1977. u. Paul Oskar Kristeller, Humanismus und Renaissance, 2 Bd., München 1974.

tionelle Apparat der Kirche fungierte. Die Kirche betrachtete die von ihr mit institutioneller Gewalt abgesicherte Welt- und Gesellschaftsordnung als Repräsentation des Reiches Gottes auf Erden, legitimiert durch die unverrückbare und eindeutige Wahrheit der heiligen Schrift. Auf ihre Stellvertreterposition Gottes auf Erden sich berufend, bekämpfte und verfolgte sie mit äußerster Gewalt alle gesellschaftlichen und geistigen Produktionen, die sich nicht bruchlos in die Hermetik ihrer Ordnung einfügen ließen, als das schlechthin Böse. Die Renaissance ist gekennzeichnet durch das Aufbegehren des Bürgers gegen den mit Gewalt und Terror aufrechterhaltenen Universalitätsanspruch christlich-theologischer Dogmatik für alle Bereiche des gesellschaftlichen Lebens. In seiner tätigen Praxis, in den meist zufälligen Erfindungen neuer Formen und Techniken erfuhr der Bürger der Renaissance die im Namen Gottes errichtete Notwendigkeit der gesellschaftlichen Ordnung des Mittelalters als gewaltsame Setzung herrschender Willkür und Interessen. In dem Maße, in dem er die geglaubte Notwendigkeit als keineswegs göttlich legitimierte Willkür gesellschaftlich privilegierter Gruppierungen begriff, begann er den politischen Kampf für die Durchsetzung nun legitim erscheinender eigener Interessen. In seiner Praxis erfuhr er sich zunehmend als eine der Ordnung, in der er agierte, heterogene Besonderheit. Inmitten der 'gottgewollten' allgemeinen Ordnung 'erfindet' er sich als Möglichkeit, als Subjektivität und bricht darin die Hermetik ewiger Notwendigkeit des mittelalterlichen 'ordo' auf.[3] In dem Maße, in dem in der Renaissance, zunächst noch partikulär und ohne explizites Programm, in den verschiedenen Bereichen der Kunst, der Wissen-

---

[3] Die Betonung der Einmaligkeit und Besonderheit des Menschen im Universum findet sich auf verschiedene Weise im 15. Jhd. in den Schriften von Marsiglio Ficino (1433-1499), Giovanni Pico della Mirandola (1463-1494) und Pomponazzi (1462-1525), um nur einige der bekanntesten Autoren zu nennen. Vgl. Paul Oskar Kristeller, Die philosophische Auffassung des Menschen in der Renaissance. In: ders. a.a.O., Bd.1, S.176-194 und ders., Die Stellung des Menschen im Universum bei Ficino und Pomponazzi, a.a.O., Bd.2, S.115-123.

schaft, der Ökonomie und der sich sprunghaft entwickelnden
Technologie die Welt in einer bis dahin nie dagewesenen Offenheit erfahrbar wurde, zerfiel beinahe unmerklich die verbindliche und verbindende Kraft des christlich-theologischen Weltbildes, ohne daß darüber etwa ein allgemeines Bewußtsein bestanden hätte. Die Renaissance bezeichnet nicht einen plötzlichen
radikalen Bruch mit dem tradierten Welt- und Selbstverständnis
des Menschen, sondern einen geschichtlichen Zeitraum kleiner
und oft auch unterschätzter Erschütterungen, Veränderungen, Erfindungen und Reformversuche, denen in ihrer Gesamtheit eine
subversice Kraft innewohnte, von der die Akteure selbst kaum
eine Ahnung hatten. Die sich schrittweise vollziehende und auch
von 'Rückfällen' gekennzeichnete Erschließung der Welt als ein
Bereich von Offenheit und Möglichkeit geschah nicht im Blick
auf eine bereits zerfallene christliche Weltordnung, sondern
ereignete sich in der Immanenz dieses Zusammenhangs. Es ging
nicht intentional um die Abschaffung einer für die Orientierung des Menschen generell untauglich gewordenen Weltanschauung, sondern um deren Erhaltung und Sicherung durch Reformierung,
um ein Aufbrechen ihrer erstarrten und sterilen Hermetik, durch
die sie sich selbst um ihre Orientierungsfunktion zu bringen
drohte. Für den Bruch mit der Hermetik des alten Weltbildes
und mit einer daraus resultierenden Lebens- und Gesellschaftspraxis stand der emphatische Begriff des 'Neuen', der gegen die
alles verschlingende Macht der Tradition polemisierte.[4] Er

---

4 "Ihren theoretischen Ausdruck findet die Erkenntnis des
'Neuen', angekündigt in zahlreichen Namen einer scienza
nuòvà, ars nova, vita nuova, im Prinzip der 'Induktion', als
der neuen, nach vorn gerichteten Methode. Sie ist das Organon
für die Erkenntnis des Neuen, in das einzuführen sie verspricht. Auch wenn sie in der Form eines ungesicherten deduktiven Schlußverfahrens aufzutreten scheint (und in der
traditionellen Logik auch so abgehandelt wird), ist sie
doch Träger eines ganz andersartigen Prinzips ... Denn
während im deduktiven Verfahren (wir folgen Hegels Terminologie) das 'Besondere' das 'Einzelne' mit dem 'Allgemeinen'
vermittelt, und diese Vermittlung in der Tat zwingend ist,
weil die Macht des Allgemeinen (der Ursprünge) durch das
Besondere (die Geschlechterkette) hindurch bis in das einzelne
Exemplar sich fortzeugt (es ist im Grunde ein genealogisches

signalisierte aber nicht primär die Ablehnung all dessen, was das Mittelalter ausmachte, sondern vielmehr eine neue Sichtweise aufs Tradierte. Die Renaissance zeichnete sich durch eine starke Hinwendung zur Geschichte aus, insbesondere zu der der Antike. Man begann all den Gedanken, Ideen und Vorstellungen eine besondere Aufmerksamkeit zu widmen, die das Mittelalter durch die Praktik der Ausgrenzung dem Vergessen überantwortet hatte, weil sie sich der Integration in das hermetische System einer gottgewollten Ordnung verweigerten. (Vgl. die schrittweise Wiederentdeckung Platons, Plotins und des 'anderen' Aristoteles gegen die Übermacht der scholastisch-aristotelischen Tradition). Die Prozesse und Veränderungen ereigneten sich nicht programmatisch, sondern brachen an den verschiedensten Stellen der Gesellschaft auf, ohne die Installierung einer neuen verbindlichen Ordnung zu intendieren. Es ging nicht um das Programm eines neuen Atheismus, sondern eher um die Reform des christlich-religiösen Denkens, um die Depotenzierung kirchlich-theologischer Dogmatik. So ist das Zeitalter der Renaissance eher durch neue und für die damalige Zeit aufregende Ideen, Hypothesen und Vorstellungen gekennzeichnet, als durch die Konstituierung allgemeiner neuer verbindlicher Systematiken.[5] Die oft von Dilettanten

---

System, seine Wurzel ist die Theogonie, deren Probleme formulieren seine Probleme und deren Herrschaftsbereich den seiner Verbindlichkeit), vermittelt im induktiven Verfahren das 'Einzelne' das 'Besondere' mit dem 'Allgemeinen', und dieser Schluß kann nicht wie jener 'zwingend' sein, weil hier das Einzelne nicht mehr gebunden ist an eine die Macht der Ursprünge weitertragende Geschlechterkette. Aber das Einzelne, diesem Zwang entrückt, kann gerade darum Träger einer universalen Vermittlung sein, weil ihm die Macht des Allgemeinen und des Besonderen, in jedem einzelnen von neuem und in jedem einzelnen neu, sich konzentriert oder -mit dem Worte des Cusanus- 'kontrahiert'". Klaus Heinrich, Versuch über die Schwierigkeiten Nein zu sagen, Frankfurt 1964, S.28f.

[5] Die utopischen Staats- und Gesellschaftsentwürfe eines Thomas Morus (De optimo rei publicae sive de nova insula Utopia, 1516), eines Thomasio Campanella (Civitas solis, 1623) und eines Francis Bacon (Nova Atlantis, 1620) sind zwar Ausdruck des Bedürfnisses nach einer allgemeinverbindlichen Neuordnung des gesellschaftlichen Lebenszusammenhanges, aber sie bergen allzu viele mystische, mythische und fiktionale Momente in sich, als

gemachten technischen Erfindungen standen unvermittelt neben alchemistischen und animistischen Vorstellungen. Astronomische Entdeckungen konkurrierten mit mystischen Vorstellungen vom All oder wurden in diese einfach integriert. Der Renaissance eignete die Betonung des Partikularen, des Besonderen, gegen die alle Heterogenität aussschließende gewaltsam gesetzte Allgemeinheit der christlichen Weltauffassung. Gegen die monotone Statik des Spätmittelalters und deren gewaltsamer Festschreibung in institutionellen Komplexen, ereignete sich die Renaissance als Erfindung von Möglichkeit, die nicht so sehr final als konkrete Utopie erschien, sondern eher als bloße Pluralität.[6] Die Über-

> daß sie sich damals gesellschaftlich umsetzen ließen, d.h.
> sie vermochten nicht als konkrete Alternative zum christlich-
> theologischen Welt- und Gesellschaftsmodell zu fungieren.
> Ihr Hang zu hermetischen Ordnungssystemen verweist einerseits
> auf eine immer noch vorhandene Affinität zum Ordo-Gedanken des
> Mittelalters und nimmt andererseits den Hang zum System vorweg,
> der später die aufklärerischen und idealistischen Vernunft-
> konzeptionen bestimmte. In den utopischen Gesellschaftsent-
> würfen der Renaissance zeigt sich die Tendenz des modernen
> Denkens, Denkmodelle als Lebensmodelle zu präsentieren.

[6] In Bezug auf die Statik des Spätmittelalters gilt es allerdings Einschränkungen zu machen. Das Mittelalter war keineswegs so durchgängig dunkel, wie es die Geschichtsschreibung so oft dargestellt hat, sondern auch in dieser Zeit existierten Ansätze und Ideen, die von der Renaissance aufgegriffen und weiterverarbeitet worden sind. Denker wie Roger Baco (1214-1294), Duns Scotus (1270-1308) und Wilhelm v. Occam (1300-1350) haben mit ihren Lehren bereits im 13. und zu Beginn des 14. Jhds. entscheidende Breschen in das scholastische Lehrgebäude geschlagen, ohne jedoch die vollständige Unterwerfung unter einen allmächtigen göttlichen Willen aufzugeben. Neben diesen intellektuellen Ansätzen existierte im 13. Jhd. eine Bewegung, die Bloch die Mystik- und Laienbewegung genannt hat. (Bloch, a.a.O., S.135-163) Diese Bewegung, deren herausragende Vertreter keine geschulten Intellektuellen, sondern eher aus dem Volke stammenden Autodidakten waren, hatte vor allen Dingen auch eine praktische revolutionäre Seite. Sie war die Reaktion des Volkes auf Hungersnöte, soziales Elend und Teuerungen, die den Niedergang des Feudalsystems signalisierten. Wenn hier also von der Statik des Mittelalters die Rede ist, so ist damit vor allem das institutionell gewaltsam abgesicherte Lehr- und Denkgebäude der Kirche gemeint, das mit seiner starren Dogmatik alle Lebensbereiche wie ein Raster überzog. Zu diesem Komplex vgl. Benjamin Nelson, Der Ursprung der Moderne. Vergleichende Studien zum Zivilisationsprozeß, Frankfurt 1977, S.58-140.

führung dieser Pluralität in die Finalität einer konkreten
Utopie, etwa die der bürgerlichen Individualität mitsamt den
dazugehörigen Strategien von Einschreibung, Festschreibung und
Ausgrenzug war der Renaissance fremd und geschah erst als Aufklärung. Deren Einschreibung der Möglichkeit als widersprüchliche Pluralität in einen notwendigen Prozesszusammenhang verweist auf das Ausmaß an Irritation und Desorientierung, das
die Renaissance für das am christlichen Weltbild orientierte
Bewußtsein mit sich brachte. Es muß allerdings festgehalten
werden, daß die aufgezeigte neue Dimension von Offenheit und
pluralen Möglichkeiten primär für die Frührenaissance in Italien
kennzeichnend war, und daß etwa seit der Mitte des 15. Jhds.
Tendenzen auftraten, die die Schwierigkeiten des modernen Menschen
mit dem neuen Weltbild und dem Zerfall der alten Gesellschaftsordnung signalisierten. Die Fetischisierung der Individualität,
die ohnehin eine Angelegenheit der reichen und gebildeten Oberschicht war und von der das Volk und auch das mittlere Bürgertum weitgehend ausgeschlossen war, kollidierte in zunehmenden
Maße mit einer expandierenden Warenproduktion und Geldwirtschaft,
die eine Durchorganisierung des gesellschaftlichen Feldes notwendig erscheinen ließ. Wo umfangreiche Geschäfte über weite
Entfernungen getätigt wurden, wo langfristige Planung notwendig
war, wo also die Logik des Kalküls vorzuherrschen begann, da war
der Frühkapitalismus angewiesen auf stabile gesellschaftliche und
politische Verhältnisse, auf die Installierung einer verläßlichen
Ordnung. Das politisch-kämpferische Moment, das für den frühen
Renaissancebürger noch kennzeichnend war, wich zunehmend dem
Diktat der Ökonomie, unter dem im Übergang zur Barockgesellschaft
die freiheitlichen Ansätze der Renaissance diktatorisch-restaurativen Tendenzen Platz machten. Die andere Seite des 'Konzeptes'
Individualität trat zunehmend in den Vordergrund. Despotismus,
Verschwendung auf Kosten des arbeitenden Volkes und eine kalte
zynische Logik der Macht und Gewalt, wie im Falle der Medicis,
waren Vorzeichen einer umfangreichen Restauration, in der die
freiheitlichen Momente in den Ansätzen der Frührenaissance begraben wurden. Ihren adäquaten Ausdruck fand die Restauration

in den konservativen und resignativen Schriften Machiavellis (1449-1527).[7] Die emphatische Vorstellung von der Individualität, wie sie in den arrivierten und intellektuellen Kreisen des Renaissancebürgertums und des städtischen Adels vorherrschte, war wenig geeignet, als Grundlage einer neuen allgemeinverbindlichen Ordnung zu dienen, weil in ihr der Antagonismus zwischen individueller Einzelheit und gesellschaftlicher Allgemeinheit nicht aufgehoben, sondern eher verstärkt gesetzt wurde. Da die Individualität allzusehr an die konkrete Einzelheit, an die jeweilige Persönlichkeit gebunden war und ausschließlich als eine Angelegenheit der privilegierten Schichten erschien, taugte sie zwar zur Erschütterung der tradierten hermetischen Ordnung des Mittelalters, nicht aber zur Konstitution einer neuen verbindlichen gesellschaftlichen Ordnung. Viele der humanistischen Vorstellungen vom vollendeten Individuum trugen eine antigesellschaftliche und asoziale Note. Aus heutiger Sicht eignete ihnen eher eine ästhetische als eine gesellschaftlich lebenspraktische Dimension.[8]

7 Vgl. Alfred v. Martin, Soziologie der Renaissance, München 1974, S.74-131.

8 Die Perspektive der Möglichkeit einer ästhetischen Lebensweise, wie sie sich unter anderem auch in der Orientierung der Renaissance an den Heroenfiguren der klassischen Antike zeigte, hatte bereits Petrarca (1304-1374) eröffnet, indem er das Leben des freien Künstlers mit all seinen a-sozialen Implikationen, dem des primär für die gesellschaftliche Gemeinschaft arbeitenden Künstlers als höherwertig gegenüberstellte. "Diesem Typ noch verwurzelter Humanexistenzen steht aber schon am Anfang in Petrarca der andere Typ freischwebender Humanistenexistenz gegenüber, der Typ des innerlich von der Polis und der realen Politik losgelösten freien Literaten, für den der Bildungsgedanke nicht mehr als eine dem städtischen Gemeinwesen dienende, sondern eine rein individuelle, rein 'literarische' Angelegenheit ist ... Hier -Petrarca, mit der Eigensinnigkeit des ganz auf sein Genie gestellten Menschen, ist darin seiner Zeit schon voraus- hat der Humanismus sich selbst die Wurzeln abgeschnitten, die ihn doch mit einem bestimmten sozialen und politischen Erdreich verbinden konnten ... Mit der Lösung vom Staat geht hier die Lösung von der 'bürgerlichen'Gesellschaft einher. Schon Petrarca, Boccaccio, Nicoli zeigen eine ausgesprochene Literatenabneigung gegen die Bürgerlichkeit des Familienlebens." Alfred v. Martin, a.a.O. S.58.

1.2 Die programmatische Setzung der Individualität als selbstidentische Subjektivität durch die Aufklärung

Die Restaurationsversuche der Gegenreformation und des Barockzeitalters waren nicht in der Lage, die durch die Renaissance erschütterte Verbindlichkeit der christlichen Weltanschauung zu restituieren und eine gesellschaftliche Ordnung zu errichten, die von breiten Schichten der Bevölkerung getragen wurde. Das in der Renaissance erwachte Individualitätsbewußtsein wurde durch die gewalttätigen absolutistischen Herrschaftsformen unterdrückt, ohne daß seine Ausbreitung verhindert werden konnte. Aufklärung beschreibt dann das Aufbrechen dieser gewaltsamen Unterdrückung durch die programmatische Formulierung der Individualität. Sie versuchte gegen die Renaissance die zerstreuten und pluralen Möglichkeiten zu versammeln, die reinen Prozessualitäten mit all ihren Implikationen von Offenheit und Unsicherheit für das Bewußtsein im vernünftigen Individuum festzuschreiben, überzeugt davon, so eine neue sichere Orientierungsbasis gefunden zu haben. Individualität wurde jetzt bestimmt als autonome und mit sich selbst identische Subjektivität gegen die Angst des Bewußtseins, zu zerfließen und sich aufzulösen. Aufklärung markiert den Punkt, an dem das moderne Individuum sich bewußt wurde, daß die christliche Weltanschauung keine sichere Orientierungsbasis mehr sein konnte. Aus dem festen und eindeutigen christlichen Weltbild herausgefallen, machte das Individuum die Erfahrung seiner selbst als grundlose Einzelheit. Die Frage nach Sinn und Ziel des menschlichen Seins rückte in den Mittelpunkt der Reflexion. Dieser Frage aber eignet Identitätssuche, die Suche nach einem festen Ort, von dem aus das Denken und Handeln des Individuums seine Bestimmung erhält. Er mußte Wahrheit verbürgen können und bestimmt sein durch Notwendigkeit, Eindeutigkeit und Unveränderbarkeit gegen die zerfließende Mannigfaltigkeit der sinnlichen Welt, wenn er in gleicher Weise Sicherheit und Orientierung für das Bewußtsein gewähren sollte wie der Gottesbegriff in der christlichen Lehre. Daher stand die Aufklärung vor einer doppelten Aufgabe. Sie mußte, sofern sie glaubwürdig sein wollte, sowohl auf der Ebene der Erkenntnis, als auch auf der der gesellschaftlichen Praxis ein Orientierungsangebot machen. Es galt also ein Prinzip auszumachen, das für Denken und Handeln gleichermaßen orientierend wirken konnte, denn in der Präsentation eines solchen einheitlichen Grundes bestand ja die große integrierende Kraft der christlichen Weltanschauung, für die jetzt säkularer Ersatz gefunden werden mußte. Um der Einheit von Denken und Handeln willen, galt es eine Instanz zu finden, die für beide Bereiche eine prinzipierende Funktion wahrnehmen konnte. Die Suche nach einer solchen Instanz rastete ein in die souverän erscheinende Setzung des Individuums als selbstbewußte, autonome und mit sich selbst identische Subjektivität, die sich auf Vernunft als ihr Prinzip berief. Der souveräne Habitus, der dieser Setzung eignete, überdeckte die aus der Erfahrung der eigenen Grundlosigkeit resultierende Angst des Individuums vor drohender Desorientierung. Er gehört einem Bewußtsein an, das die reine Kontingenz von Welt und Geschichte nicht auszuhalten vermag. Die Reflexion auf diesen Entstehungszusammenhang dekuvriert den souveränen Habitus des neuzeitlichen Bewußtseins als Quasisouveränität und Inszenierung. Indem sich der Bürger als autonome vernünftige Subjektivität 'erwählte', begriff er sich nicht mehr als bloß lebend mit und durch Natur, sondern als erst eigentlich existierend durch Vernunft und mit anderen Vernünftigen. In solchem Selbstverständnis bannte er den Tod, der ihm als Naturwesen nach Verlust der christlichen Heilsgewißheit erneut zum Problem geworden war. In dieser Perspektive geschah die Entqualifizierung der Natur zum toten Objekt, gegen das sich die vernünftige Subjektivität als geistlebendige Autonomie setzte. Natur erscheint seither als universell ausbeutbarer und beherrschbarer Objektbereich, den sich der Mensch durch die Arbeit aneignet. Der Bürger produziert so in seinem Selbstverständnis als autonome Subjektivität jene Spaltung von Geist und Natur, Subjekt und Objekt, Einzelheit und Allgemeinheit, die durchgängig sein Leiden ausmacht. Alle

Bemühungen des bürgerlichen Individuums kreisen unablässig um die Aufhebung dieser Spaltung, die die Gefahr gesellschaftlicher und von daher auch individueller Schizophrenie in sich birgt.

Gegen diese Spaltung opponiert zumindest seit Kant die Ästhetik als Beschwörung der Einheit des Gespaltenen, der Versöhnung von Geist und Natur. Die Glaubwürdigkeit solcher Beschwörung ist gebunden an Verkörperungen, die eine solche Einheit symbolisieren bzw. erfolgreich suggerieren, weil die Einheit von Geist und Natur im bürgerlichen Lebenszusammenhang anschaulich nicht erfahrbar ist. Der Ort der beschworenen Versöhnung muß ein anderer sein als der alltägliche Gesellschaftszusammenhang selbst, muß sogar deutlich von diesem abgehoben sein. Für diese Aufgabe geeignet erscheinen nur die Liebe, die Natur und die Kunst.

Die Liebe aber nur in einer stilisierten, geistigen, von aller Körperlichkeit gereinigten Form. Ihre Rolle als Versöhnungsinstanz verdankt sie der ihr vom Bürger unterstellten Fähigkeit, den Riß zwischen der herrschaftlichen Rationalität, als deren Verkörperung er sich selbst begreift und der von ihm beherrschten Natur zu schließen. In der Liebe inszeniert er sich die herrschaftsfreie Vereinigung von Geist (Mann) und lebendiger nicht zugerichteter Natur (Frau). Aber die bürgerliche Liebe ist nicht in der Lage, die narzißtische Hermetik der ihrem Wesen nach männlichen Rationalität zu durchbrechen, weil in ihr die Frau notwendig nur als Spiegel der souveränitätsgierigen Männlichkeit erscheint. Unfähig die Hermetik souveräner und autonomer Subjektivität aufzubrechen, reinszeniert der Bürger auch in der Liebe nur wieder sein Naturverhältnis, in das er sich durch die Erhebung der Vernunft zum Lebensprinzip gesetzt hat. Insofern entpuppt sich die Erhöhung der Liebe zum Ort der Versöhnung von Geist und Natur als eine ästhetische Stilisation, geboren aus der unstillbaren Sehnsucht des Bürgers nach einem Anderen, das nicht nur Spiegelbild seiner selbst ist. Als Inbegriff der erstrebten Versöhnung ist die Liebe daher auch eher eine Angelegenheit der bürgerlichen Literatur als der konkreten gesellschaftlichen Realität.

Die Natur aber nur als die, welche sich dem kalten objektbeherrschenden wissenschaftlichen Blick entzieht: als erlebte organismische Ganzheit, in der Teil und Ganzes in einem harmonischen Wechselverhältnis zu einander stehen.

Die Kunst, weil sie aufgrund ihres imaginationsmagischen Charakters die gesellschaftliche Realität in der Perspektive möglicher Versöhnung der Gegensätze im Kunstwerk gestalten kann. Ästhetik als Theorie der schönen Natur oder Kunst beschwört die Möglichkeit solcher Versöhnung auch im bürgerlichen Gesellschafts- und Lebenszusammenhang und versucht so, die Differenz zwischen Anspruch und Wirklichkeit der bürgerlichen Gesellschaft für das daran leidende Bewußtsein aushaltbar zu machen.

Die neuzeitliche Vernunft, als deren Inkarnation sich das intellektuelle bürgerliche Individuum begreift, erträgt aufgrund ihrer narzißtischen Struktur nichts, was anders ist als sie. So gehört von Beginn an die gewaltsame Besetzung aller Realität, die unstillbare Begierde nach vollständiger Inbesitznahme der Welt und des Kosmos untrennbar zu ihr. In einem gewaltsamen Aneignungsprozeß vernichtet die Vernunft das jeweilige Objekt ihrer Begierde und wendet sich enttäuscht über die ausbleibende Befriedigung rastlos dem nächsten zu. Im selbstgesetzten Macht- und Gewaltzusammenhang bleibt ihr die ersehnte Befriedigung notwendig versagt, weil sie im Prozeß der Aneignung des Anderen jegliche Andersheit auslöscht und statt der ersehnten Fülle immer nur die eigene Leere in der Hand hält. Sich selbst als leere Identität, als festen Grund für alles, was da ist, setzend, leidet sie an ihrer eigenen Grundlosigkeit. In ihrer Begierde nach Wissen macht autonome Vernunft nicht halt vor sich selbst, sondern begehrt noch die Begründung ihrer selbst als Grund. Auf der Suche nach ihrem Grund verstrickt sie sich in den bekannten unendlichen Regreß und wird so permanent auf ihre eigene Grundlosigkeit verwiesen. Indem sie als Identität für die Identität der Objektwelt einsteht und so Wahrheit garantieren will, ist sie selbst wahrheitslos und von daher rechtfertigungsbedürftig. In der unablässigen Reflexion auf die Bedingungen ihrer eigenen Möglichkeiten sucht sie sich ihrer Notwendigkeit und Wahrheit zu versichern, ohne diesbezüglich je zu einem Ende gelangen zu können. Die ganze Welt in die Logik von Ursache und Wirkung einschreibend, gibt sie sich als Wissenschaft den Schein kalter Notwendigkeit. Indem die moderne Rationalität die Wirklichkeit mit Ketten ihrer Kausalität überzieht und eingrenzt, mystifiziert sie die Kausalität als Prinzip ihrer Vernünftigkeit. Deshalb bestimmen Heidegger und Foucault mit Recht die Logik der Kausalität als Grundstruktur neuzeitlicher Rationalität. So scheinen Vernunft und Logik der Kausalität identisch. Deren Ordnung entspricht dem gespannten Netz ihrer universellen Verkettung. Die Universalität ihres Prinzips stellt die Vernunft unter die Ordnung der Notwendigkeit. Sie unterwirft sie den präzisen Linien ihrer Systematik. Darum präsentiert sich Vernunft im geschlossenen Kalkül der Kausalität. Und unter der Herrschaft des Kalküls verfällt das souveräne Denken der Sterilität hermetischer Rationalität. Der Universalitätsanspruch der Vernunft setzt sowohl Subjekt als auch Objekt der Erkenntnis unter Identitätszwang. So wie beim wissenschaftlichen Erkennen von der jeweiligen Besonderheit und Veränderbarkeit der Dinge abstrahiert werden muß, um ein Objekt in Raum und Zeit als dasselbe erkennen zu können, so muß auch das Subjekt auf eine abstrakte Allgemeinheit reduziert werden, um so durch seine Identität die Wahrheit der Objekterkenntnis garantieren zu können. Um der Wahrheit willen muß die Identität, die eigentlich eine Objektstruktur beschreibt, auch zur Struktur des Subjekts werden. Das ist die moderne Version der 'adaequatio rei et intellectus'.

1.3 Identität als Versprechen konkreter gesellschaftlicher Integration und Autonomie des bürgerlichen Individuums

Die Aufklärung suchte Orientierung und Ichsicherung nicht nur im Reflexionszusammenhang, sondern auch im konkreten gesellschaftlichen Lebenszusammenhang. Auch hier soll Identität, eingehüllt in das Konzept des politisch und geistig autonomen Bürgers, die Integration der Einzelheit in die Allgemeinheit, also die des Individuums in die bürgerliche Ordnung gewährleisten. Das erkenntnisspezifische Identitätskonzept wurde auch für den gesellschaftlichen lebenspraktischen Bereich reklamiert. Identität, die eine Struktur der Erkenntnis beschreibt, also eine logische Kategorie ist, wurde zugleich als eine Struktur des lebendigen Lebens- und Gesellschaftszusammenhanges ausgegeben. Die Identität der gesellschaftlichen Subjekte sollte die Identität der zur Allgemeinheit geronnenen bürgerlichen Ordnung garantieren.

Die Übertragung des Identitätskonzeptes von der logisch-erkenntnistheoretischen Ebene auf die des gesellschaftlichen Lebens folgte der Logik der Einheit von Denken und Sein, die das christliche Mittelalter durch die Instanz eines allmächtigen Gottes gewährleistet sah. Diese Einheit sollte nun durch die Vernunft garantiert werden. Das Denken der Aufklärung und wenig später auch das des deutschen Idealismus ist verbissen um den Aufweis dieser Einheit bemüht, ohne jedoch diesbezüglich zu einer zufriedenstellenden Lösung gekommen zu sein. In der Fixierung auf dieses Problem ist der Grund für die kategoriale Vergewaltigung der sinnlichen Wirklichkeit zu sehen, die das neuzeitliche Denken so signifikant durchzieht. Wo diese sich dem Identitätskalkül verweigert, muß sie in einem nivellierenden Prozeß der Abstraktion und Verallgemeinerung um ihre jeweilige Besonderheit gebracht werden, damit sie sich dem Bilde fügt, das die Vernunft von ihr entworfen hat. Angesichts der durch die Renaissance hervorgerufenen Erschütterung der christlich-feudalistischen Gesellschaftsordnung galt es, aus dem pluralen Zusammenhang verschiedener miteinander konkurrierender und sich weitgehend ausschließender Individualitäten eine neue allgemeinverbindliche Ordnung zu bilden. In der Konstitutionsphase der bürgerlichen Gesellschaft war das Individuum identitätspflichtig, insofern seine Identität Bedingung der Möglichkeit einer neuen stabilen und allgemeinen Ordnung war. So kämpften im Ablöseprozeß von der Feudalordnung des Mittelalters miteinander konkurrierende Identitäten um ihre Installierung als institutionalisierte gesellschaftliche Allgemeinheit. Identität stand in diesem Ablöseprozeß für eine zukünftige, die konkrete Individualität entlastende Regulierung des alltäglichen Lebenszusammenhanges, weil nur durch eine derartige Regulierung das Individuum vor der Bedrohung einer möglich gewordenen gesellschaftlichen Desorientierung bewahrt werden konnte, die angesichts der zerfallenden alten Ordnung in greifbare Nähe gerückt war. Die dann vor allem in Deutschland in relativ kurzer Zeit erfolgende Etablierung und Kodifizierung einer allgemeinverbindlichen Ordnung unter den absolutistischen Herrschern bedeutete eine Entlastung des identitätspflichtigen Subjekts von seiner Konstitutionsfunktion, die ihm in Deutschland ohnehin primär auf der ökonomischen Ebene zukam. Der institutionelle Zusammenhang der bürgerlichen Gesellscnaft fungierte nun seinerseits als maßgeblicher Horizont für die Identitätsbildung der gesellschaftlichen Subjekte. Identität wurde zu einer Struktur, die das Individuum erst im Sozialisationsprozeß auszubilden und zu erwerben hatte. Ihre Ausbildung stand im Dienste der Erhaltung und Stabilisierung der Identität der Allgemeinheit, zu der die bürgerliche Ordnung geronnen war. Der mühsame und auch gewaltsame Prozeß der Identitätsfindung, als deren Orientierungshorizont die institutionalisierte bürgerliche Ordnung fungierte, war eingebunden in das Versprechen einer zumindest innerweltlichen Integration der gefährdeten Einzelheit in die gesellschaftliche Allgemeinheit. Identitätsbildung wurde gleichsam zum gesellschaftlichen Auftrag an das zu sozialisierende Indi-

viduum. Soweit diesem aber in der bürgerlichen Gesellschaft
Identitätsbildung mißlingt, also gesellschaftlich nicht zu
integrierende Subjektivität ausgebildet wird, gerät es in
den Bannkreis der Devianz und wird aus der Gesellschaft ausgegliedert. Der Begriff der Anomalität funktioniert dabei
als Instrument der Selbsterhaltung des Systems. Identität,
der in der Frühphase der bürgerlichen Gesellschaft zumindest
noch eine Konstitutionsfunktion innewohnte, wurde im Prozeß
der fortschreitenden Institutionalisierung dieser Gesellschaft
zum Inbegriff der Anpassung individueller Subjektivität an
eine starre gesellschaftlich vorgegebene Ordnung. Der Begriff
einer mit sich selbst identischen Subjektivität fungiert in
der bürgerlichen Gesellschaft als Ersatz für die versprochene,
aber niemals durchgesetzte politische Selbstbestimmung des
konkreten Individuums. Identität wird im Sozialisationsprozeß dem Individuum als Kern von Subjektivität verkauft,
und den Status eines Erwachsenen erhält das Individuum erst,
wenn eine solche ausgebildet ist. Konkret bedeutet das die
Integration in einen festen Beruf und den Eintritt in die
monogame Ehe. In dieser Perspektive entpuppt sich Identitätserwerb als Rollenerwerb, Identität beschreibt die Rolle, die
das Individuum im gesellschaftlichen Feld freiwillig oder gezwungenermaßen zu übernehmen hat. So ist es nicht verwunderlich, daß die positiven Bestimmungen, mit denen schon früh
in der bürgerlichen Gesellschaft der Arbeitsbereich und der
familiare Komplex belegt wurden, Identitätsattribute waren:
Stetigkeit, Verläßlichkeit, Treue und Sicherheit. Sie intendieren die Festschreibung der Individualität in der monotonen Statik geregelter Alltäglichkeit.

   Identitätserwerb meint also in der bürgerlichen Gesellschaft die Verinnerung eines von außen vorgegebenen Rollenmusters als Kern der jeweiligen Subjektivität. Als verinnerter Rolle eignet ihr der Wiederholungszwang, der allerdings als freie Setzung des Subjekts verklärt wird. Die Verinnerung ist notwendig, weil erst durch sie eine permanente
und kaum zu realisierende Kontrolle von außen, etwa durch

den institutionellen Staatsapparat überflüssig wird. Die Kontrollinstanz wird ins Individuum selbst verlagert und erscheint in der Ideologie der bürgerlichen Gesellschaft als Tugend der Selbstkontrolle bzw. der Selbstdisziplin. Der Staatsapparat ist dann nur noch gezwungen da einzugreifen, wo sich Individuen der Erfüllung ihrer Rolle verweigern, weil sie die gesellschaftliche Rollennorm als Zerstörung der permanent beschworenen Freiheit erfahren. Im lebenspraktischen Bereich der bürgerlichen Gesellschaft ist die mit sich selbst identische Subjektivität der Garant der Konsistenz und des kontinuierlichen Fortbestandes der gesellschaftlichen Ordnung und ermöglicht so deren Verklärung als ewige Notwendigkeit. Das ist der bescheidene Ersatz, den die bürgerliche Gesellschaft für das verlorengegangene Ewigkeitsversprechen des Christentums zu bieten hat. Die im Identitätspostulat gründenden Verinnerung einer externen Setzung als freie Entscheidung des Individuums immunisiert dieses gegen Irritation durch anarchistische und gewaltsame Einbrüche von Unordnung, die den Ewigkeits- und Notwendigkeitsanspruch der bürgerlichen Gesellschaft als im höchsten Maße rechtfertigungsbedürftig erscheinen lassen könnten. Der Ordnungsfetischismus, von dem das bürgerliche Bewußtsein durchzogen ist, ist eine Strategie zur Bannung der Angst vor dem Einbruch des Unvorhergesehenen, das keiner erkennbaren oder bekannten Logik sich einfügen ließe.

Im Kern des lebenspraktischen Identitätsbegriffs steht also nicht Freiheit und Selbstbestimmung, wie die bürgerliche Ideologie suggerieren will, sondern Anpassung an die allgemeine Ordnung, die nur möglich ist durch die Egalisierung der jeweiligen Besonderheit des Individuums. Diese wird in den Privatbereich verwiesen, wo sie als Hobby, Marotte unter dem Tabubegriff der Intimität ihr dürftiges Dasein fristet. Durch das bürgerliche Individuum geht ein Riß zwischen der ihm zugedachten gesellschaftlichen Funktion und seiner jeweiligen Besonderheit. Die Übernahme herrschender Identitätsangebote bringt nicht die versprochene

Selbstfindung, sondern verlangt vom Individuum die Akzeptation von Selbstentfremdung und Spaltung. Diese verbergen sich hinter der Starrheit und Sterilität derjenigen, die ihre Identität 'gefunden' haben.

Kennzeichnend für das dem Identitätspostulat aufgesessene bürgerliche Individuum ist sein verzweifeltes Bemühen, sich seiner Besonderheit in der gesellschaftlichen Allgemeinheit zu versichern. Da diese aber in einer unter dem abstrakten Gesetz des Tausches stehenden Gesellschaft nicht konkret erfahrbar ist, kann sie immer nur wieder inszeniert werden. Die Inszenierung aber birgt in sich die Vernichtung von Beziehungen, weil sie in ihrer maskenhaften Sterilität, die Erfahrung der individuellen Besonderheit nicht inmitten der anderen, sondern nur gegen sie erlaubt. Die Inszenierung der eigenen Besonderheit impliziert immer die Depravierung des Anderen, der primär als Konkurrent erscheint. Von daher ist dem bürgerlichen Individuum Solidarität auf breiter Ebene fremd. Der Bürger kennt sie nur im Verhältnis zu seinesgleichen. Hier hat sie aber primär die Funktion einer Abwehrstrategie gegen Gruppierungen mit gesellschaftlich niederem Status. Die Inszenierung seiner Besonderheit und Bedeutsamkeit erweist den Bürger als einen Autonomiephantasten, der sich die versprochene, aber gesellschaftlich verwehrte Autonomie gleichsam imaginieren muß. Und nicht zuletzt entspringt sein Faible für die Kunst deren imaginationsmagischem Charakter. In ihr, dem Spiegelbild seiner imaginären Autonomie, vermeint er die Wahrheit seiner Existenz zu erblicken.

Aus seiner Unfähigkeit zu konkreten Beziehungen, resultiert die unendliche Sehnsucht des Bürgers nach Nähe und Wärme, die er gleichwohl in allen Beziehungen zum Anderen sucht, ohne sie je finden zu können. Dieser Sehnsucht entspringt seine unstillbare Begierde. Durch Inbesitznahme der Dinge und des anderen hofft der Bürger seiner selbstgesetzten Isolation entkommen zu können, ohne ein Bewußtsein davon zu haben, das sein zumeist gewaltsamer Aneignungsprozeß die

Besonderheit des anderen vernichtet, deren Erhalt für seinen Ausbruch aus der Beziehungslosigkeit notwendig wäre. Unter seinem herrschaftlichen Zugriff aber wird alles zum toten Objekt und so entdeckt er im anderen immer nur wieder die tödliche Kälte seiner selbst, der er doch zu entkommen trachtet. In dieser Perspektive erscheint die bürgerliche Gesellschaft als universeller Vernichtungszusammenhang, der eingebunden ist in die Logik von Tod und Opfer. Das ist der Boden, auf dem die ungeheure Akkumulation von Reichtum stattfindet, die für die bürgerliche Gesellschaft kennzeichnend ist. Die unstillbare Begierde des Bürgers überzieht in ihrem Aneignungs- und Vernichtungszwang die gesamte Lebenswelt mit dem eisigen Hauch des Todes, der noch in den letzten Winkeln dieser Gesellschaft nistet und alles mit seiner Starre überzieht. Diesen tödlichen Entfremdungszusammenhang versucht die bürgerliche Gesellschaft in der permanenten Inszenierung synthetischer Lebendigkeit zu verdecken. Hier hat die für unsere Gesellschaft signifikante Verdrängung des Todes ihren Grund. Er muß verdrängt werden, weil er universell in den Erstarrungen der Gesellschaft präsent ist.[9] Die bürgerliche Ästhetik verspricht die Befreiung von der ruhelosen aneignungswütigen Begierde in der ästhetischen Betrachtung des Kunstwerks und mobilisiert so Kunst als Gegenzauber gegen den objektvernichtenden Aneignungszusammenhang der bürgerlichen Tauschgesellschaft. Einer der von der Unersättlichkeit dieser Begierde wußte, Schopenhauer, hat diesen Zusammenhang in seinem Werk 'Die Welt als Wille

---

9 "Selbst die Wahnsinnigen, die Kriminellen und die Anomalen können in den neuen Städten, das heißt in der Rationalität einer modernen Gesellschaft, eine Aufnahmestruktur finden --allein die Todes-Funktion kann dort weder programmiert noch lokalisiert werden. ... Tot zu sein ist eine unvorstellbare Anomalie, alle anderen sind im Vergleich dazu harmlos. Der Tod ist ein Verbrechen, eine unheilbare Verirrung. Den Toten ist weder ein Ort noch ein Zeit-Raum zugewiesen, ihr Aufenthalt ist unauffindbar, sie sind in die radikale Utopie verstoßen -sie werden sogar noch mehr zusammengedrückt, so daß sie sich in Luft auflösen." Jean Baudrillard, Der Tod tanzt aus der Reihe, Berlin 1979, S.10.

und Vorstellung' aufzeigt.[10] Kunst gerinnt ihm zum Ort
begierdeloser Transzendenz des bürgerlichen Lebenszusammenhanges, zum Ort der Befreiung von der sinnlichen Triebsphäre
und darin zu jenem Höheren gegenüber dem profanen Lebenszusammenhang. In der Sphäre der Kunst pflegte das bürgerliche
Bewußtsein den Dialog mit einer heilen, von aller Gewalttätigkeit und Bedrohlichkeit gereinigten Natur, der man sich
getrost überlassen kann. Die Fetischisierung und Stilisierung
der Kunst in der bürgerlichen Gesellschaft verweist auf die
Sehnsucht des Bürgers, seine unendliche Begierde, der alle
Befriedigung versagt ist, zu überschreiten. Dem Haben-wollen
korrespondiert ein Gehabt-werden-wollen, der Wunsch sich
getrost einer Instanz überlassen zu können, in der die all-
täglich versagte Aufgehobenheit der Einzelheit des Individuums in eine verbindliche Allgemeinheit gewährleistet ist.

10 "Wann aber äußerer Anlaß, oder innere Stimmung, uns
plötzlich aus dem endlosen Strome des Wollens heraus-
hebt, die Erkenntniß dem Sklavendienste des Willens entreißt, die Aufmerksamkeit nun nicht mehr auf die Motive
des Wollens gerichtet wird, sondern die Dinge frei von
ihrer Beziehung auf den Willen auffaßt, also ohne Interesse, ohne Subjektivität, rein objektiv sie betrachtet,
ihnen ganz hingegeben, sofern sie bloß Vorstellungen,
nicht sofern sie Motive sind: dann ist die auf jenem
ersten Wege des Wollens immer gesuchte, aber immer ent-
fliehende Ruhe mit einem Male von selbst eigetreten, und
uns ist völlig wohl. Es ist der schmerzlose Zustand, den
Epikuros als das höchste Gut und als den Zustand der
Götter pries: denn wir sind für jenen Augenblick des
schnöden Willensdranges entledigt, wir feiern den Sabbath
der Zuchthausarbeit des Wollens, das Rad der Ixion steht
still. Dieser Zustand ist aber der, welchen ich oben be-
schrieb als erforderlich zur Erkenntniß der Idee, als
reine Kontemplation, Aufgehen in der Anschauung, Verlieren ins Objekt, Vergessen aller Individualität, Aufhebung
der dem Satz vom Grunde folgenden und nur Relationen fas-
senden Erkenntnißweise, wobei zugleich und unzertrennlich
das angeschaute einzelne Ding zur Idee seiner Gattung,
das erkennende Individuum zum reinen Subjekt des willen-
losen Erkennens sich erhebt, und nun Beide als solche nicht
mehr im Strohme der Zeit und aller anderen Relationen
stehn. Es ist dann einerlei, ob man aus dem Kerker, oder
aus dem Palast die Sonne untergehn sieht." Arthur
Schopenhauer, Die Welt als Wille und Vorstellung I §37,
1. Teilband, S.252, Zürich 1977.

Die Kunst erlaubt diesen Zustand begierdeloser Ataraxie zumindest da, wo sie nicht als Ware begehrt wird, für die kurze Zeit, in der sich der Betrachter im Kunstwerk kraft Imagination verliert. In dieser Hinsicht erscheint Kunst eingebettet in einen profanisierten Andachtszusammenhang, der als die Aura des Kunstwerks rezipiert wird. Darin ist sie unvollständiger Ersatz für die andachtsvolle Versenkung des Menschen in Gott, die das Mittelalter auszeichnete. Das Museum ist die Kirche des Bürgers, in der er seinen Kunstbezug weihevoll inszeniert. Ästhetik liefert dazu die theoretische Rechtfertigung.

Die von der bürgerlichen Gesellschaft favorisierte Kunst beschwört gegen alle gesellschaftliche Wirklichkeit die gewaltlose Einheit von Geist und Natur als Möglichkeit dieser Gesellschaft. In der Sphäre der Kunst kann die im Identitätskonzept versprochene Autonomie und Souveränität des Individuums zumindest imaginär realisiert werden. Als Inbegriff dieser Souveränität erscheint in der bürgerlichen Gesellschaft der genialische Künstler als potentieller Welterzeuger, als die lebendig gewordene Inkarnation der Einheit von Geist und Natur. (Vgl. dazu das Kantkapitel) Im Verstehensprozeß hat auch der Rezipient teil an dieser wirklichkeitsgestaltenden Souveränität. Und es ist kein Zufall, daß die Hochkonjunktur von Kunst und Ästhetik in der bürgerlichen Gesellschaft fast immer von einem Tiefstand des Politischen begleitet wurde. Die Kunst ist aufgrund ihres imaginationsmagischen Charakters dazu in der Lage, in Krisenzeiten der bürgerlichen Gesellschaft, d.h. dann wenn das Integrationsmodell, das die bürgerliche Ordnung zu sein beansprucht, versagt, für die Intellektuellen kurzfristig eine überbrückende therapeutische Funktion wahrzunehmen. Mit anderen Worten: Kunst scheint in der Lage zu sein, kurzfristig die Erfahrung gesellschaftlicher Mangelsituationen zu kompensieren, indem sie deren Aufhebung in der Perspektive der Möglichkeit festhält. Aufgrund ihrer Krisenanfälligkeit ist die bürgerliche Gesellschaft auf eine derartige Instanz angewiesen.[11] Kunst und Ästhetik sind daher ein besonders geeignetes Barometer für den Umgang des modernen Bewußtseins mit seinen selbstgeschaffenen Aporien, weil sich in ihnen, neben den erst später hinzutretenden psychologisch-therapeutischen Heilsangeboten, am deutlichsten zeigt, was ihm die gesellschaftliche Realität gegen alle Versprechungen beharrlich verweigert. Als Geschichte unbefriedigter Bedürftigkeit des neuzeitlichen Bewußtseins verweist die Geschichte der Ästhetik auf den Mangel und die Schwachstellen neuzeitlicher Rationalität und der dazugehörigen Subjektkonstitution. Die Kritik der ästhetischen Theorie impliziert also eine Kritik an der neuzeitlichen Rationalität mit all ihren Implikationen. Ästhetische Theoriebildung von Kant bis hin zu Adorno -Hegel ist die Ausnahme ohne allerdings eine Alternative zu sein- steht ein für das Leiden des modernen Subjekts an seiner Grundlosigkeit und schrittweisen Zerstörung seiner geschichtsphilosophischen Hoffnungen. Bis zum Ende des 19.Jhds versuchte Ästhetik verzweifelt dieses Leiden zu bannen oder zumindest aushaltbar zu machen, indem sie auf dem Körper der Kunst oder der gereinigten Natur das Bild der Versöhnung gegen eine gespaltene und in Gegensätze zerissene Welt beschwörte, darin die Hoffnung auf Veränderung der Welt zum Besseren hin festhaltend. Das 20. Jhd. aber ist

---

11 Die Anfälligkeit des Integrationsmodells, das die bürgerliche Gesellschaft zu sein beansprucht, ist wesentlich in zwei Momenten festzumachen: Zum einen kann in diesem Modell, da es innerweltlich orientiert ist, das Problem des individuellen Todes, das im Christentum durch das Versprechen des ewigen Lebens gebannt war, nur noch verdrängt werden. Das aber hat die permanente und unkontrollierbare Wiederkehr des Verdrängten in den verschiedensten gesellschaftlichen Bereichen zur Folge. Zum anderen funktioniert die zur Erhaltung des Systems notwendige Integration der gesellschaftlichen Subjekte nur so lange reibungslos, wie das System leistungsfähig bleibt. Ein System, in dem, wie in der bürgerlichen Gesellschaft, einseitig das Teilsystem Ökonomie zum Gradmesser des Funktionierens gemacht worden ist, ist besonders krisenanfällig, weil es im Fall ökonomischer Krisen über keine anderen Identifikationsangebote verfügt, die erfolgreich eine Integrationsfunktion wahrnehmen könnten.

geprägt von der Einsicht in die Unmöglichkeit der beschworenen Versöhnung. Gleichwohl hat auch in der Gegenwart Kunst bzw. all das was heute legitimer oder illegitimer Weise unter diesem Titel firmiert, ihre magische Heilsfunktion für das unglückliche intellektuelle Bewußtsein nicht verloren. Die produktive und rezeptive Teilhabe an Kunst und ästhetischer Reflexion gerinnt weiten Teilen einer politisch ort- und funktionslos gewordenen Intelligenz zum Inbegriff politischer Praxis. In den institutionell abgesicherten und nach wie vor exklusiven Gettos der Kulturindustrie ist es einem großen Teil der Intellektuellen möglich, ihre reale Ohnmacht bezüglich gesellschaftspolitischer Veränderungen in unserem System durch ästhetisch radikale, aber gleichwohl im Bannkreis des Imaginären verbleibende Praxis vor sich selbst und anderen zu verschleiern. Dieser Komplex ist das Thema des letzten Kapitels dieser Arbeit.

II. KANT: DAS PROBLEM DER IDENTITÄT ALS PROBLEM DER EINHEIT VON GEIST UND NATUR IN DER 'KRITIK DER URTEILSKRAFT'

2.1 Die gesellschaftlichen und geistigen Voraussetzungen der Kantischen Philosophie

Bevor ich mit der Analyse der Ästhetik Kants[1] beginne möchte ich eine knappe Skizze der geistigen und gesellschaftlichen Situation entwerfen, in der die drei 'Kritiken' entstanden sind, um deutlich zu machen, daß die Philosophie Kants der Versuch einer Antwort auf die vorherigen Kapitel skizzierte Problematik des neuzeitlichen Bewußtseins ist.[2]

---

[1] Immanuel Kant, Kritik der Urteilskraft, Ges. Werke Bd.IX u. X, hrsg. v. Wilhelm Weischedel, Frankfurt 1968. Ich zitiere im Folgenden nur aus dieser Ausgabe und benutze folgende Abkürzungen: KdrV f. Kritik der reinen Vernunft, KdpV f. Kritik der praktischen Vernunft und KdU f. Kritik der Urteilskraft. Nach der Angabe der jeweiligen Band- und Seitenzahl dieser Ausgabe folgt die Originalpaginierung.

[2] Dies scheint mir schon deshalb notwendig, weil ich der Ansicht bin, daß philosophische Theoriebildung nicht unabhängig von der gesellschaftlichen Situation geschieht, in die der jeweilige Autor eingelassen ist. Philosophie ist auch noch in ihrer abgehobensten Form Versuch einer Antwort auf bestimmte historische und gesellschaftlichen Fragestellungen und Probleme,- das muß dem einzelnen Autor keineswegs bewußt sein - deren Bearbeitung und auch Lösung einem jeweilig auszumachenden Bedürfnis des Menschen entspricht. Insofern ist jede philosophische Theorie zugleich auch Ausdruck der Weltanschauung ihres Verfassers. Auf das Bedürfnis als grundlegendes Movens des Philosophierens hat Hegel immer wieder vehement hingewiesen. Betrachtet man diesbezüglich die ungeheure Menge akademisch-philosophischer Literatur, so muß man bei dem weitaus größten Teil den Eindruck gewinnen, daß das der Philosophie zugrundeliegende Bedürfnis ein gesellschaftlich und historisch unabhängiges und interesseloses Bedürfnis nach Auseinandersetzung mit überzeitlichen und allgemeinmenschlichen Problemen sei, die von den übrigen Wissenschaften vernachlässigt bzw. keiner wissenschaftlichen Behandlung für würdig befunden worden sind. Die meisten akademischen Philosophen unterstellen ihre eigene, im akademischen Betrieb erzeugte Interessen- und Bedürfnislosigkeit auch den Philosophen, mit denen sie sich beschäftigen. Das zeigt sich darin, daß so viele philosophische Arbeiten sich in der immanenten Analyse des zur Debatte stehenden Werkes erschöpfen. Nicht zu-

Seine Reflexion bezieht sich auf eine historische und gesellschaftliche Situation, in der die Menschen sich bzgl. ihres Handelns und Denkens nicht mehr auf Gott und eine durch ihn legitimierte Ordnung berufen, sondern in zunehmendem Maße auf die Vernunft. Diese wurde allenthalben als Orientierung gewährendes Prinzip von Theorie und Praxis behauptet. Nicht zuletzt deshalb, weil sie in einer nicht mehr theologisch begreifbaren Welt als das einzige Vermögen des Menschen erschien, den privaten, rivalisierenden und machtbesetzten Interessen, die durch die 'Entzauberung' der Welt freigesetzt worden waren, durch allgemein verbindliche Erkenntnis, Normen und Gesetze entgegenzutreten. Für Kant ist der Ermächtigung der Vernunft zum Lebensprinzip eine fragwürdige Angelegenheit. Vernunft, die als Rechtfertigungs- und Legitimationsprinzip für das Denken und Handeln des Menschen fungiert, ist nämlich selbst in hohem Maße rechtfertigungsbedürftig bzgl. der ihr unterstellten Leistungsfähigkeit. Kant begreift die Ermächtigung der Vernunft zum Lebensprinzip als bloße Setzung, ohne daß darin schon ausgemacht ist, ob die Vernunft überhaupt in der Lage ist, die ihr zugemutete Orientierungsfunktion zu übernehmen. Er stellt daher die Frage nach der Möglichkeit allgemeinverbindlicher Vernunft, d.h. er will wissen, ob und wie die Vernunft die Menschen bzgl. ihrer sinnlichen Affektionen, ihrer Willensbestimmungen und ihrer Gefühle einheitlich leiten kann. Er entwirft also nicht erst eine Gesellschafts- bzw. Erkenntnistheorie auf der Basis der Vernunft gegen eine solche, die sich auf andere Instanzen gründet, sondern er trägt dem Faktum Rechnung, daß die Menschen angesichts der verlorengegangenen Möglichkeit, ihr Leben über den Glauben an einen transzendenten Gott zu bestimmen, gezwungen scheinen rational zu leben, indem er die Frage nach der Möglichkeit solchen Lebens stellt.

letzt hat diese Art des Philosophierens der Philosophie den Ruf eingebracht, eine weltabgewandte und müßige Angelegenheit einiger privilegierter Intellektueller zu sein.

Soweit man sich im 18. Jhd. auf die Vernunft berief, bezog man sich auf einen bestimmten Typ von Vernunft, als deren Inbegriff die Mathematik und die Physik galten, auf die wissenschaftliche Vernunft also. Auf sie aber beriefen sich nicht nur die Naturwissenschaften, sondern auch jene metaphysischen Ansätze der rationalistischen Schulmetaphysik dieser Zeit, die vorgaben, gestützt auf die Denkmittel der Mathematik bzw. der Logik, Totalität erkennen zu können. Im Vertrauen auf die offensichtliche Leistungsfähigkeit derartiger Vernunft im Bereich der modernen Naturwissenschaften, wähnte man sich auch auf dem Feld der Metaphysik, soweit man sich ihrer dort bediente, auf dem festen Boden der Wissenschaft. Die Exaktheit der wissenschaftlichen Methode sollte einstehen für die Wahrheit der gewonnenen Erkenntnisse. Die sich im Rahmen derartiger Metaphysik ergebenden Widersprüche ließen Vernunft überhaupt als Orientierung gewährendes Lebensprinzip fragwürdig erscheinen. Weil Kant dieses Problem gesehen hatte, verband er in der KdrV die Frage nach der Möglichkeit der Metaphysik als Wissenschaft mit der nach der Möglichkeit reiner Mathematik und reiner Naturwissenschaft. Er wollte so die Rechtmäßigkeit einer metaphysischen Mission der exakten Wissenschaft hinterfragen, mit dem Ziel, die Vernunft von den Widersprüchen zu befreien, in die sie sich verwickelt hatte, und ihre prinzipierende Funktion zu sichern. Wenn sie nämlich als Lebensprinzip Handeln und Denken des modernen Menschen leiten soll, darf sie sich nicht in Widersprüche und Ungereimtheiten verwickeln, weil ansonsten Desorientierung droht. Deren Folgen sind Angst, und im Falle eines Lebens, das sich auf Vernunft zu gründen beansprucht, eine Unsicherheit, die auf breiter gesellschaftlicher Ebene durch keine andere Orientierungsinstanz mehr gebannt werden kann, weil der Erhebung der Vernunft zum Lebensprinzip die Erfahrung des Scheiterns aller möglichen anderen Orientierungsinstanzen zugrunde liegt. Im Falle eines Versagens der Vernunft bzgl. ihrer Orientierungsfunktion besteht also die Gefahr, daß die Totalität des gesellschaftlichen Seins den

privaten, möglicherweise zerstörerischen Interessen und
Lebensvorstellungen des Einzelnen überlassen bleibt. Die
Verknüpfung der Frage nach der Möglichkeit reiner Mathematik und reiner Naturwissenschaft mit der nach der Möglichkeit von Metaphysik verweist darauf, daß Kants Kritik der
wissenschaftlichen Vernunft im Dienste der Ermöglichung
einer Metaphysik steht, die sich nicht wie die logizistische
Metaphysik seiner Zeit in unlösbare Widersprüche verwickelt.
Die Vorrede zur KdrV zeigt deutlich, daß Kant keine Begründung der modernen Wissenschaft im Auge hatte, sondern daß
es ihm darum ging, die Philosophie als Reflexion über die
Möglichkeit eines menschlichen Lebens unter der Leitung der
Vernunft wissenschaftlich zu fundieren. Nur so kann sie den
von der Theologie gezwungernermaßen geräumten Platz besetzen.
Kant ist also keineswegs der Gegner der Metaphysik, auf den
sich die moderne Wissenschaftstheorie so gerne beruft, sondern er ist der Gegner eines bestimmten Typus von Metaphysik: der logizistischen Schulmetaphysik seiner Zeit. Derartige Metaphysik verfällt dem Verdikt, weil sie essentiell
unvernünftig ist. Kants Suche aber geht auf eine im wahrsten
Sinne des Wortes vernünftige Metaphysik. Die Irrationalität
der logizistischen Schulmetaphysik gründet für Kant in ihrer
blinden Adaption der wissenschaftlichen Vernunft. Blind deshalb, weil sie die Reichweite der wissenschaftlichen Vernunft
überschätzt und ihr zuviel zumutet. Seine Kritik dieser Vernunft zielt daher darauf ab, ihre wirkliche Leistungsfähigkeit, d.h. zugleich die Grenzen ihrer Reichweite aufzuzeigen.
Ich glaube man mißversteht das philosophische Anliegen
Kants, wenn man die einzelnen 'Kritiken' separiert, anstatt
sie als Schritte auf dem Weg zu einer vernünftigen Metaphysik zu begreifen. Das so oft beschworene Problem der Einheit der drei 'Kritiken' ist weniger eines der immanenten
Logik -Leonhard Nelson hat diesbzgl. die Fehler der Kantischen Argumentation detailliert herausgearbeitet[3] -, sondern primär das einer befriedigenden Antwort auf die geschichtlichen und gesellschaftlichen Fragestellungen, mit

denen die Aufklärung den modernen Menschen konfrontiert hat. Kants philosophische Leitfragen, die die 'Kritiken' motiviert haben und die eine bloß textphilologisch orientierte Philosophie allzu leicht aus den Augen verliert, beziehen sich auf die Möglichkeit eines Lebens, das sich nur noch auf Vernunft gründen kann. Solches Leben ist angewiesen auf die Klärung der Fragen: "Was kann ich wissen?, Was soll ich tun?, Was darf ich hoffen?, Was ist der Mensch?".[4] Diese Fragen betreffen das Menschliche Sein in seiner Totalität. Solches zu bedenken, aber beanspruchte seit alters her die Philosophie als Metaphysik, die bei Kant nun Transzendentalphilosophie sein soll. Die drei 'Kritiken' sind die Vorarbeit zu einem System der Transzendentalphilosophie, an dem Kant dann allerdings letztlich gescheitert ist. Ich hoffe, meine Argumentation hat deutlich gemacht, daß auch eine Analyse der Kantischen Ästhetik, soweit sie nicht nur rein immanent die Schlüssigkeit der Kantischen Argumentation zum Gegenstand macht,[5] deren Eingebundenheit in den oben erläuterten Zusammenhang reflektieren muß, weil nur so die fundamentale Bedeutung, die die Ästhetik für das System dieser Philosophie hat, verstehbar wird.

---

[3] Vgl. Leonhard Nelson, Fortschritte und Rückschritte der Philosophie. Ges. Schriften Bd. VII, Hamburg 1970, S.264-340.

[4] I. Kant, Logik, Bd. VI, S.448/A 26,27.

[5] Bzgl. der inneren Logik der Argumentation der KdU verweise ich auf die detaillierte Arbeit von Jens Kulenkampff. J. Kulenkampff, Kants Logik des ästhetischen Urteils, Frankfurt 1978.

2.2 Die Unvermitteltheit reiner und praktischer Vernunft als Ausgangspunkt für die "Kritik der Urteilskraft"

Kants Fragestellung, das habe ich gezeigt, betrifft die Möglichkeit eines sich auf Vernunft gründenden Lebens und zielt diesbzgl. ab auf die Möglichkeit vernünftiger Subjektivität. Wenn sie nämlich nicht mehr Sache Gottes ist, dann muß sie zu einer Angelegenheit des Menschen werden. Die erst in diesem Horizont sinnvolle Frage nach der Möglichkeit vernünftiger Subjektivität ist die nach dem Verhältnis von Einzelheit und Allgemeinheit. Wie kann Vernunft, die zunächst einmal Angelegenheit des Individuums ist, den Charakter von Notwendigkeit und Allgemeinheit haben, damit sie dem Individuum die Angst vor Desorientierung in einer kontingent gewordenen Welt zu nehmen vermag?

In seinen beiden ersten 'Kritiken' zeigt Kant, wie allgemeingültige Vernunft möglich ist: durch Beherrschung der äußeren und der inneren Natur, also durch Objekt- und Selbstbeherrschung. Als Bedingung der Möglichkeit derartiger Beherrschung fungiert eine vom konkreten lebendigen Individuum abgespaltene mit sich selbst identische Subjektivität, die als transzendentales Subjekt die Herrschaft des Menschen über die äußere Natur und im kategorischen Imperativ die über die innere sichert. Nur durch die Beziehung des Individuums auf diese überindividuelle gehaltlose Subjektivität soll die ersehnte Ichsicherung und Orientierung im kontingenten Lebens- und Weltzusammenhang möglich sein. Die Kantische Reflexion über das Naturverhältnis des modernen Menschen ist ein Plädoyer für ein über-natürliches Leben, ein Leben, das sich ausschließlich gegen die Natur bestimmt. Weil der moderne Mensch sein Sein nicht mehr in einem transzendenten Gott gründen lassen kann, ist er auf die Natur als Seinsgrund zurückverwiesen. Die entgöttlichte Natur aber wird ihm zum fundamentalen Problem, weil sie ihn der bedrohlichen Endlichkeit preisgibt, die im Christentum durch das Opfer Christi erfolgreich transzendiert worden war. Der individuelle Tod wird in der enttheologisierten Welt, die keine dem Christentum analoge Heilserwartung mehr kennt, zur unerbittlichen Grenze der Existenz. Um der Todesangst zu entkommen, muß das neuzeitliche Individuum seine Naturangewiesenheit verleugnen, indem es sich ausschließlich als Vernunftwesen bestimmt. Wie aber ist solche Verleugnung (Verdrängung) möglich, da auch die Vernunftvermögen des Individuums notwendig in den Leib eingeschlossen sind und der Mensch so unerbittlich an den Naturzusammenhang gekettet ist? - Wohl nur so, daß die Vernunft die für sie todbringende Natur ihrerseits abtötet. Natur muß zur toten Materie werden, der dann Vernunft unerbittlich ihr Siegel aufprägen kann. Seine eigene Natur übergehen, aber kann der Mensch nur, wenn er sich als überzeitliches moralisches Wesen begreift. "Nur als unbedingt geforderte moralische Person entgeht der Vernünftige der ihn innerlich paralysierenden Todesvorstellung. Die moralische Person durchbricht in unbedingter Willensbestimmung ihre zeitlich-kausale Bedingtheit und verspricht sich füglich Unsterblichkeit."[6] Von der durch dieses Selbstverständnis des Menschen möglich gewordenen absoluten Beherrschung und Ausbeutung der Natur ist nur der andere ausgenommen, weil ich nur in der Identifikation mit ihm als gleichfalls vernünftigem Wesen die Gewißheit habe auch wirklich durch Vernunft zu leben. Der Gemeinschaft vernünftigmoralischer Wesen wird Natur ausschließlich zur beherrschbaren Gegenwelt, deren vollständige und erfolgreiche Unterwerfung einsteht für die Autonomie und Souveränität der Vernunft.

Kant hat die Zurichtung der Natur durch die instrumentelle Vernunft[7] in seiner Unterscheidung von "Ding an sich selbst" und "Ding in Erscheinung" reflektiert und konnte gestützt auf diese Unterscheidung zeigen, daß es die wissenschaftliche Ver-

---

[6] Günter Schulte, Vernunft und Natur. In: Erneuerung der Transzentalphilosophie (R. Lauth zum 60. Geburtstag), hrsg. v. K. Hamacher u. A. Mues, Stuttgart-Bad Cannstadt 1979, S.345.

[7] Vgl. zum Begriff der instrumentellen Vernunft: Max Horkheimer, Zur Kritik der instrumentellen Vernunft, Frankfurt 1967, S.7-153.

nunft nur mit der Erscheinungswelt zu tun hat und daher auch keinen Anspruch auf Erkenntnis metaphysischer Gegenstände (Ideen: Welt, Seele, Gott) erheben kann. Der Gewinn dieser Unterscheidung ist ein doppelter: Durch den Nachweis, daß die endlichen Bestimmungen objektwissenschaftlicher Vernunft (Verstandesbegriffe) nur auf sinnliche Gegenstände (Erscheinungen), nicht aber auf übersinnliche Gegenstände (Dinge an sich) gehen, sind die Voraussetzungen für eine Theorie der exakten Wissenschaften geschaffen, die sich nicht in metaphysische Spekulationen und daraus resultierende Ungereimtheiten verwickelt. Darüberhinaus aber gelingt es Kant durch seine Unterscheidung, die Denkbarkeit -wenn auch nicht die Erkennbarkeit- der Vernunftbegriffe, die sich auf die intelligibele Sphäre der "Dinge an sich" beziehen, zu erweisen und so eine von ihrem Anspruch her reduzierte Metaphysik -reduziert in Bezug auf den Anspruch der rationalistischen Schulmetaphysik- auf wissenschaftlicher Basis möglich zu machen. Inhalt derartiger Metaphysik ist wesentlich dies Wissen um die Begrenztheit menschlicher Erkenntnis.[8]

Es ist einsichtig, daß der Mensch in einer von der instrumentellen Vernunft unter Identitätszwang gesetzten Natur keine Identität finden kann, weil er selbst in solcher Natur nur als totes unter dem Kausalitätsgesetz stehendes Objekt der Erscheinungswelt vorkommt. Die Freiheit, die das neuzeitliche Individuum für sich reklamiert, ist in einer durch die instrumentelle Vernunft zugerichteten Natur nicht zu finden. Sie ist nur möglich, sofern der Mensch unter dem Sittengesetz steht, das Kant in der KdpV, gestützt auf seine erkenntnistheoretische Unterscheidung von "Ding an sich selbst" und

---

[8] "Der Philosoph muß also bestimmen können
  1. die Quellen des menschlichen Wissens,
  2. den Umfang des möglichen und nützlichen Gebrauchs allen Wissens, und endlich
  3. die Grenzen der Vernunft.-
Das Letztere ist das Nötigste, aber auch das Schwerste, um das sich aber der Philodox nicht kümmert."
I. Kant, Logik, Bd.VI, S.448/A 26,27.

"Ding in Erscheinung", formuliert hat. (Vgl. KdpV, Bd.VII, S. 140/A 54) Freilich steht diese Freiheit, deren Möglichkeit Kant erweist, nicht dem konkreten Individuum in der Erscheinungswelt zu -hier steht der Mensch unter dem unerbittlichen Kausalgesetz-, sondern sie eignet ihm nur als "Ding an sich selbst betrachtet". Die Kantische Subsumtion des Menschen unter die Objektbegriffe verweist schon darauf, daß es auch in der intelligibele Sphäre der Vernunft nicht ohne Zurichtung und Gewalt abgeht. Freiheit, die dem Subjekt zukommen soll, wird nur dadurch als (logisch) möglich erwiesen, daß das Subjekt sich objektiviert. Der kategorische Imperativ ist Inbegriff solcher Objektivierung, insofern er das konkrete Individuum auf ein Sein und Handeln verpflichtet, welches das aller Anderen ist. Er sagt daher auch nicht, was das Individuum tun soll -diesbzgl. ist er leer und gehaltlos-, sondern er sagt nur wie das Subjekt verfahren (wollen) muß, wenn seine Handlung eine sittliche sein soll. Die Struktur des kategorischen Imperativs ist bloß die Idee der Kompossibilität der Freiheit. Von daher könnte man ihn in Abwandlung der Kantischen Version auch so formulieren: "Handele stets so wie jeder andere, damit Vernunft universell ist!" oder auch: "Handele stets so, als ob du ein intelligibeles Objekt wärest!"- Auch im Herrschaftsbereich praktischer Vernunft steht das Autonomie begehrende Subjekt unter Identitätszwang. Die Möglichkeit autonomer, vernünftiger Subjektivität bezieht sich weder im Bereich der Naturerkenntnis noch in dem des Handelns auf das konkrete individuelle Subjekt, das ich in meiner Leiblichkeit bin, sondern auf ein Ich (Subjekt) überhaupt, das wie ein allgemeines Äquivalent funktioniert. Das konkrete Individuum aber hat nur teil an ihr, sofern es sich mit dieser zur abstrakten Allgemeinheit geronnenen Äquivalentvernunft identifiziert, d.h. sofern es sich konvertibel macht.[9] In diesem Prozeß der

---

[9] Solches Vernunftverhältnis entspricht einem durch beginnende industrielle Produktion und Warentausch bestimmten Gesellschaftszusammenhang. "Die empirischen Subjekte der Zirkulation wie des abstrakten Denkens sind Subjekte nur, soweit

Identifikation muß das konkrete Individuum seine Leiblichkeit übergehen und auch die des Anderen. In der verdinglichten Natur außer mir und in der unterdrückten in mir ist für den lebendigen Organismus kein Platz mehr. In der übersinnlichen, intelligibelen Sphäre der Moralität existiert er nur noch als vom Geist abgetrenntes und abgetötetes Objekt. In Bezug auf mich selbst als moralisches Wesen ist mein Leib das essentiell Unvernünftige.[10] Dem neuzeitlichen Individuum wird so sein faktisches, leibhaftiges Mitsein mit anderen zu einer "quasi übernatürlichen Angelegenheit".[11] Davon

> sie in ihren Operationen *sich bewußtlos auf das Allgemeine, ihnen jenseitige und unerreichbare Subjekt, das Transzendentalsubjekt bzw. das Subjekt Wert beziehen* (nämlich das Kapital als noch latentes oder schon wirkliches, in jedem Fall aber nicht erscheinendes Subjekt der Gesellschaft). Gerade diese zwangsmäßige Bezogenheit verleiht den empirischen Subjekten ihre Autonomie von der konkreten Bestimmtheit, in der sie als in fleischlichen Hüllen stecken. Als Individuen des Austauschs, als Charaktermasken des Werts in seinen in der Austauschsphäre anerkannten Formbestimmtheiten bzw. in deren darauf beruhenden rechtlichen Fixierungen... sind sich die konkret, 'psychich' ganz verschiedenen Individuen durchaus gleich, mit Grundrechten ausgestattete Bürger, eben bloße Warenhüter, Eigentümer. Als konkret bestimmte Individuen können sie freilich vor ihrer eigenen Aufgabe versagen ... *Grundsätzlich aber muß die Fähigkeit zum Bezug aufs Allgemeine entwickelt sein,* müssen die Individuen der Unmündigkeit entwachsen, emanzipiert, mündig geworden sein -*Mündigkeit* verstanden in jenem doppelten und ursprünglichen Sinn, wie sie der innere Kern und der Bezugspunkt der bürgerlichen Erziehungsvorstellung ist: nämlich einerseits der Volljährigkeit als *Subjekt des bürgerlichen Rechts* bzw. als Eigentümer, der sich den den Eigentumsverkehr regelnden Gesetzen unterwirft, der 'vernünftig' ist, 'seine Angelegenheiten' (d.h. die seines 'Vermögens', 'zu besorgen'); und andererseits der Mündigkeit *als Subjekt der rationalen Erkenntnistätigkeit*." Rudolf Wolfgang Müller, Geld und Geist. Zur Entstehungsgeschichte von Identitätsbewußtsein und Rationalität seit der Antike, Frankfurt 1977, S.203.

10 Kants Beispiele in der KdpV zeigen, daß angesichts der Moral der Leib nichts ist, ja daß ich bereit sein muß mein Leben dranzusetzen für das, was ich moralisch will. Im Verhältnis zu der sich im Urteil artikulierenden Vernunft ist der Leib sprachloses Objekt, über das bloß geurteilt wird. Vgl. I. Kant, Bd. VII, S.292/A 277,278.

zeugt auch der Schluß der KdpV, wo zwischen jenen zwei Dingen, dem "bestirnten Himmel über mir" und "dem moralischen Gesetz in mir" der Leib und der andere übersehen wird.[12] Die Kantische Rechtfertigung der Vernunft als Lebensprinzip hat zwar die Verträglichkeit von Naturkausalität und solcher aus Freiheit zeigen können, aber die Philosophie der Natur und die der Freiheit stehen sich unvermittelt gegenüber. In einer solchen Zerissenheit kann der moderne Mensch nicht leben. Sein Bedürfnis zielt ab auf die Synthese des Unvermittelten, auf die Versöhnung von Geist und Natur. Zwar hat die KdrV gezeigt wie objektive Naturerkenntnis möglich ist, doch die Vernunft will wissen, ob die Natur ihrer Systematisierungsabsicht auch von sich aus entgegenkommt, und sie will darüberhinaus wissen, ob sie als praktische Vernunft in der endlichen Natur auch Kausalität haben kann. In beiderlei Hinsicht geht Kants Suchblick auf eine von sich aus *vernünftige* Natur. Wenn das neuzeitliche Subjekt solcher Natur inne würde, wäre sein gewaltsames Naturverhältnis, in das es sich selbst gesetzt hat, im nachhinein gerechtfertigt und die Gegensätze von Geist und Natur bzw. Freiheit und Notwendigkeit miteinander versöhnt.[13] Kants Ästhetik ist der Suche nach einer derartigen Natur verpflichtet und verweist darin auf die Angst des neuzeitlichen Bewußtseins, daß Natur sich letztlich dem Diktat der Vernunft entziehen und deren Autonomieanspruch als ungerechtfertigt erweisen könne.

11 Vgl. G, Schulte, a.a.O., S.346.
12 I. Kant, Bd. VII, S.300/A 289,290.
13 Die Spezialisierung eines sehr großen Teils der Arbeiten zur Kantischen Ästhetik auf die Kritik der *ästhetischen* Urteilskraft läßt das Kantische Anliegen nicht mehr in den Blick treten. Hauptsächlich von einem Interesse an der Kunst geleitet, können sie nicht zeigen, welcher fundamentalen Problematik Ästhetik begegnen will. Weil sie diese Problematik nicht in den Blick bekommen, verfehlen sie nicht selten auch eine adäquate Bestimmung der Kunst. Arbeitet sich diese doch gleichfalls am zerstörten und zerstörerischen Naturverhältnis des unter dem Diktat der Vernunft stehenden modernen Individuums ab. Vgl. zur Forschungslage bzgl. der "Kritik der Urteilskraft": Volker Gerhard, Friedrich Kaulbach, Kant, Darmstadt 1979, S.98-133.

Diese Angst kennzeichnete auch das mythische Bewußtsein, das im Opfer die im Aneignungsprozeß durch den Menschen vergewaltigte Natur versöhnlich zu stimmen trachtete. Solche Opfergeste, durch die der Natur symbolisch zurückerstattet wird, was ihr der Mensch im Arbeitsprozeß entrissen hat, verweist auf ein kommunikatives Verhältnis des Menschen zur Natur, das dem neuzeitlichen Bewußtsein fremd ist. Gleichwohl existiert angesichts der abgetöteten Natur eine Sehnsucht des modernen Bewußtseins nach einem derartigen Naturverhältnis. Es inszeniert sich dieses Naturverhältnis in den schönen Naturanblicken und in der Kunst als Gegenzauber gegen den entfremdenden Gesellschaftszusammenhang, in dem die Natur durch die Vorherrschaft der instrumentellen Vernunft zum Verstummen gebracht worden ist. Als Theorie der schönen Natur und Kunst ist Ästhetik Ausdruck der Suche des modernen Bewußtseins nach opferloser Bestätigung seiner gewalttätigen Praxis gegen die Natur durch diese selbst. Sie betreibt darin die Naturalisierung des Herrschaftsverhältnisses autonomer Subjektivität über die Natur. So kommt sie dem Interesse des bürgerlichen Bewußtseins entgegen, den existierenden Gesellschafts- und Lebenszusammenhang als zweite Natur mit dem Anschein von Notwendigkeit und Ewigkeit auszugeben.

2.3 Die "Kritik der Urteilskraft" als Suche nach einer vernünftigen Natur

In den beiden ersten 'Kritiken' hatte Kant gezeigt, daß die Vernunft eine Orientierungsfunktion im Kontingenzzusammenhang von Leben und Welt nur als autonome, mit sich selbst identische, überindividuelle Subjektivität übernehmen kann. Um sein Bedürfnis nach Weltorientierung zu befriedigen, muß das konkrete Individuum von seiner individuellen Besonderheit abstrahieren und sich in seinem Vorstellen und Handeln auf diese allgemeine Subjektivität beziehen. Nur sofern sich der Einzelne auf der Basis gemeinsamer Naturbeherrschung dem interpersonellen Zusammenhang vernünftiger Lebewesen durch Identifikation mit dem *gleich-gültigen* ándern unterstellt, ist seine Integration in eine umfassende und verbindliche Allgemeinheit möglich.[14] Bzgl. der konkreten lebenspraktischen Ebene spricht Kant dem bürgerlichen Staat, der Republik, wenigstens der Möglichkeit nach, eine solche Integrationsfunktion zu.

Im Anschluß an die beiden ersten 'Kritiken' ergibt sich aber ein schwerwiegendes Problem. Zwar konnte Kant die Verträglich-

---

[14] Soweit ein Individuum diesen Bezug nicht herstellt oder nicht in der Lage ist ihn herzustellen, ist es gegenüber diesem Lebenszusammenhang *ver-rückt*. "Das einzige allgemeine Merkmal der Verrücktheit ist der Verlust des *Gemeinsinnes* (sensus communis), und der dagegen eintretende *logische Eigensinn* (sensus privatus) ... Denn es ist ein subjektiv notwendiger Probierstein der Richtigkeit unserer Urteile überhaupt und also auch der Gesundheit unseres Verstandes: das wir diesen auch an den *Verstand anderer* halten, nicht aber uns mit dem unsrigen *isolieren*, und mit unserer Privatvorstellung doch gleichsam *öffentlich* urteilen." I. Kant, Anthropologie in pragmatischer Hinsicht. Werke Bd. XII, S. 535/BA 151.
Diesem *Verrückt-sein* begegnet die bürgerliche Gesellschaft mit Ausgrenzung und Einsperrung. Der Wahnsinn stellt eine Bedrohung für das sich autonom wähnende neuzeitliche Bewußtsein dar, weil sich in ihm das partielle Mißlingen der Ermächtigung der Vernunft zum Lebensprinzip als Rebellion der im Prozeß dieser Ermächtigung unterdrückten Natur im Menschen manifestiert. Vgl. zu diesem Problem: Michel Foucault, Wahnsinn und Gesellschaft. Eine Geschichte des Wahns im Zeitalter der Vernunft, Frankfurt 1973 u. Klaus Dörner, Bürger und Irre, Frankfurt 1975.

keit von Kausalität und Freiheit zeigen, aber beide stehen sich unvermittelt gegenüber. Diese Unvermitteltheit wird problematisch im Blick auf den Menschen, der als Leib-Vernunfteinheit unter beiderlei Gesetzmäßigkeiten steht. In der Perspektive der beiden ersten 'Kritiken' ist dem konkreten Individuum die Erfahrung dieser Einheit verstellt. Das im Zusammenhang von reiner und praktischer Vernunft unter Identitätszwang gesetzte Subjekt kann seine eigene Identität im konkreten Lebenszusammenhang nicht erfahren. Durch die Unmöglichkeit solcher Erfahrung ist seine Freiheit und damit seine Autonomie bedroht. Hinsichtlich seiner Bestimmung als moralisches Wesen ist der Mensch auf Natur angewiesen. Da das Gesetz der praktischen Vernunft keine Aussage über die Struktur eines gegebenen Gegenstandes ist, sondern vielmehr die Aufforderung enthält, erst einen solchen zu suchen und hervorzubringen, kann es sich nur im Handeln bewähren, in der sittlichen Tat nämlich. Das Handeln aber steht unzweifelhaft unter Naturgesetzen. Die konkrete Möglichkeit von Freiheit hängt daher davon ab, ob die Naturgesetzlichkeit mit dem Vernunftgesetz übereinstimmt. Nur wenn dies der Fall ist, darf der Mensch hoffen, daß die Menschheit sich in Richtung der Realisierung des Endzwecks bewegt, d.h. auf einen Staats und Gesellschaftszusammenhang hin, der ein "Reich der Zwecke" wäre. An die Lösung dieses Problems ist die Möglichkeit der geschichtlichen Realisierung einer vernünftigen Gesellschaft gebunden.[15]

Die Möglichkeit der Freiheit, die sich das neuzeitliche Subjekt attestiert, ist gebunden an den Grad der Freiheit und Unabhängigkeit von der Natur. Zwar hatte Kant in der KdrV zeigen können, daß die Grundformen der Konstitution von Gegenständen im Subjekt liegen, daß sie diese aber nicht in ihrem

---

[15] An dieser Stelle wird deutlich, daß in der Kantischen Philosophie der Übergang zur Geschichtsphilosophie angelegt ist, den erst seine Nachfolger im deutschen Idealismus konsequent vollzogen haben. Vgl. zum Problem der geschichtlichen Vernunft bei Kant: Odo Marquard, Kant und die Wende zur Ästhetik, a.a.O.

Dasein an sich, sondern nur ihrer Erscheinungsform nach erzeugt. Damit ist jedoch nicht erwiesen, daß sich die Natur in ihren empirischen Gesetzen auch verstandesgemäß verhält. Auch bezüglich dieses Problems ist der Mensch auf eine Natur angewiesen, die von sich aus seinen Bestrebungen entgegenkommt oder zumindest die Möglichkeit ihrer Realisierung offenläßt. Die Suche nach einer derart *vernünftigen* Natur thematisiert die 'Kritik der Urteilskraft': Natur unter dem Aspekt des Nichtidentischen. Der Urteilskraft als dem dritten Vernunftvermögen des Menschen mutet Kant auf der Ebene der konkreten Sinnlichkeit die nach den beiden ersten Kritiken noch ausstehende Vermittlung von Einzelheit und Allgemeinheit zu. Erst wenn auch diese Vermittlung sich als möglich erweisen läßt, ist die Vernunft als einheitliches und allgemeingültiges Lebensprinzip gerechtfertigt.

In der KdU geht es also nicht um *die* Urteilskraft, die Kant in der KdrV als das Vermögen bestimmt hatte, ein gegebenes Besonderes unter das Allgemeine einer Regel zu subsumieren, die ihr der Verstand vorschreibt. In dieser Funktion war sie nur bestimmende Urteilskraft, und da sie in dieser Funktion nicht gesetzgebend war, benötigte sie auch keine Kritik. Ihre Vermittlungsleistung umfaßte nämlich in der KdrV nicht auch die Möglichkeit dieser Vermittlung. Diese sollte die transzendentale Einbildungskraft garantieren. Erst als reflektierende Urteilskraft, die nicht mehr das Besondere unter ein gegebenes Allgemeines zu subsumieren hat, sondern zu einem gegebenen Besonderen das Allgemeine erst suchen muß, bedarf sie eines Prinzips der Reflexion und damit einer Kritik. Das allgemeine Prinzip, gemäß dem sich die reflektierende Urteilskraft selbst das Gesetz gibt, ist das der Zweckmäßigkeit. Als teleologische Urteilskraft erwägt sie Natur als ein Reich der Zwecke. Nur so ist sie in der Lage, die mannigfaltigen empirischen Gesetzmäßigkeiten in der Natur unter dem Gesichtspunkt des Zusammenstimmens zu einer logisch systematischen Einheit zu betrachten. Das Prinzip der Zweckmäßigkeit veranlaßt den Verstand, sich die Natur in Analogie zu seiner eigenen Gesetzlichkeit vorzustellen, als ob in ihr gleichsam ein anderer Verstand wirksam wäre. Die Vorstellung der Zweckmäßig-

keit der Natur ist quasi die Zielprojektion der Urteilskraft,
wenn sie über die Natur hinsichtlich der empirischen Gesetzmäßigkeiten reflektiert. Da die Vorstellung aber nur in Bezug
auf die Urteilskraft selbst gilt, spricht Kant von formaler
Zweckmäßigkeit. Sie sagt nichts über die tatsächliche Organisation der Natur aus, in die wir keine Einsicht haben.[16] Die
Erwägung der Natur als Zweckzusammenhang, von der Kant in der
KdU spricht, ist konstitutiv für jede naturwissenschaftliche
Forschung. Wenn nämlich der Naturforscher nicht annehmen könnte,
daß die Natur ein für unser Erkenntnisvermögen faßliches System
sei, daß also seine Reflexion über die Natur auch zu einem Er-
gebnis führt, würde er mit seiner Forschung gar nicht erst
beginnen. Diesbezüglich wird die reflektierende Urteilskraft
nur als Möglichkeit eines bestimmten geregelten Verfahrens bei
der Naturerkenntnis beschrieben. Sie gibt an wie man praktisch
vorgehen muß, wenn man Erkenntnisse über die praktische Gesetz-
mäßigkeit der Natur erlangen will. Die Vorstellung einer teleologischen Anordnung der Natur bleibt dabei ganz im Horizont
einer subjektiven Teleologie, die aber notwendige Bedingung
aller naturwissenschaftlichen Forschung sein muß, wenn diese
nicht in ihrer Verfahrensweise der puren Willkür freien Raum
lassen will.[17] Trifft nun die Urteilskraft auf solche

---

16 "Die Urteilskraft hat also auch ein Prinzip a priori für die
Möglichkeit der Natur, aber nur in subjektiver Hinsicht in sich,
wodurch sie, nicht der Natur (als Autonomie), sondern ihr selbst
(als Heautonomie) für die Reflektion über jene ein Gesetz vorschreibt, welches man das *Gesetz der Spezifikation der Natur*
in Ansehung ihrer empirischen Gesetze nennen könnte ... "
KdU, 2. Einl. Bd.IX, S.259/B XXXVII/A XXXV.

17 "Die dem Verstand unterworfene Natur ermöglicht zwar empirische
Erkenntnisse, aber diese besitzen in ihrer Verknüpfung miteinander eine nur analytisch-additive und keine synthetische
Einheit. Die wird ihnen erst dadurch zuteil, daß die Urteilskraft sie auf Zwecke und Ziele hin interpretiert und begründet,
mithin sie in eine universale Teleologie stellt. Innerhalb des
Empirismus wiederholt sich also die Angst vor der Zusammenhangs-
schwäche, die als Angst vor der unverbundenen Mannigfaltigkeit
schon die synthetischen Anstrengungen der Kritik der reinen
Vernunft motivierte. Blieben die besonderen empirischen Gesetze
in ihrer je zufälligen Einzelheit bestehen, wäre auch die Ein-

systematischen Gesetzmäßigkeiten, so ist die "entdeckte Vereinbarkeit zweier oder mehrerer Naturgesetze unter einem sie beide befassenden Prinzip, der Grund einer merkwürdigen Lust ... " (KdU, Bd. IX, S.261/B XL/A XXXVIII) Dieses ästhetische Moment der teleologischen Urteilskraft, die Lust, die an das Erreichen einer bestimmten Absicht gekoppelt ist, ist problemlos. Sie entspricht der Absicht von Verstand und Vernunft, die Natur als ihnen gemäß zu beurteilen und ist bei Erreichen dieser Absicht gerechtfertigt.

Nun existieren aber in der Natur einzelne Objekte, die dadurch ausgezeichnet zu sein scheinen, daß sie einen komplexen Funktionszusammenhang von Teil und Ganzem bilden. Solche Objekte, in denen das Ganze die Teile und die Teile das Ganze zu bestimmen scheinen, sind die Organismen, also auch wir selbst in unserer Leiblichkeit. Bei den Organismen scheint es sich um einen Fall von objektiver Teleologie zu handeln. Nur ist unser diskursiver Verstand dazu ungeeignet, das Bestimmtsein des Teils durch das Ganze zu erfassen. "Unser Verstand hat nämlich die Eigenschaft, daß er in seinem Erkenntnisse, z.B. der Ursache eines Produktes vom *Analytisch-Allgemeinen* (von Begriffen) zum Besondern (der gegebenen empirischen Anschauung) gehen muß; wobei er also in Ansehung der Mannigfaltigkeit des letzteren nichts bestimmt, sondern die Bestimmung für die Urteilskraft von der Subsumtion der empirischen Anschauung (wenn der Gegenstand ein Naturprodukt ist) unter dem Begriff erwarten muß." (KdU, Bd. X, S.525/B 349,350/ A 345,346) Der Zweckbegriff kann daher nur als regulative Vernunftidee fungieren, nicht aber als ein für unsere Erkenntnis konstitutives Prinzip.[18] "Die Unmöglichkeit, mit dem Zweckbegriff

---

heit der Erfahrung nur zufällig möglich." Klaus Laermann, Kants Theorie des Geschmacks. In: Literaturwissenschaft und Geschichtsphilosophie. Festschrift f. Wilhelm Emrich. Hrsg. v. Helmut Arntzen u.a., Berlin-New York 1975, S.102.

[18] "Der Begriff eines Ding als an sich Naturzweck, ist also kein konstitutiver Begriff des Verstandes oder der Vernunft, kann aber doch ein regulativer Begriff für die reflektierende Urteilskraft sein, nach einer entfernten Analogie mit unserer Kausalität nach Zwecken überhaupt die Naturforschung über Gegen-

bemüht sein, auch das Gefühl der Lust durch einen Grund
a priori und für jedermann gültig zu bestimmen. Aber die
Lust, die durch die ästhetische Urteilskraft beurteilt wird,
ist nicht die, die sich bei Erreichung geglückter Gesetzes-
erkenntnis einstellt, sondern diejenige, der die Natur im Bereich der ästhetischen Urteilskraft lediglich zu einer ästhetischen Vorstellung wird. (KdU, Bd. IX, S.264/B XLIV,XLV/
A XLII) Beurteilt werden jetzt nicht mehr die empirischen Gesetze, also die Verstandesformen am Gegenstand, sondern die
sinnlichen Formen des Gegenstandes. "Wenn mit der bloßen Auffassung (apprehensio) die Form eines Gegenstandes der Anschauung ohne Beziehung derselben auf einen Begriff zu einem bestimmten Erkenntnis, Lust verbunden ist: so wird die Vorstellung dadurch nicht auf das Objekt, sondern lediglich auf das
Subjekt bezogen; und die Lust kann nichts anders als die Angemessenheit desselben zu den Erkenntnisvermögen, die in der reflektierenden Urteilskraft im Spiel sind, und sofern sie darin
sind, also bloß eine subjektive formale Zweckmäßigkeit des
Objekts ausdrücken." (KdU, Bd. IX, S.264/B XLIV,XLV/A XLII,
XLIII) Der Übergang zu den ästhetischen Naturformen, den Kant
an dieser Stelle vollzieht, bedeutet eine Verlagerung des in
den vorhergehenden Paragraphen anvisierten Ziels. Schien es
doch da zunächst, als ob es ihm um eine Ästhetik der Begriffe
(der empirischen Gesetze) ging, so wird diese jetzt durch eine
der Naturformen ersetzt. Die Analyse der ästhetischen Urteilskraft ist offensichtlich der Ersatz für die unmögliche objektive
Erkennbarkeit der Naturzwecke. Eine Ästhetik der Naturgesetze
wäre eine der Vernunft gewesen, die der Naturformen aber ist
eine des Verstandes auf der Basis der Urteilskraft. So zeigt
sich zwar, daß die Einheit von Vernunft und Natur objektiv un-
erkennbar ist, aber doch subjektiv, d.h. ästhetisch, erfahren
werden kann. Die ästhetische Erfahrung des Subjekts im Gefühl
des Schönen und Erhabenen muß dann die ausreichende Rechtfertigung für das Verhältnis des modernen Menschen zur Natur sein,
in das ihn Verstand und sittliche Vernunft gesetzt haben. Das
Ästhetische zeigt nämlich, daß der Mensch auch ohne bestimmte

mehr zu leisten als etwas als zweckorientiertes System bloß
der Untersuchung vorzulegen, resultiert aus der Nichtidentität
dieses teleologischen Selbstverstehens mit der eigenen Leib-
organisation, an welche es sich gebunden weiß." [19] Die teleologische Urteilskraft macht vom Prinzip der formalen Zweckmäßigkeit nur einen heteronomen Gebrauch und gehört nach der
Maßgabe ihres Erkenntnisinteresses zur theoretischen Philosophie.
Aber Kants Hinweis auf die bloß regulative Funktion des Prinzips der Zweckmäßigkeit verweist auf einen autonomen Geltungsbereich der reflektierenden Urteilskraft, in dem ihr Prinzip
eine konstitutive Funktion erfüllt. Dieser Geltungsbereich ist
der der ästhetisch reflektierenden Urteilskraft. Kant unterscheidet in der Einleitung der KdU bezüglich der Vorstellung
eines Gegenstandes zwischen einer logischen und einer ästhetischen Komponente. Unter der logischen Komponente umfaßt er
all das, was zur Erkenntnis eines Gegenstandes dient, unter der
ästhetischen das, "was gar kein Erkenntnisstück werden kann":
die mit der Vorstellung verbundene Lust oder Unlust.(KdU, Bd. IX,
S.263/B XLIII/A XLI) Während die logische Komponente dem Bereich der Forschungslogik angehört, betrifft die ästhetische
etwas, das nicht Gegenstand naturwissenschaftlicher Erkenntnis
werden kann: das Gefühl, die Empfindung von Lust und Unlust. Das
Gefühl hat nicht den Charakter der Allgemeinheit wie die
wissenschaftliche Erkenntnis, sondern es betrifft das vorstel-
lende Subjekt im Akt des Vorstellens und irritiert so in seiner
Unkontrollierbarkeit das transzendentale Ich. Kants Bestreben
auch das Gefühl einer transzendentalen Reflexion zu unterwerfen,
speist sich nicht zuletzt aus der Irritationskraft des Gefühls.
In ihm meldet sich etwas an, das sich der Herrschaft der Vernunft zu entziehen scheint und so ihren universellen Herrschaftsanspruch dementiert. Um die prinzipierende Funktion der Vernunft für den ganzen Lebenszusammenhang zu erweisen, muß er

    stände dieser Art zu leiten und über ihren obersten Grund
    nachzudenken." KdU, Bd. X., S.487/B 294,295/A 290,291.
19 G. Schulte, a.a.O., S.351.

Begriffe mit dem Verstand und ohne bestimmte sittliche Idee
der Vernunft in der Natur zu Hause ist. Das Schöne ist die
Form der Perzipierbarkeit auch dessen, was zunächst allen Begriff abweist, der chaotischen Sinnlichkeit also. Das Erhabene ist die Form für sittliche Praktizierbarkeit auch noch
des Übermäßigen. Indem die Erfahrung der Einheit von Natur und
Vernunft im Ästhetischen ins konkrete Subjekt verlegt wird,
zeigt sich, daß Kants Theorie der Natur zugleich eine des
Subjekts ist. Subjektivierung der Natur und Naturalisierung
der Subjektivität durchdringen sich gegenseitig. In dem zwanglosen, freien Spiel von Einbildungskraft und Verstand, im ästhetischen Naturerleben, wird das Subjekt seiner Autonomie inne;
denn von den Vernunftvermögen ist einzig die reflektierende
Urteilskraft autonom. Im ästhetischen Erleben muß die Identität
von Vernunft und Natur nicht erst erzeugt werden, sondern das
Subjekt erfährt sie zwanglos als sein Prinzip. Insofern es Kant
gelingt, im Rahmen der ästhetischen Urteilskraft im Geschmack
ein apriorisches Prinzip auszumachen, kann die Annahme von der
Zweckmäßigkeit der Natur für unseren Verstand, die als regulatives Prinzip der teleologischen Naturbetrachtung fungiert,
zumindest gestützt werden. So läßt sich dann die Teleologie von
der Ästhetik das Verfahren von der Naturbetrachtung vorgeben.
Da die für den bürgerlichen Lebenszusammenhang konstitutive
Naturerfahrung die der abgetöteten "unvernünftigen" Natur ist,
kann eine von sich aus vernünftige Natur bzw. Sinnlichkeit
nur jenseits des realen, unter forciertem Aneignungszwang
stehenden, alltäglichen Lebenszusammenhangs erfahren werden.
Im Ästhetischen findet das bürgerliche Bewußtsein einen die
gesellschaftliche Realität transzendierenden Bereich. Innerhalb seiner Grenzen wird die durch die instrumentelle Vernunft
bestimmte Naturansicht auf eine solche hin überschritten, in
der Natur nicht unter dem Diktat des Begriffs steht. Im ästhetischen Bezug auf die Natur visiert das bürgerliche Subjekt
eine quasi vorbegriffliche Naturerfahrung an. Dahinter verbirgt sich seine Sehnsucht nach einem kommunikativen Naturverhältnis wie es für den Mythos, die Magie und die Alchemie

kennzeichnend ist. Im Schönen, Erhabenen und in der Kunst sucht das bürgerliche Subjekt eine quasi natürliche Rechtfertigung seiner gewaltsam gegen die Natur gesetzten Autonomie, durch den Rekurs auf eine im Übersinnlichen ursprünglich vorhandene Einheit von Geist und Natur. Die im ästhetischen Akt erfahrene Autonomie besitzt für das Individuum eine ungleich höhere Gewißheit als die, der es sich im Bereich der ästhetischen und praktischen Vernunft zu versichern trachtet, weil sie hier eine Angelegenheit des konkreten Individuums ist und nicht erst durch den mühsamen Bezug auf eine allgemeine transzendentale Subjektivität konstruiert werden muß. Darin gründet die dem Ästhetischen eigentümliche Ambivalenz von Kritik und Kompensation. Einerseits verweist das Begehren nach solcher Autonomieerfahrung auf das hin, was die bürgerliche Gesellschaft dem Individuum gegen alle Versprechungen versagt, andererseits aber eignet sich das ästhetische Erleben ausgezeichnet zum kompensatorischen Ersatz fürs Versagte. Wo die ästhetische als politische, anstatt als eine bloß die Politik unterstützende Praxis ausgegeben wird, wo also die unüberschreitbare Differenz zwischen dem Politischen und Ästhetischen zugunsten des Ästhetischen verwischt wird, gerinnt das Ästhetische zur kompensatorischen Halluzination konkret nicht geleisteter politischer Praxis. Die Kantische Konstruktion des Ästhetischen steht zwischen diesen beiden Alternativen. Kants Hoffnung auf die geschichtliche Realisierung einer wahrhaft vernünftigen Gesellschaft, der er in seiner "Geschichte in weltbürgerlicher Absicht"[20] Ausdruck verschafft

---

20 *"Das größte Problem für die Menschengattung, zu dessen Auflösung die Natur ihn zwingt, ist die Erreichung einer allgemein das Recht verwaltenden bürgerlichen Gesellschaft. Da nur in der Gesellschaft, und zwar derjenigen, die die größte Freiheit, mithin einen durchgängigen Antagonism ihrer Glieder, und doch die genauste Bestimmung und Sicherung der Grenzen dieser Freiheit hat, damit sie mit der Freiheit anderer bestehen könne, -da nur in ihr die höchste Absicht der Natur nämlich die Entwicklung aller ihrer Anlagen, in der Menschheit erreicht werden kann, die Natur auch will, daß sie diesen, so wie alle Zwecke ihrer Bestimmung, sich selbst verschaffen solle: so muß eine Gesellschaft, in welcher Frei-*

hat, ist von ihm letztlich ästhetisch begründet. Weil die geschichtliche Wirklichkeit, mit der Kant konfrontiert ist, nicht so ist, wie sie sein soll, sieht er sich genötigt, im Ästhetischen den Grund der Ermöglichung einer vernünftigen Geschichte zu suchen -getragen von der Hoffnung, daß die ästhetische Erfahrung die gesellschaftliche und politische Praxis der Individuen beflügele. Daß Kant dem Ästhetischen eine derartige Stützungsfunktion zugemutet hat, zeigt der §59, der die Schönheit als Symbol der Sittlichkeit beschwört.[21] In diesem Paragraphen zeigt sich, wie ich meine, die tiefste Intention der Kantischen Ästhetik: Sie soll den Nachweis der Möglichkeit einer vernünftigen Geschichte erbringen und das bürgerliche Individuum davor bewahren, diesbezüglich angesichts gegenläufiger gesellschaftlicher Erfahrung zu resignieren. In bezug auf diesen

heit unter äußeren Gesetzen in größtmöglichem Grade mit unwiderstehlicher Gewalt verbunden angetroffen wird, d.i. eine vollkommen *gerechte bürgerliche Verfassung*, die höchste Aufgabe der Natur für die Menschengattung sein." I. Kant, Idee zu einer Geschichte in weltbürgerlicher Absicht, ges. Werke, Bd. XI, S.39.

21 "Nun sage ich: das Schöne ist das Symbol des Sittlichguten; und auch nur in dieser Rücksicht ... gefällt es, mit einem Anspruch auf jedes anderen *Beistimmung*, wobei sich das Gemüt zugleich einer gewissen Veredelung und Erhebung über die bloße Empfindlichkeit einer Lust durch Sinneneindrücke bewußt ist, und anderer Wert auch nach einer ähnlichen Maxime ihrer Urteilskraft schätzt. Das ist das *Intelligibele*, worauf ... der Geschmack hinaussieht, wozu nämlich selbst unsere oberen Erkenntnisvermögen zusammenstimmen *und* ohne welches zwischen ihrer Natur, verglichen mit den Ansprüchen, die der Geschmack macht, lauter Widersprüche erwachsen würden. In diesem Vermögen sieht sich die Urteilskraft nicht, wie sonst in empirischer Beurteilung, einer Heteronomie der Erfahrungsgesetze unterworfen: sie gibt in Ansehung der Gegenstände eines so reinen Wohlgefallens ihr selbst das Gesetz, so wie es die Vernunft in Ansehung des Begehrungsvermögens tut; und sie sieht sich, sowohl wegen dieser inneren Möglichkeit im Subjekte, als wegen der äußeren Möglichkeit einer damit übereinstimmenden Natur, auf etwas im Subjekte selbst und außer ihm, was nicht Natur, auch nicht Freiheit, doch aber mit dem Grunde der letzteren, nämlich dem Übersinnlichen verknüpft ist, bezogen, in welchem das theoretische Vermögen mit dem praktischen auf gemeinschaftliche und unbekannte Art zur Einheit verbunden wird." KdU, Bd. X, S.461/B 258,259/A 255.

Zusammenhang geben die Kantischen Bestimmungen des Schönen, des Erhabenen und der Kunst Auskunft über das, was die bürgerliche Gesellschaft dem Individuum versagt: die Integration seiner Einzelheit in die bestehende Allgemeinheit. Die Integrationsleistung der bürgerlichen Gesellschaft ist daran geknüpft, daß das Individuum seine Besonderheit aufopfert und sich mit dem herrschenden Allgemeinen identifiziert. Darin muß mit der gesellschaftlich betriebenen Herrschaft über die Natur auch die über die eigene Natur affirmiert werden. In solcher Unterwerfungsprozedur aber ist die konkrete Subjektivität in all ihrer Möglichkeit und Besonderheit immer schon übergangen. Aus dieser Erfahrung speist sich das Leiden des bürgerlichen Individuums an der Gesellschaft und resultiert das Bedürfnis nach der Erfahrung seiner Besonderheit als Zentrum der Vermittlung von Einzelheit und Allgemeinheit. Weil dieses Bedürfnis nur in der ästhetischen Erfahrung seine brüchige, weil vorübergehende Befriedigung findet, verweist der Bereich des Ästhetischen auf den Mangel, an dem das Individuum in der bürgerlichen Gesellschaft leidet. Im folgenden daher einiges zur detaillierten Bestimmung der Mangelsituation, die für die bürgerliche Gesellschaft kennzeichnend ist, anhand der Kantischen Bestimmungen des Schönen, des Erhabenen und der Kunst.

2.4 Die ästhetische Totalisierung des bürgerlichen Lebenszusammenhanges zwischen Kritik und Rechtfertigung

Die Erfahrung des Schönen, die im Geschmack ihr apriorisches Prinzip hat, findet ihren Ausdruck im Geschmacksurteil. Kants Analyse des Geschmacksurteils zeigt, unter welchen restriktiven Bedingungen das Subjekt der Erfahrung des Schönen teilhaftig werden kann. Die vier Momente des Geschmacksurteils sind durchweg negativ bestimmt bezüglich der konkreten Sinnlichkeit und Triebsphäre des Individuums in der bürgerlichen Gesellschaft. Die erste Bestimmung des Geschmacksurteils (Interesselosigkeit des Wohlgefallens) opponiert gegen die bürgerliche Gesellschaft als einen Interessenzusammenhang, in dem alles unter dem Diktat der aneignungswütigen Begierde steht. Das vom Habenwollen bestimmte Interesse an der Existenz eines Gegenstandes, in dessen Zusammenhang alles zum bloßen Mittel gerinnt, ist von der ersehnten Autonomie weit entfernt, da die Begierde die Abhängigkeit vom Begehrten impliziert. Solange das Subjekt unter dem Diktat der Begierde steht, kann es seiner Autonomie nicht inne werden. Der zwanghafte Bezug des Subjekts auf das Objekt seiner Begierde kann nicht schön genannt werden, weil in ihm das Objekt dem herrischen Zugriff des Subjekts ausgesetzt ist und seine Eigenständigkeit verliert. Die bürgerliche Gesellschaft, deren Gesetz das der unbegrenzten Akkumulation ist, kann daher niemals schön sein, weil das Individuum real sich nicht weit genug von ihr distanzieren kann -die Möglichkeit zur Distanz ist konstitutiv für die ästhetische Erfahrung- und weil die Unbegrenztheit nicht totalisierbar ist. Das akkumulierende Subjekt nimmt jedem Gegenstand seine Besonderheit, indem es ihn auf seinen Tauschwert reduziert. Gegen diesen Akkumulationszwang der bürgerlichen Subjektivität und gegen jegliche Zurichtung der Natur durch die instrumentelle Vernunft muß das Schöne den Stempel der Gewaltlosigkeit tragen, wenn es glaubwürdig die Inkarnation der Versöhnung von Vernunft und Natur sein soll. Interesseloses Wohlgefallen ist daher eine notwendige Bedingung, unter die das Subjekt sich stellen muß, um das Schöne erfahren zu können.

Die zweite Bestimmung des Geschmacksurteils (schön ist, was ohne Begriff allgemein gefällt) betrifft die für die bürgerliche Gesellschaft kennzeichnende Trennung von Individuellem und Allgemeinem. Die materielle Unabhängigkeit, die die erste Bestimmung fordert, wird nun erweitert auf die Unabhängigkeit auch vom begrifflichen Denken. Die Notwendigkeit dieser Erweiterung liegt auf der Hand, insofern das begriffliche Denken eine Bedingung der Möglichkeit der materiellen Ausbeutung und Beherrschung der Natur ist. Das begriffliche Denken muß qua Definition von der Besonderheit des jeweiligen Gegenstandes abstrahieren, wenn es die ihm zugemutete Funktion erfüllen will. Die Bewahrung des Besonderen ist nur möglich, wenn die individuelle Freiheit in unmittelbarer Spontaneität mit dem Allgemeinen zusammenfällt. In der Vorstellung eines derart glücklichen Zusammenfallens ist die zwanglose Identität von Einzelheit und Allgemeinheit, des Sinnlichen mit dem Intelligibelen, suggeriert. Was ansonsten unter dem Diktat des Begriffs stehend keine eigene Wahrheit hat, wird im ästhetischen Erleben in seiner Besonderheit wahrgenommen. Die allen Subjekten gleichermaßen mögliche Erfahrung eines Besonderen, das nicht unter ein vorgegebenes Allgemeines subsumierbar ist, wird als schön empfunden. Schön ist die Freisetzung des Subjekts vom Zwang der Notwendigkeit der Subsumtion.

Die dritte Bestimmung des Geschmacksurteils (Schönheit ist die Form der Zweckmäßigkeit eines Gegenstandes, sofern sie ohne Vorstellung eines Zwecks an ihm wahrgenommen wird) betrifft die bürgerliche Gesellschaft als Zweckzusammenhang, in der alles nur für ein anderes da ist und der Wert einer Sache sich erst in dieser Relation bestimmt. Die Lust, die im ästhetischen Erleben der sinnliche Gegenstand evoziert, ist weder die an seiner Materialität, noch die an seinem Nutzen für anderes, sondern einzig die an seiner Form, die selbst nicht auf einen Zweck hinweist, sondern als zweckmäßig erfahren wird. Zwar bringt mich in der ästhetischen Reflexion der Gegenstand in seiner Besonderheit überhaupt erst zum Reflektieren, aber die sich über Reflexion einstellende Lust betrifft nicht den Gegenstand, sondern mich in meiner Reflexion. Über diese Reflexion, die Kant als das freie Spiel der Einbildungskraft mit dem Verstand beschrieben hat, fälle ich das Urteil: Dies ist schön. Das Geschmacksurteil ist Urteil einzig über das Subjekt, das sich selbst in seinen Integrationsformen Verstand und Vernunft zweckmäßig findet. Die entsprechende Vorstellung hat dann "Kausalität ... in Absicht auf den Zustand des Subjekts, es in demselben zu erhalten" und ist insofern Zweck des Vorstellens selbst.[22] Zweckmäßigkeit ohne Zweck bedeutet also nicht, daß es keinen subjektiven Zweck gäbe, sondern nur, daß dieser nicht Begriff eines objektiven Zweckes ist, der in der Funktion oder in der organischen Verfaßtheit eines Wahrnehmungsgegenstandes vorliegt. Weil unser Verstand nur diskursiv ist, ist die ästhetische Zweckmäßigkeit mit ihrem subjektiven Zweck der Lust Ersatz für den intuitiven Verstand, der in den teleologischen Gebilden (Organismen) die reale Vereinigung von Einzelheit und Allgemeinheit vor sich hätte. Die reflektierende Suche nach einem solchen Zweck ist das, was als Lust erfahren wird. Die spezifische Produktivität des Suchens erhebt das Gemüt, weil das Subjekt sich selbst in seinen Leistungen erfährt. Im Herrschaftsbereich der instrumentellen Vernunft ist dergleichen Produktivität nicht erfahrbar, weil es innerhalb deren Grenzen entweder um die Aneignung von bereits objektiv Gewußtem oder aber um die Suche in den Grenzen vorgegebener Zwecke (Forschungsziele) geht. Im Bereich des Ästhetischen erfährt sich das Subjekt als wahrhaft autonom, weil es nicht mehr eingebunden ist in einen vorgegebenen Zweckzusammenhang. Aber diese Autonomie impliziert die Einsamkeit auch des Subjekts der ästhetischen Erfahrung. Und Kants Versuch, den anderen (durch Erhebung des sensus communis zum konstitutiven Bestandteil des apriorischen Geschmacksurteils) in die ästhetische Erfahrung mit hineinzunehmen, ist die krampfhafte Beschwörung einer Gesellschaft vernünftiger autonomer Subjekte. Die Konstruktion

22 G. Schulte, a.a.O., S.356.

des sensus communis ist Flickwerk an der im Kern narzißtischen Struktur des Geschmacksurteils. Die narzißtische Selbstbespiegelung des Subjekts, seine Lust, ist offensichtlich rechtfertigungsbedürftig in einer Gesellschaft, in der ein großer Teil der Individuen aufgrund ihrer Lebens- und Arbeitsbedingungen einer derartigen Lusterfahrung nicht teilhaftig werden. Sofern in dieser Lust aber der einzige Anhaltspunkt für die mögliche Einheit von Vernunft und Natur zu finden ist, muß sie auch allen anderen zumindest als deren Möglichkeit zugemutet werden können. Eine derartige Zuschreibung ermöglicht es dem ästhetisch genießenden Bürger, jeden, der solche Erfahrung aufgrund seiner Lebensbedingungen nicht machen kann, der Kulturlosigkeit zu bezichtigen. (Vgl. Kants Beispiel vom savoyischen Bauern. KdU, Bd. X, S.354/B 111,112/A 110,111) Weil Kant die empirische Realität des Individuums in seiner Reflexion außer acht läßt, geht ihm die Rede von der "selbstverschuldeten Unmündigkeit", die er an anderer Stelle führt,[23] so leicht von den Lippen. Anders aber wäre der auf das Subjekt und das Subjektive eingeschworene Ansatz seiner Ästhetik nicht zu retten. Nach Kant liegt es in der Hand eines jeden Individuums, die in der KdU aufgezeigte Möglichkeit zu ergreifen. Und das Problem gesellschaftlich bedingter Unmöglichkeit wird so zu einem der individuellen Trägheit. Hinter solcher Bestimmung verbirgt sich der Glaube an die Ideologie von der prinzipiellen Freiheit des bürgerlichen Subjekts. Gesellschaftliche Ungleichheit zwischen den Klassen erfährt im Bezug auf die ästhetische Erfahrung ihre Rechtfertigung dadurch, daß

---

23 "Aufklärung ist der Ausgang des Menschen aus seiner selbstverschuldeten Unmündigkeit. Unmündigkeit ist das Unvermögen, sich seines Verstandes ohne die Leitung eines anderen zu bedienen. Selbstverschuldet ist diese Unmündigkeit, wenn die Ursache derselben nicht am Mangel des Verstandes, sondern der Entschließung und des Mutes liegt, sich seiner ohne Leitung eines anderen zu bedienen. ... Faulheit und Feigheit sind die Ursachen, warum ein so großer Teil der Menschen, nachdem sie die Natur längst von fremder Leitung freigesprochen (naturaliter maiorennes), dennoch gerne zeitlebens unmündig bleiben." I. Kant, Beantwortung der Frage: Was ist Aufklärung?, Werke, Bd. XI, S.53.

den Unterworfenen ihr Unterworfensein als ihr eigenes Begehren unterstellt wird. Die Teilhabe am kulturellen Zusammenhang dient dem gebildeten und intellektuellen Bürger unter anderem als Distinktionsmerkmal gegen diejenigen, die davon ausgeschlossen sind. Darin erweist sich die im Ästhetischen beschworene Erfahrung der Besonderheit und Autonomie des Subjekts als eine exklusive Erfahrung. Der Bürger erfährt seine Besonderheit im kulturellen Leben vor allem gegen den ästhetisch Ungebildeten und der sensus communis ist in der konkreten Realität auf ihn allein beschränkt. Darin erweist sich die Erfahrung des Schönen als klassenspezifisch. Die Fähigkeit zum ästhetischen Naturerleben, die die gewalttätige Beherrschung der Natur zu ihrer Bedingung hat und die dem Leiden am Resultat dieser Beherrschung entspringt, wird als Natur der Vernunft fetischisiert und gegen diejenigen ausgespielt, denen in der bürgerlichen Gesellschaft keine Chance zu *der* ästhetischen Distanzierung gegeben ist, die die philosophische Ästhetik propagiert. Das ästhetische Erleben ist dann nicht mehr als Heilungsversuch bezüglich des zerstörten Naturverhältnisses erkennbar, in das sich das neuzeitliche Subjekt selbst gesetzt hat, sondern gerinnt zur quasi-natürlichen Bestimmung vernünftiger Subjektivität, die der Einzelne zu realisieren hat. Die Eingebundenheit aller nichtästhetischen Erfahrung des Subjekts in den Zweckzusammenhang der bürgerlichen Gesellschaft läßt dieses seine höchste Bestimmung (autonomes Vernunftwesen zu sein) verfehlen. Nur in der Überschreitung dieses Zweckzusammenhanges in der ästhetischen Erfahrung, kann das Subjekt seiner Autonomie innewerden.

Die vierte Bestimmung des Geschmacksurteils (Schön ist, was ohne Begriff als Gegenstand eines notwendigen Wohlgefallens erkannt wird) zeigt, daß es Kant darum geht, die Wahrheit der ästhetischen Erfahrung nicht hinter der wissenschaftlichen Erkenntnis oder des kategorischen Imperativs rangieren zu lassen. Die Erfahrung vorgeblich nicht zugerichteter Natur steht also unter den gleichen Wahrheitskriterien (Notwendigkeit und Allgemeinheit) wie die wissenschaftliche Erfahrung und das moralische

Handeln. Die allen drei Urteilsarten gemeinsam zukommenden Bestimmungen verweisen darauf, daß auch in der ästhetischen Erfahrung die Naturüberlegenheit des Subjekts nicht wirklich in Frage gestellt wird. Sofern für das Geschmacksurteil, unter Berufung auf den sensus communis, Notwendigkeit und Allgemeinheit reklamiert wird, sieht sich auch das ästhetisch reflektierende Subjekt unter Identitätszwang gesetzt. Auch es muß von seinen privaten und zufälligen Empfindungen abstrahieren können, wenn sein Urteil die Kriterien von Notwendigkeit und Allgemeinheit erfüllen soll.[24] Die Restriktionen, denen das Geschmacksurteil unterworfen wird, dienen unter anderem dazu, der Irritation Herr zu werden, die für die transzendentale Subjektivität vom Gefühl ausgeht. Um ihm seinen bedrohlichen Charakter zu nehmen, muß es dem Bannkreis unverfügbarer Individualität entrissen werden. Zu diesem Zwecke muß die narzißtische Struktur des ästhetischen Erlebens in ihrer für die Reflexion undurchdringlichen Hermetik aufgebrochen werden, d.h. das ästhetische Erleben muß kommunizierbar werden. Der Übergang vom ästhetischen Erleben zum ästhetischen Urteil erfordert vom Subjekt die Reduktion seines individuellen nichtkommunizierbaren Gefühls auf eine allgemein identische Struktur, die als die Wahrheit des ästhetischen Erlebens ausgegeben wird. Nur so scheint die Integration des individuellen ästhetischen

---

[24] "Unter dem sensus communis aber muß man die Idee eines gemeinschaftlichen Sinnes, d.i. eines Beurteilungsvermögens verstehen, welches in seiner Reflexion auf die Vorstellungsart jedes anderen in Gedanken (a priori) Rücksicht nimmt, um gleichsam an die gesamte Menschenvernunft sein Urteil zu halten und dadurch der Illusion zu entgehen, die aus subjektiven Privatbedingungen, welche leicht für objektiv gehalten werden könnten, auf das Urteil nachteiligen Einfluß haben würde. Dieses geschieht nun dadurch, daß man sein Urteil an andere, nicht sowohl wirkliche, als vielmehr bloß mögliche Urteile hält, und sich an die Stelle eines jeden anderen versetzt, indem man bloß von den Beschränkungen, die unserer eigenen Beurteilung zufälligerweise anhängen abstrahiert: welches wiederum dadurch bewirkt wird, daß man das, was in dem Vorstellungszustande Materie, d.i. Empfindung ist, soviel möglich wegläßt, und lediglich auf die formalen Eigentümlichkeiten seiner Vorstellung oder seines Vorstellungszustandes Acht hat." KdU, Bd. X, S.390/B 157/A 155.

Gefühls in die Gemeinschaft vernünftiger Lebewesen möglich. Real wurde auch schon zur Zeit Kants der sensus communis, auf den er das individduell gefällte ästhetische Urteil bezogen wissen wollte, durch die exklusive Gemeinschaft der ästhetisch Gebildeten repräsentiert, deren Stelle heute der institutionelle Apparat der Kulturindustrie übernommen hat. Nur soweit das ästhetische Urteil in diesem gesellschaftlich abgehobenen und sterilen Zusammenhang geäußert und zur Kenntnis genommen wird, hat es eine über das irrelevant Private hinausgehende, öffentliche (allgemeine) Bedeutung.

Die Restriktionen, denen die im Geschmacksurteil erfaßte Sinnlichkeit bzw. Natur unterworfen wird, zeigen, daß die ästhetisch zugelassene Natur nichts mit der unbearbeiteten ersten Natur gemeinsam hat, sondern eine spezifische Variante zweiter Natur ist. Die Sehnsucht des modernen Menschen nach Kommunikation mit noch nicht zugerichteter Natur ist scheinheilig, weil sie sich in Wahrheit auf die Erfahrung der von den Malen der Herrschaft und Ausbeutung gereinigten zweiten Natur bezieht. Ästhetische Naturerfahrung ist geradezu angewiesen auf einen relativ weit fortgeschrittenen Stand der Naturbeherrschung durch die instrumentelle Vernunft. (Vgl. dazu das nächste Kapitel) Der ästhetische präreflexive Zugang zur Natur hat daher unweigerlich den Charakter eines "als ob". In der ästhetischen Erfahrung begegnet das bürgerliche Subjekt der Natur, als ob sie keiner begrifflichen und realen Zurichtung unterworfen worden wäre. Im ästhetischen Zugriff auf die Natur inszeniert sich das bürgerliche Subjekt ein herrschaftsfreies Naturverhältnis. In Wahrheit ist auch *die* Natur, die im ästhetischen Erleben thematisch wird eine unter der Herrschaft des Subjekts, nur daß die Form der Herrschaft sich von der durch die Wissenschaft unterscheidet. In beiden Fällen aber handelt es sich um eine kontrollierte Natur. Die Natur, die Kant in der KdU beschreibt, ist eine, die nur dem selektierenden und präformierenden "Vernunftblick" des Subjekts zugänglich ist. Während die wissenschaftliche Vernunft in ihrem Interesse am Allgemeinen das Einzelne nur als einen von aller zufälligen Besonderheit entkleideten

Fall der Regel betrachtet, richtet die ästhetische Vernunft ihren Blick zwar auf das Besondere, aber sie betrachtet es so, als sei es quasi teleologisch integriert. Die Natur, die so in den Blickwinkel des Subjekts gerät ist eine, die von aller Bedrohlichkeit gereinigt ist. Die für das moderne Subjekt bedrohlichen Momente der Natur, Gewalttätigkeit, Sexualität und Tod sind im ästhetischen Erleben stillgelegt. Die ästhetisch zitierte Natur ist eine *ohnmächtige* Natur, deren Ohnmacht sich im Bewußtsein des bürgerlichen Subjekts zum Signum eines herrschaftsfreien Naturverhältnisses verkehrt. Die Macht des Schönen, die das bürgerliche Bewußtsein so häufig beschwört, ist keine, die von der ästhetisch betrachteten Natur ausgeübt wird, sondern sie resultiert aus der Erfahrung der Differenz zwischen dem ästhetischen Erleben und der bürgerlichen Wirklichkeit, an der das Bewußtsein leidet und die niemals "schön" sein kann. Die schöne Natur kann nur gegen den Natur vernichtenden Gesellschaftszusammenhang im Inneren des Subjekts, im Gefühl, zitiert werden. Die auf das Gefühl des Subjekts bezogene Bestimmung des Schönen durch Kant hat den großen Vorteil, daß prinzipiell jeder beliebige Gegenstand der ästhetischen Betrachtung unterworfen werden kann, weil die das ästhetische Erleben kennzeichnende Selbstbespiegelung des Subjekts gar nicht auf eine besondere Art von Gegenständlichkeit angewiesen ist. Von ihr muß abstrahiert werden, wenn nicht der Anspruch auf Versöhnung von Geist und Natur im Subjekt in Frage gestellt werden soll. Denn gerade die sinnliche Oberfläche der Gegenstände spricht deutlich von ihrer Bearbeitung und gewalttätigen Beherrschung durch den Menschen. Aber selbst den noch nicht beherrschbaren bedrohlichen Momenten der Natur gewinnt das neuzeitliche Subjekt einen ästhetischen Erlebensbereich ab, indem es ihnen eine unriskante Präsenz verschafft. In der leider oft vernachlässigten Ästhetik des Erhabenen zeigt Kant, wie auch durch die offen bedrohliche und gefährliche Natur hindurch die Vernunft des Subjekts in ihrer vermeintlichen Autonomie aufscheint. Dies wird dadurch möglich, daß sich das Subjekt nicht vorbehaltlos auf die Natur einläßt, sondern, von der direkten

und unmittelbaren Auseinandersetzung mit ihr befreit, sich zu
ihr als außenstehender Beobachter verhält. "Die Verwunderung,
die an Schreck grenzt, das Grausen und der heilige Schauer,
welcher den *Zuschauer* (Hervorhebung v. Verf.) bei dem Anblicke
himmelansteigender Gebirgsmassen, tiefer Schlünde und darin
tobender Gewässer, tief beschatteter, zum schwermütigen Nachdenken einladender Einöden usw. ergreift, ist, *bei der Sicherheit, worin er sich weiß, nicht wirkliche Furcht* (Hervorhebung
v. Verf.), sondern nur ein Versuch, uns mit der Einbildungskraft darauf einzulassen, um die Macht eben desselben Vermögens
zu fühlen, die dadurch erregte Bewegung des Gemüts mit dem
Ruhestande desselben zu verbinden und so der Natur in uns selbst,
mithin auch der außer uns, sofern sie auf das Gefühl unseres
Wohlbefindens Einfluß haben kann, überlegen zu sein." (KdU,
Bd. X, S.359/B 118/A 116) Solches Naturverhältnis manifestiert sich heute in unseren Safariparks, in denen der Tourist
durch sein Autofenster gesichert, die Wildheit exotischer Tiere
ungefährdet genießen kann. Die Inszenierung von ungezähmter
Natur auf dem Boden einer vom Menschen geschaffenen zweiten
Natur, dient der Vergewisserung des Sieges über die erste. Sie
ist da notwendig, wo auf dem Grund des Bewußtseins der Zweifel lauert, ob die Domestikation der Natur, auf der die bürgerliche Ichidentität beruht, auch wirklich gelungen ist. Dem in
Wirklichkeit ungefährdeten Naturbetrachter in der Analytik des
Erhabenen wird die Natur gleichsam zu einem Museum, in dem er
die besiegte Natur erinnernd aufbewahrt und zugleich seinen
Triumph über sie noch einmal feiert.[25] Anders als beim Schönen
und Erhabenen sieht es im Fall der Kunst aus. In der Kunst hat
der Betrachter mit einem vom Menschen erzeugten Produkt zu tun,
das der Ordnung der zweiten Natur angehört. Kunst ist für Kant
aber nur dann schön, wenn sie Bilder einer noch nicht unter die
Herrschaft des Begriffs gebrachten Natur präsentiert. Sie ver-

---

25 "Also muß das Erhabene jederzeit Beziehung auf die *Denkungsart* haben, d.i. auf Maximen, dem Intellektuellen und den Vernunftideen über die Sinnlichkeit Obermacht zu verschaffen."
KdU, Bd. X, S.365/B 125/A 123.

schafft dem Menschen Naturanblicke, wie sie für das Naturschöne und das Erhabene kennzeichnend sind, quasi aus zweiter Hand. Bezüglich der Kunst sieht Kant sich genötigt, das kontemplative Moment der Naturbetrachtung durch das Moment der Produktion zu erweitern. Die Fähigkeit zur Erzeugung solcher Lust erweckender Naturanblicke, wie sie nach Kant von der schönen Kunst geliefert werden, spricht er dem Genie zu, das wie Natur schafft.[26] Bei Kant überlebt letztlich Natur als Kunst, weil sie durch den Zurichtungsprozeß, dem sie der Mensch unterworfen hat, selbst schon "Künstlich" geworden ist.[27] Im Kantischen Geniebegriff ist die zeugungsmächtige Potenz in Analogie zu einem "intellectus archetypus" angelegt; denn letztlich schafft das Genie wie Gott, d.h. wie diejenige Vernunft, die wir uns hinter dem Aufbau der Natur vorstellen müssen. Die Romantik konnte dann auch wenig später im Genie die ursprüngliche Einheit von Natur und Geist als regressive Utopie lokalisieren, die, obgleich unerreichbar, dennoch ersehnt wird. Genie auf der Seite der Produktion und Allgemeingültigkeit des Geschmacksurteils auf der Seite der Rezeption entsprechen einander. Das, was in beiden Momenten als Versöhnung von Geist und Natur begriffen und konzipiert wird, ist die Kompensation der realen Naturvernichtung durch die Errichtung einer zweiten Natur als Kunst. Kunst ist dann ein Simulacrum unvermittelter, noch nicht zugerichteter Natur, d.h. gleichsam das in der Erinnerung aufbewahrte Bild einer Natur, die nicht unter dem Diktat der in-

---

26 "Der Begriff der schönen Kunst aber gestattet nicht, daß das Urteil über die Schönheit ihres Produktes von irgend einer Regel abgeleitet werde, die einen Begriff zum Bestimmungsgrunde habe, mithin einen Begriff von der Art, wie es möglich sei, zum Grunde lege. Also kann die schöne Kunst sich selbst nicht die Regel ausdenken, nach der sie ihr Produkt zu Stande bringen soll. Da nun gleichwohl ohne vorhergehende Regel ein Produkt niemals Kunst heißen kann, so muß die Natur im Subjekte (und durch die Stimmung der Vermögen derselben) der Kunst die Regel geben, d.i. die schöne Kunst ist nur als Produkt des Genies möglich." KdU, Bd. X, S.406/B 182/A 180.

27 Vgl. Klaus Laermann, Kants Theorie des Geschmacks. In: Literaturwissenschaft und Geschichtsphilosophie. Festschrift für Wilhelm Emrich, hrsg. v. Helmut Arntzen, Berlin 1975, S.103.

strumentellen Vernunft steht. So ist Kunst verwandt mit dem
Opfer zur Besänftigung der vergewaltigten Natur, die, eingesperrt im Gedächtnisinneren des bürgerlichen Subjekts, als
nicht zugerichtete Natur zum Objekt einer unerreichbaren
Utopie und damit einer perennierenden Sehnsucht wird (Roman-
tik). Die Kantische Ästhetik ist als Theorie der Natur der
Versuch, sich der Autonomie des Subjekts als eines moralischen
Wesens zu versichern, indem sie auf dem Boden der Natur die
neuzeitliche Subjektkonstitution gleichsam als naturhafte Bestimmung des Menschen zu rechtfertigen sucht. Sie findet im
Schönen, Erhabenen und in der Kunst Orte der Versöhnung von
Vernunft und Natur und das Ästhetische wird ihr zum Inbegriff
der Verheißung von Glück und Freiheit in der bürgerlichen
Gesellschaft, deren konkrete Realität allerdings noch weit
von der Realisierung solcher Utopie entfernt ist. Die ästhetische Theorie Kants verweist darauf, daß die Identität von
Natur und Vernunft, von Einzelheit und Allgemeinheit für das
konkrete Subjekt nicht im bürgerlichen Lebenszusammenhang,
sondern nur im Imaginären (Ästhetischen) als seine Möglichkeit erfahrbar ist. Die Totalisierung des bürgerlichen Gesellschaftszusammenhanges kann offensichtlich nur ästhetisch geleistet werden, weil die unter dem Prinzip des Warentausches
stehende konkrete Realität dieser Gesellschaft sich aufgrund
der ihr innewohnenden Abstraktheit und Zerissenheit einer reflexiven Totalisierung verweigert. Weil es der Ästhetik gelingt,
die ersehnte Versöhnung von Geist und Natur ausgerechnet im
fragilsten und die transzendentale Subjektivität am meisten
irritierenden Bereich lebendiger Subjektivität, dem Gefühl,
zu sistieren, scheint die Hoffnung auf die Möglichkeit der Realisierung einer vernünftigen und d.h. einer nicht mehr zwischen
Notwendigkeit und Freiheit zerrissenen Gesellschaft durchaus
berechtigt. Es bleibt für Kant noch unentschieden, ob die ästhetische Erfahrung der Versöhnung von Vernunft und Natur das
Subjekt in seinen Bemühungen um die konkrete Realisierung einer
vernünftigen gesellschaftlichen Ordnung unterstützt oder ob sie
ihm zum Ersatz für die konkret noch versagte Autonomie wird.

Kant hoffte wohl noch auf die erste Möglichkeit, ohne die
zweite ganz auszuschließen. Ästhetik als Theorie des Schönen
und Erhabenen dient bei Kant der theoretischen Rechtfertigung
solcher Hoffnung. Indem sie die Hoffnung auf die Geschichte
als einen teleologischen Zusammenhang, der auf einen vernünftigen bürgerlichen Staat hinausläuft, zu stärken sucht, ist
sie ein unmittelbarer Vorläufer der Geschichtsphilosophie, die
dann nach Kant in Hegel ihren bedeutendsten Vertreter gefunden
hat. Während die Geschichtsphilosophie bemüht ist, Geschichte
als vernünftig zu rechtfertigen, beschränkt sich die Kantische
Ästhetik darauf, einen vernünftigen Geschichtsverlauf als möglich zu erweisen. Sie schreibt nicht nur dem Schönen der Kunst
eine quasi therapeutische Stützungsfunktion für das an der
Zerissenheit und Entfremdung leidende Bewußtsein zu, sondern
erfüllt als Theorie der ästhetischen Erfahrung selbst eine derartige Funktion. Odo Marquard hat daher mit Recht Kants Ästhetik als Ersatz für die Theorie der geschichtlichen Vernunft zu
deuten versucht.[28] Allein die teleologische Konstruktion der
KdU läßt ihre geschichtsphilosophische Substanz nicht übersehen.
Kants philosophische Reflexion ist noch vom Glauben an die geschichtsmächtige Vernunft beseelt. Indem er diese von den Aporien befreite, in die sie sich verstrickt hatte, hoffte er, den
Boden für ihre gesellschaftlich konkrete Ermöglichung bereitet
zu haben. Zwar zeigen die beiden Kritiken, daß Kant durchaus
die Entfremdung des sich einzig über seine Vernunft definierenden
Subjekts vom Naturzusammenhang sieht, aber sie nicht als
notwendiges Resultat einer spezifischen Form von Rationalität
begreift, sondern eher davon auszugehen scheint, daß sie eine
Folge von zu wenig Vernunft ist. Die Abstrakheit und Zerissenheit, die die bürgerliche Gesellschaft kennzeichnet, resultiert
für ihn nicht aus dem universalen Herrschaftsanspruch, den die
Vernunft gegen jegliche Natur erhebt, sondern eher daraus, daß
dieser Universalanspruch faktisch noch nicht realisiert ist.
Die instrumentelle Vernunft, unter deren Diktat sich die bürger-

---

28 Vgl. Odo Marquard, a.a.O., S.237f.

liche Gesellschaft gesetzt hat, ist zu wenig Vernunft, als
daß ihr ein Führungsanspruch zukommen könnte, weil sie weite
Bereiche des menschlichen Seins dem Unvernünftigen preisgibt,
das dann im konkreten Lebenszusammenhang seine irritierende
und zerstörerische Wirkung entfaltet. Die KdU stellt daher
auch das vom Standpunkt der wissenschaftlichen und moralischen Vernunft aus essentiel Un-vernünftige noch unter die
Herrschaft der Vernunft. Von der Philosophie wird dem
Schönen und der Kunst die Aufgabe zugedacht, das in der aufklärerischen Rationalität der Natur entfremdete Subjekt mit
dieser zu versöhnen, was aber faktisch nichts anderes bedeuten kann, als gemäß der in der Gesellschaft vorherrschenden
Rationalität auch noch das verdrängte Sinnliche im ästhetischen Geschmack zu kontrollieren und in der Kunst seine
Wiederkehr kontrolliert, d.h. therapeutisch zu inszenieren.
Kants Theorie des Schönen, des Erhabenen und der Kunst verhält sich ihren Gegenständen gegenüber affirmativ, weil sie
den Leidenszusammenhang bürgerlicher Subjektivität verkennt,
dem das Ästhetische seine favorisierte Rolle verdankt. Indem
Kant die "schlechte" empirische Sinnlichkeit nicht wirklich
in die Reflexion über das Schöne mit einschließt (er thematisiert sie nur, um sie sogleich wieder auszuschließen), entzieht er seiner ästhetischen Theorie geradezu die materielle
Basis. Zwar verweist die Ausschließung dieser Art von Sinnlichkeit darauf, daß Schönheit nur jenseits des konkreten
Aneignungsprozesses der Natur, wie er in der bürgerlichen Gesellschaft unter dem Diktat der instrumentellen Vernunft betrieben wird, erfahrbar ist und ist darin eine implizite Kritik an dieser, aber Kant selbst hat diesen Zusammenhang aufgrund seines Glaubens an die geschichtsmächtige Kraft der Vernunft nicht erkennen können. Der Umstand, daß die Totalisierung
des gesellschaftlichen Zusammenhangs nur ästhetisch möglich
schien, war für ihn kein Anlaß, von einer Ohnmacht der Vernunft
bezüglich ihrer geschichtlichen Realisierung auszugehen, sondern auf das Ästhetische gründete Kant die Hoffnung, daß Vernunft auch auf der konkreten gesellschaftlichen Ebene wirklich

werden könne. Von daher ist es nicht verwunderlich, daß innerhalb der Kantischen Philosophie die Ästhetik zur Fundamentalphilosophie avancierte.[29] Sie soll zeigen, daß die Bedingungen der Möglichkeit zu einer "Geschichte in weltbürgerlicher Absicht", die eine Geschichte vernünftiger autonomer Subjektivität wäre, faktisch gegeben sind. Gegen alle anders geartete gesellschaftliche Realität setzt die Kantische Philosophie ihr beschwörendes, aber gleichwohl ohnmächtiges: Vernunft soll universell sein, weil sie möglich ist. Die konkrete Realisierung des Vernunftstaates überläßt Kant dem unter das Sittengesetz gestellten Bürger, der, gestärkt durch die in der ästhetischen Theorie gerechtfertigte Identität von Vernunft und Natur, die konkrete Freiheit im bürgerlichen Lebenszusammenhang herstellen soll. Derart besetzt haben dann das Ästhetische und die entsprechende Theorie darüber eine Orientierungsfunktion für das sich vor der Weltoffenheit ängstigende neuzeitliche Bewußtsein. Diese Funktion aber können sie nur solange erfolgreich ausfüllen, wie das Subjekt an die Möglichkeit der geschichtlichen Realisierung des ästhetischen Versprechens glaubt. In dem Maße, in dem sich die gesellschaftliche und politische Realität den ästhetischen Vorstellungen verweigert, verlieren Kunst und Ästhetik an Glaubwürdigkeit und gerinnen zu Instrumenten der Kompensation des in der Realität Versagten. Der ohnehin fragwürdige Versuch, die jeweilige gesellschaftliche Realität ästhetisch zu rechtfertigen, endet letztlich als Verklärung der elenden Wirklichkeit, an der das Bewußtsein leidet.

Der Versuch des neuzeitlichen Bewußtseins, die aus der modernen Rationalitätskonzeption und der entsprechenden Praxis resultierenden geschichtsphilosophischen Schwierigkeiten ästhetisch zu bewältigen, fand bereits in der Philosophie Hegels sein vorläufiges Ende. Hegel, dem es, mehr noch als Kant, darum ging, die Geschichte und den bürgerlichen Gesellschaftszusammenhang als vernünftig zu rechtfertigen, war davon überzeugt, daß

---

29 Vgl. Odo Marquard, a.a.O, S.237f.

Kunst und Ästhetik diese Aufgabe in der Neuzeit nicht mehr erfüllen können. Der komplexe und durch Abstraktion und Entfremdung gekennzeichnete bürgerliche Lebenszusammenhang verweigert sich der ästhetischen Totalisierung. In den Augen Hegels verfehlt ein Bewußtsein, das in der Neuzeit die Synthesis von gesellschaftlichen und geschichtlichen Widersprüchen in Form der Kunst zu leisten trachtet, notwenig die Wahrheit. Autonome Vernunft, begriffen als absoluter Geist, bedarf keiner Stützung oder Bestätigung durch das Ästhetische. Hegels Geist weiß sich am Ende eines langen geschichtlichen Prozesses selbst als das Absolute und die Kunst als eine seiner Erscheinungsformen, in der der Geist die ersehnte Identität mit sich selbst noch nicht vollständig gefunden hat. Die Identität von Subjekt und Objekt, von Geist und Natur, von Einzelheit und Allgemeinheit ist für Hegel keine Angelegenheit des ästhetisch Imaginären, sondern sie erscheint bei ihm als die vom Bewußtsein in einem langwierigen Erfahrungsprozeß zu erarbeitende Wahrheit des Realen selbst. In diesem Prozeß wird die an sich seiende Identität von Subjekt und Objekt zur an und für sich seienden Wahrheit des Bewußtseins. Aus diesen Gründen ist innerhalb des Hegelschen Systems die Ästhetik nicht mehr Fundamentalphilosophie, sondern Reflexion des sich seiner selbst gewissen Geistes auf eine seiner historisch überholten Erscheinungsformen. Hegels Depotenzierung der Ästhetik als Theorie der Vermittlung von Geist und Natur zugunsten einer hermetischen Geistkonzeption verweist auf eine seit der Aufklärung verschärfte Leidenssituation des neuzeitlichen Bewußtseins. Die Widersprüche und Antagonismen der entwickelten bürgerlichen Gesellschaft sind nicht mehr ästhetisch zu bewältigen, weil die ästhetischen Versprechen angesichts der gesellschaftlichen Realität unglaubwürdig geworden sind. Hegel geht es darum, das Bewußtsein mit dieser Realität auszusöhnen. Dies will er auf der Ebene der Rationalität, der Ebene des Begriffs leisten, weil nur in einem Selbstheilungsprozeß des Geistes dessen Autonomie- und Souveränitätsanspruch gewahrt werden kann.

III. HEGEL: GEISTPHILOSOPHISCHER LÖSUNGSVERSUCH DER IDENTITÄTSPROBLEMATIK DES NEUZEITLICHEN BEWUßTSEINS

3.1 Hegels Absage an die ästhetische Vermittlung von Vernunft und Natur und das Bedürfnis nach Philosophie

Hegels Philosophie ist Ausdruck eines Bewußtseins, das an der geistigen Situation und an der gesellschaftlichen Realität der bürgerlichen Gesellschaft zu zerzweifeln droht. Die ausschließlich an arbeitsteiliger Warenproduktion und Warentausch orientierte bürgerliche Gesellschaft hat zu Hegels Zeit bereits einen so hohen Grad von Komplexität und institutioneller Organisation erreicht, daß der Einzelne kaum mehr in der Lage ist, die Totalität der Zusammenhänge, in denen er lebt, in den Blick zu bekommen, geschweige denn zu übersehen. In der entwickelten bürgerlichen Gesellschaft drohen dem Bewußtsein in zweifacher Hinsicht Orientierungslosigkeit und, damit verbunden, Identitätsverlust. Zum einen durch die Zunahme einer wissensmäßig vom Individuum kaum mehr zu bewältigenden Menge von Erkenntnissen als Folge einer expandierenden Wissenschaft und Technologie. Zum anderen von forciert betriebener Durchinstitutionalisierung des alltäglichen Lebenszusammenhanges. Die Zunahme des allgemeinen Wissens birgt für das Individuum die bedrohliche Erfahrung einer großen Differenz zwischen der im Rahmen der objektiven Wissenschaften 'gewußten' Welt und seiner realen alltäglichen Welterfahrung, deren Resultate mit der 'objektiv' erkannten Welt zunehmend nicht in Einklang zu bringen sind. Der Prozeß der fortschreitenden Institutionalisierung des Lebenszusammenhanges bedingt eine Entfremdung des Individuums von der allgemeingültigen gesellschaftlichen Ordnung. In beiderlei Hinsicht findet sich das Individuum in einer Welt vor, in der es eine Orientierung gewährende Identität nur in der Unterwerfung unter das jeweils abstrakte Allgemeine - die objektive Wissenschaft und die bürgerliche Ordnung - finden kann. Individuelle Besonderheit und gesellschaftliche Allgemeinheit stehen sich in der entwickelten bürgerlichen Gesellschaft inkompatibel gegenüber. Hegel allerdings sieht das Leiden des modernen Bewußtseins

weniger durch den kapitalistischen Produktionszusammenhang
und die daraus resultierenden Widersprüche und Antagonismen
bestimmt, als vielmehr durch das Denken der Aufklärung. Diese
hat nach Hegel in der Trennung von Glauben und Wissen den
Leidenszusammenhang des modernen Bewußtseins konstituiert.
Die Kantische Unterscheidung zwischen einer Welt des Verstandes und dem Reich der Vernunft mit einer an der Beschränktheit des diskursiven Verstandes festgemachten Unerkennbarkeit
der Vernunftsideen hat das Bewußtsein um die erhoffte Autonomie und Souveränität betrogen und die Realisierung einer vernünftigen Gesellschaft und Geschichte auf die ferne Zukunft
verschoben. Kant hatte das Heil der Geschichte der nur ästhetisch gestützten moralischen Anstrengung einer sich ihrer Beschränktheit bewußten Subjektivität überantwortet und so die
Realisierung der vernünftigen Welt als prinzipiell unendliche
Aufgabe des Menschen konzipiert. In der Selbstbeschränkung
des aufklärerischen Denkens sieht Hegel das sich bereits in
Kunst und Religion äußernde höchste Bedürfnis des Bewußtseins
verraten. Weil die Aufklärung das Problem der Religion nicht
gelöst und das Bewußtsein der gemeinen Verstandeswelt preisgegeben hat, ist das Denken von der Wahrheit abgeschnitten.[1]

---

1 "In der Bildung hat sich das, was Erscheinung des Absoluten
ist, vom Absoluten isoliert und als ein Selbständiges fixiert.
Zugleich kann aber die Erscheinung ihren Ursprung nicht verleugnen und muß darauf ausgehen, die Mannigfaltigkeit ihrer
Beschränkungen als ein Ganzes zu konstituieren; die Kraft des
Beschränkens, der Verstand, knüpft an sein Gebäude, das er
zwischen den Menschen und das Absolute stellt, alles, was dem
Menschen wert und heilig ist, befestigt es durch alle Mächte
der Natur und der Talente und dehnt es in die Unendlichkeit
aus. Es ist darin die ganze Totalität der Beschränkungen zu
finden, nur das Absolute selbst nicht; in den Teilen verloren,
treibt es den Verstand zu seiner unendlichen Entwicklung von
Mannigfaltigkeit, der, indem er sich zum Absoluten zu erweitern strebt, aber endlos nur sich selbst produziert, seiner
selbst spottet. Die Vernunft erreicht das Absolute nur, indem
sie aus diesem mannigfaltigen Teilwesen heraustritt." Georg
Friedrich Wilhelm Hegel, Differenz des Fichteschen und
Schellingschen Systems der Philosophie. In: Werke in zwanzig
Bänden, hrsg. v. Eva Moldenhauer und Karl Markus Michel, Bd. 2,
S. 20, Frankfurt 1970 (Suhrkamp).
Ich werde im folgenden nur aus dieser Ausgabe zitieren, indem

Eingesperrt in die Erscheinungswelt, ist das Subjekt vom An-Sich der gegenständlichen Welt, durch eine unüberschreitbare Barriere getrennt, leidet das Bewußtsein an der Differenz zwischen Endlichkeit und Unendlichkeit, zwischen Natur und Vernunft. Sein Abgeschnittensein von der Erkenntnis der Wahrheit (der Dinge an sich) bedeutet ihm den Verlust seiner Autonomie in der Welt. Autonomie hat es nur gegen diese in der leeren Identität des transzendentalen Ichs. Die Welt erscheint dem Bewußtsein so als verschlingende Totalität, als Ort universaler Bedrohung und Desorientierung. In der von der Aufklärung betriebenen Festschreibung dieser Spaltung des Bewußtseins sieht Hegel den Selbstverrat der Philosophie, und in dieser Perspektive wird ihm die Aufklärung zur erklärten Gegnerin der Philosophie.[2] Als Philosophie hat sie versagt, weil sie die freigewordene Stelle der Religion nicht besetzt hat, sondern in der Priorisierung des Verstandesdenkens hinter den in der christlichen Religion erreichten Stand des Bewußtseins zurückgefallen ist. Aus diesem Grunde knüpft Hegel da an, wo die Aufklärung ihren Ausgang nahm: am Theodizeeproblem. Seine Lösung des Theodizeeproblems besteht darin, Philosophie als Theodizee zu betreiben. Solches Bestreben bestimmt er als das Bedürfnis der Philosophie.[3] Bedürfnis der Philosophie scheint zu sein, das zu überwinden, was Philosophie entstehen läßt. Die durch Reflexion betriebene und zugleich bewußt gemacht Entfremdung

---

ich die jeweilige Band- und Seitenzahl in Klammern angebe. Zum jeweiligen Titel vgl. das Literaturverzeichnis.

[2] "Die Aufklärung, diese Eitelkeit des Verstandes, ist die heftigste Gegnerin der Philosophie; sie nimmt es übel, wenn diese die Vernunft in der christlichen Religion aufzeigt, wenn sie zeigt, daß das Zeugnis des Geistes der Wahrheit in der Religion niedergelegt ist." (17/341)

[3] "Wenn die Macht der Vereinigung aus dem Leben der Menschen verschwindet und die Gegensätze ihre lebendige Beziehung und Wechselwirkung verloren haben und Selbständigkeit gewinnen, entsteht das Bedürfnis der Philosophie. Es ist insofern eine Zufälligkeit aber unter der gegebenen Entzweiung der notwendige Versuch, die Entgegensetzung der festgewordenen Subjektivität und Objektivität aufzuheben und das Gewordensein der intellektuellen und reellen Welt als ein Werden, ihr Sein als Produkte als ein Produzieren zu begreifen." (2/22)

des Ichs von sich selbst, des Menschen von sich, so wie er sich reflexiv vorfindet: als einzelnes Lebewesen unter seinesgleichen im Naturzusammenhang. Seine Selbstfindung steht im Widerspruch zum Gefundenen. Vorstellungsspontaneität und willkürliches Sich-Zwecke-Setzen widerspricht dem, was ihm auf diese Weise objektiv wird, seiner materiell-gesellschaftlichen Vermitteltheit, seiner Determiniertheit und Unfreiheit. Es muß also innerhalb jener Gedankenspontaneität des Sich-Findens eine solche Vorstellung des Menschen von sich entwickelt werden, die Selbstbestimmung und Fremdbestimmung miteinander verbindet. Der Reflexion des diskursiven Verstandes ist es dabei verwehrt, sich selbst in das vor ihr Erkannte, die umfassende Natur bzw. den materiell-gesellschaftlichen Zusammenhang zu integrieren, weil sie den von ihr selbst betriebenen, vorstellungsgeleiteten teleologischen Zusammenhang nicht als Objektivität vorfindet. Nach Kant bleibt ihr nichts anderes, als die Natur bloß als teleologische Voraussetzung moralisch übernatürlicher Selbstbestimmung einzubeziehen, d.h. aber, den individuellen Leib, über den die Natur den Menschen bestimmt, auf der Seite beherrschbar toter Natur zu belassen. Damit ist aber das Bedürfnis der Philosophie nicht erfüllt, denn die Reflexion selbst bleibt der Natur entfremdet, teilt nicht mit ihr dasselbe Leben. Um im Erkannten sich zu finden, muß Hegel die Reflexion selbst als Naturerleben erfahren können. Was er will, ist verständlich aus dem Bedürfnis des diskursiven Verstandes, das durch Reflexion entsteht und durch solche auch befriedigt sein will. Hegel denkt die Struktur dieses selbstreflexiven Bedürfnisses als Heraustreten und Rückkehr des Geistes, welches das Leben selber ist. Das Denken der Andersheit als Leben des Geistes bringt ihm die Gewißheit, durch Reflexion zu leben. Die durch das individuelle Leben eröffnete Welterfahrung wird so durch die Identifizierung von Reflexion und Gegenständlichkeit zur Selbsterfahrung des Lebens als des absoluten einzigen Geistes. Für Hegel bedeutete das Versagen des christlichen Glaubens als synthetisierende gesellschaftliche Kraft den vollständigen Verlust der daran gebundenen Sicherung und Orientierung des Bewußtseins. Sofern die Ein-

heit der Welt in diesem Glauben garantiert war, bedeutete sein
Schwinden die Erschütterung jeglichen Weltbezugs des Bewußtseins.
Folglich muß Hegels unglückliches Bewußtsein, um die mit der
Religion verlorengegangene Sicherung nun im Wissen wiederzuerlangen, die ganze Welt durchstreifen und allem, was da ist,
den Schein der bedrohlichen Unmittelbarkeit nehmen, um so prinzipiell an jedem Ding die verschüttete Geistfolie sichtbar zu
machen. Die von vielen Hegelinterpreten so hoch geschätzte Kritik Hegels am Begriff der Unmittelbarkeit[4] ist keineswegs bei
ihm in *der* kritischen Dimension angesiedelt, in der sie so gern
gesehen wird. Hegels Einsatz für die Vermitteltheit auch der
scheinhaft unmittelbaren Gegebenheiten und Objekte steht nicht
im Dienste des Aufweises einer allseitig *innerweltlichen* Vermitteltheit der gesamten Objektwelt, etwa durch individuelle
und gesellschaftliche Arbeit; sondern die Welt der Endlichkeit
erscheint in seiner Philosophie eingetaucht in eine schlechte
Unmittelbarkeit, deren Wahrheit die unendliche Vermitteltheit
in der absoluten Idee ist. In dem Verhältnis Idee-Wirklichkeit
ist die Idee bestimmt durch die Begriffe 'Wahrheit' und 'Vermitteltheit' und die Wirklichkeit durch 'Unwahrheit' und schlechte 'Unmittelbarkeit'. In Hegels Philosophie feiert die alte
christliche Dichotomie von Welt und Gottesreich ihre Auferstehung
als in der Idee zur Auflösung kommende Dichotomie von sinnlicher
Welt und Idee. So wie in der christlichen Religion die Jungfrau
Maria erst durch die Begattung durch den heiligen Geist zu der

---

[4] "Selbst wenn man Hegels Begriff der Vermittlung auf dem Standpunkt des absoluten Geistes nicht zustimmen kann, bleibt seine Kritik des Naturbegriffs und der Kategorie der Unmittelbarkeit als Fundamentalbegriffe überzeugend." Willi Oelmüller, Die unbefriedigte Aufklärung. Frankfurt 1979. S.287.
Es ist mir völlig rätselhaft, wie dies der Fall sein kann, da Hegels Kritik am Begriff der Unmittelbarkeit ihre Überzeugungskraft einzig von diesem Standpunkt des Absoluten her bezieht. Auch ich plädiere für eine Kritik am Begriff der Unmittelbarkeit, aber nicht für eine auf der Basis metaphysischer Spekulation. Oelmüllers Würdigung der Hegelschen Kritik zeigt deutlich, wie inhaltliche Bestimmungen, die eher der Gesellschaftstheorie marxistischer Provenienz angehören, auf die Hegelsche Philosophie projiziert werden, um deren Fortschrittlichkeit zu belegen.

verehrungswürdigen Mutter und Mittlerin wurde, so zeigt sich
auch in der Philosophie Hegels die Wahrheit der sinnlichen
Welt bzw. der Natur erst in ihrer Begattung durch den Geist.
Nur durch diese wird sie zur fruchtbaren, als Quelle aller
Akkumulation dienenden Materie, deren Wahrheit ihre Geistigkeit ist. Manifestes Resultat solcher Geistbegattung ist in
der christlichen Lehre das Zwitterwesen Christus, das in der
Hegelschen Dialektik sein Unwesen als perennierende Ur-teilung
treibt, die es aufzuheben gilt. So wie der Tod und die Auferstehung Christi den Sieg des Geistes über den Tod, die Natur
und die Endlichkeit verspricht, so soll in der Philosophie
Hegels die endgültige Synthesis der in der Ur-teilung zerrissenen Welt den absoluten Geist als deren Wahrheit erweisen.
Da Hegel den Geistprozeß in den Kategorien der Begattung und
des Organischen beschreibt, scheint mir nicht nur der Anschaulichkeit seiner Rede verpflichtet, sondern eher ein Versuch,
die Gefährdung der Bewußtseinsautonomie im realen Begattungsprozeß durch dessen Transponierung in die Geistsphäre zu bannen. Die verfeinerte Geistsexualität, die Hegel als Inbegriff
der Wahrheit präsentiert, fungiert als Bollwerk gegen die in
der Triebsexualität aufscheinenden und die Souveränität des
Bewußtseins bedrohenden Momente von Tod und Animalität. Hegel
weiß, daß in der Erotik und der Sexualität das sich über seine
Rationalität definierende neuzeitliche Individuum der Gefährdung seiner Autonomie ausgesetzt sieht, insofern der Mensch in
der Erotik unnachgiebig auf den Bereich der animalischen Natur
zurückverwiesen wird, dem er sich doch als selbstbewußtes souveränes Subjekt entkommen zu sein wähnt. In der Erotik scheint
die Brüchigkeit der neuzeitlichen Vernunftkonzeption auf, weil
sie den Menschen an seine Naturverhaftetheit und darin an seine
Endlichkeit erinnert, der er als Vernunftwesen zu entgehen trachtet. Diesen Momenten zu entkommen, die den modernen Menschen in
seinem Selbstverständnis als autonomes und souveränes Geistwesen
bedrohen, ist Hegels tiefste Intention. Methodisch betreibt er
dieses Entkommen durch die Projektion der Bestimmungen der organischen Endlichkeit auf eine Geistrealität, in der dann die be-

drohenden Momente als unwahre Entäußerungen des Geistes ausgehalten und gebannt werden können. Der am Geschlechtsverhältnis orientierte Gegensatz von Geist und Materie wird im Durchgang durch die Dialektik zu einem Verhältnis von Geist und entäußertem Geist.[5] Der Begattungsprozeß der Natur durch den Geist erweist sich als ein inzestuöser Geistprozeß. Die inzestuöse Geistfigur Hegels schreibt die patriarchalische Struktur der bürgerlichen kapitalistischen Gesellschaft als deren ewige Wahrheit fest. In dieser zirkulären hermetischen Bewegung vollzieht sich die Selbstbefriedigung des Geistes. Wo der *eine* Geist in allem nur sich selber findet, weiß er sich als einsame Autonomie. In dieser Perspektive erweist sich Hegels Logosinzest als Autonomiephantasie. Die so in der Philosophie erlangte Identität des Geistes verdankt sich einer langen Kette von Opferprozessen, in denen das *Andere* des Geistes um seine Andersheit gebracht wird. Als Resultat dieses Prozesses scheint eine einsame und ärmliche Souveränität auf, deren Kern Gewalt und Herr-

---

[5] "Die *Natur* betrachtet als das, was sie an ihr selbst ist, als der *Prozeß*, dessen letzte Wahrheit der Übergang zum Geist ist, so daß der Geist sich als die Wahrheit der Natur beweist. Das ist die eigene Bestimmung der Natur, daß sie sich aufopfert, verbrennt, so daß aus diesem Brandopfer die Psyche hervorbricht und die Idee sich in ihr eigenes Element, in ihren eigenen Äther erhebt. Diese Aufopferung der Natur ist ihr Prozeß und hat näher die Bestimmung, daß sie als Fortgang durch eine Stufenleiter erscheint, wo die Unterschiede in der Form des *Außereinanderseins* da sind. Der Zusammenhang ist nur ein Inneres. Die Momente, die die Idee im Kleide der Natur durchläuft, sind eine Reihe von selbständigen Gestalten. Die Natur ist die Idee an sich und *nur* an sich, und die Weise ihres Daseins ist, *außer sich zu sein* in vollkommener Äußerlichkeit. Die nähere Weise ihres Fortgangs ist aber die, daß der in ihr verschlossene Begriff durchbricht, die Rinde des Außersichseins in sich zieht, idealisiert und, indem er die Schale des Kristalls durchsichtig macht, selbst in die Erscheinung tritt. Der innerliche Begriff wird äußerlich, oder umgekehrt: die Natur vertieft sich in sich, und das Äußerliche macht sich zur Weise des Begriffs. So tritt eine Äußerlichkeit hervor, welche selbst ideell und in der Einheit des Begriffs gehalten ist. Dies ist die Wahrheit der Natur, das *Bewußtsein*. Im Bewußtsein bin ich der Begriff und das, was für mich ist, wovon ich ein Bewußtsein habe, ist mein Dasein überhaupt. Dies ist in der Natur nicht Gewußtes, nur ein Äußerliches, und der Geist erst weiß die Äußerlichkeit und setzt sie mit sich identisch." (16/109f.).

schaft ist und die in dem Maße das Leben verloren hat, in dem
sie es zu erhalten trachtete. Demjenigen aber, der sich diesem
Prozeß der Aufopferung der Wirklichkeit nicht anvertrauen will,
läßt die Hegelsche Philosophie nur die Verzweiflung an dieser
Wirklichkeit übrig. Darin trifft sie sich mit der christlichen
Heilslehre, die demjenigen die Erlösung verweigert, der nicht
bedingungslos glaubt. Wenn Bataille darin Recht hat, daß in der
Phylogenese der Menschheit der Arbeit die Funktion zugefallen
ist, die naturhafte Gewalttätigkeit und die Sexualität einzu-
dämmen, dann wird verständlich, warum der Hegelsche Geist in
einem ununterbrochenen Arbeits- und Akkumulationsprozeß begriffen ist.[6] In der Arbeit bewahrt er sich vor dem Einbruch der
Natur und der Endlichkeit solange, bis er die ganze Welt durch
Identifikation als seinesgleichen in Besitz genommen hat. Dann
erst kann er aufhören zu arbeiten, weil ihm jetzt keine Gefahr
mehr von einer irgendwie gearteten Andersheit droht. Jede Ver-
unsicherung ist unmöglich geworden, weil er sich als das *Eine*
und das *Alles* weiß und die absolute Identität geworden ist,
in der alle opferlose Nichtidentität als geopferte aufgehoben
ist. Um im Sinne Hegels von seinem Leiden erlöst zu werden, muß
das Bewußtsein sich in seiner individuellen Endlichkeit als
unwesentlich begreifen, d.h. es muß jeden Anspruch auf seine
individuelle Besonderheit aufgeben.[7] Als vorbildhaft für die

---

6 Vgl. Georges Bataille, Der heilige Eros, Frankfurt 1974, S.67.

7 "Es muß daher ein Standpunkt aufgezeigt werden, wo das Ich in
dieser Einzelheit in der Tat und Wirklichkeit Verzicht auf sich
tut. Ich muß die in der Tat *aufgehobene* partikulare Subjektivität sein; so muß ein *Objektives* von mir anerkannt sein, welches
in der Tat für mich als Wahres gilt, welches anerkannt ist als
das Affirmative, für mich gesetzt, in welchem ich als dieses
Ich negiert bin, worin aber meine Freiheit zugleich erhalten
ist. Die Freiheit der Reflexion ist eine solche, die nichts in
sich entstehen läßt, und da sie doch entstehen lassen muß, in
diesem Setzen ohne Gesetz und Ordnung verfährt, d.h. nichts
Objektives entstehen läßt. Soll wirklich ein Objektives anerkannt werden, so gehört dazu, daß ich als *Allgemeines* bestimmt
werde, mich erhalte, mir nur gelte als Allgemeines. Dies ist nun
nichts anderes als der Standpunkt der denkenden Vernunft, und
die Religion selbst ist dies Tun, diese Tätigkeit der denkenden

die Aufopferung des Besonderen gilt Hegel der Kreuzestod Christi.[8]

Die von Hegel postulierte Heilung des zerrissenen Bewußtseins durch die Philosophie impliziert eine Kritik an der Kunst als dem höchsten Vermittlungsorgan von Geist und Natur und eine an der Ästhetik, sofern sie Theorie solcher Vermittlung zu sein beansprucht. Im Zeitalter des begreifenden Denkens fällt die ästhetische Vermittlung hinter die im *Begriff* möglich gewordene Versöhnung zurück. Angesichts des geschichtlich erreichten Standes des Geistes erscheint die Priorisierung der Kunst bezüglich der zu leistenden Versöhnung als Regression des Bewußtseins auf eine geschichtlich frühere Stufe des Geistes. Ästhetik ist in der Philosophie Hegels daher auch nicht mehr Fundamentalphilosophie, wie noch bei Kant, sondern eine vom Standpunkt des erreichten Begriffs aus geleistete historisch kritische Reflexion über die Kunst und ihren Erlösungsanspruch.

Vernunft und des vernünftig Denkenden, sich als Einzelner als das Allgemeine zu setzen, und, sich als Einzelnen aufhebend, sein wahrhaftes Selbst als das Allgemeine zu finden. Philosophie ist ebenso denkende Vernunft, nur daß bei ihr dies Tun, welches Religion ist, in der Form des Denkens erscheint, während die Religion, als sozusagen unbefangen denkende Vernunft, in der Weise der Vorstellung stehenbleibt." (16/186f.)

8 "An diesem Tod (Christi, Anm. d. Verf.) ist zunächst eine besondere Bestimmung hervorzuheben, nämlich seine polemische Seite nach außen. Es ist darin nicht nur das Dahingeben des natürlichen Willens zur Anschauung gebracht, sondern alle Eigentümlichkeit, alle Interessen und Zwecke, worauf der natürliche Wille sich richten kann, alle Größe und alles Geltende der Welt ist damit ins Grab des Geistes versenkt. Dies ist das revolutionäre Element durch welches der Welt eine ganz andere Gestalt gegeben ist." (17/289)

3.2 Das Bedürfnis nach wissenschaftlicher Erfassung von Kunst und Religion

Folgt man dem Aufbau der Enzyklopädie, dann gehören die Formationen Kunst und Religion der letzten Stufe des in der Philosophie zu sich selbst kommenden absoluten Geistes an.[9] Dies, weil ihnen nach Hegel ein gemeinsamer Gegenstand eignet: das Wahre, das Göttliche oder auch das Absolute. Nur stellen sie das Absolute auf unterschiedliche Weise dar. In der Kunst erscheint es verkörpert im sinnlichen Gegenstand, in der Religion als Vorstellung und in der Philosophie als Einheit von Gegenstand und Vorstellung, als zu sich selbst gekommener Begriff. Mir kommt es hier vor allem auf die Erscheinungsweise des Geistes in der Kunst an.[10] Allen drei Formationen des absoluten Geistes liegt ein spezifisches Bedürfnis des Bewußtseins des Menschen nach Aufhebung und Heilung der Zerrissenheit des Geistes zugrunde. Einerseits ist die Quelle dieses Bedürfnisses nach Heilung der Bruch des Geistes, der die "menschliche Existenz überhaupt" durchzieht - entstanden durch Menschwerdung (durch Essen vom Baum der Erkenntnis), also aus der für die Menschwerdung notwendigen Kontrolle der Gewalttätigkeit durch Verbot und Arbeit - mit den Folgen Todesbewußtsein und Scham[11], andererseits der Bruch zwischen Geist und Triebnatur, der die Entwicklung jedes Einzelnen durchzieht. Diesen doppelten Bruch gilt es zu heilen, weil nach Hegel durch ihn die Freiheit des Geistes bedroht ist.[12]

---

9 Vgl. Hegel, (10/366).

10 "Durch die Beschäftigung mit dem Wahren, als dem absoluten Gegenstande des Bewußtseins gehört nun auch die Kunst der absoluten Sphäre des Geistes an und steht deshalb mit der Religion im spezielleren Sinne des Wortes wie mit der Philosophie ihrem Inhalt nach auf ein und demselben Boden. Denn auch die Philosophie hat keinen anderen Gegenstand als Gott und ist so wesentlich rationelle Theologie und als im Dienste der Wahrheit fortdauernder Gottesdienst." (13/139)

11 Vgl. Georges Bataille, Der heilige Eros, Frankfurt 1973, bes. S. 25-137.

12 "Die Freiheit ist die höchste Bestimmung des Geistes. Zunächst ihrer ganz formellen Seite nach besteht sie darin, daß das Subjekt in dem, was demselben gegenübersteht, nicht Fremdes,

Die von Hegel postulierte Notwendigkeit der Heilung dieses doppelten Bruchs darf dem Geist nicht von außen geschehen - wie könnte er sonst den Anspruch aufrecht erhalten, das Absolute zu sein -, sondern ist sein eigenes Werk, ist Selbstheilung. Kunst, Religion und die zur Wissenschaft gewordene Philosophie sind die letzten drei Stufen in einem vom Geist selbst initiierten progressiven Selbstheilungsprozeß, in dem die jeweils nächsthöhere Stufe alle vorhergehenden umfaßt, d.h. in Hegels Terminologie: als aufgehobene bei sich hat.[13] Die Heilfähigkeit der beiden ersten Formationen ist nach Hegel auf einen bestimmten historischen Zeitabschnitt begrenzt. Sie sind abhängig von spezifischen historischen, gesellschaftlichen und politischen Bedingungen, deren Untergang die Grenze ihrer Heilfähigkeit darstellt. Dagegen ist die dritte Formation, die zur Wissenschaft erhobene Philosophie, eine obzwar auch historisch und gesellschaftlich bedingte, aber dennoch endgültige Heilung und Versöhnung des Geistes mit sich selbst.

> keine Grenze und Schranke hat, sondern sich selber darin findet. Schon dieser formellen Bestimmung nach ist dann alle Not und jedes Unglück verschwunden, das Subjekt mit aller Welt ausgesöhnt, in ihr bedriedigt und jeder Gegensatz und Widerspruch gelöst ... Indem nun aber die Freiheit selbst zunächst nur subjektiv und nicht ausgeführt ist, steht dem Subjekt das Unfreie, das nur Objektive als die Naturnotwendigkeit gegenüber, und es entsteht sogleich die Forderung, diesen Gegensatz zur Versöhnung zu bringen. Auf der anderen Seite findet sich im Inneren und Subjektiven selbst ein ähnlicher Gegensatz. Zur Freiheit gehört einerseits das in sich selbst Allgemeine und Selbständige, die allgemeinen Gesetze des Rechts, des Guten und Wahren usf., auf der anderen Seite stellen sich die Triebe des Menschen, die Empfindungen, die Neigungen und Leidenschaften und alles, was das konkrete Herz des Menschen als einzelnen in sich faßt. Auch dieser Gegensatz geht zum Kampfe, zum Widerspruche fort, und in diesem Streit entsteht dann alle Sehnsucht, der tiefste Schmerz, die Plage und Befriedigungslosigkeit überhaupt." (13/134f.)

13 "Diesen *Bruch* aber, zu welchem der Geist fortgeht, weiß er ebenso zu heilen; er erzeugt aus sich selbst die Werke der schönen Kunst als das erste versöhnliche Mittelglied zwischen dem bloß Äußerlichen, Sinnlichen und Vergänglichen und dem reinen Gedanken, zwischen der Natur und endlichen Wirklichkeit und der unendlichen Freiheit des begreifenden Denkens." (13/21)

Kunst und Religion verlieren im System der Geistphilosophie Hegels ihre Heilsfunktion, wenn der Geist durch sie hindurchgegangen ist. Sie existieren zwar weiter und befriedigen auch bestimmte Bedürfnisse des Bewußtseins, von denen noch die Rede sein wird, aber sie können nicht mehr das höchste Bedürfnis des Bewußtseins befriedigen. In Bezug auf dessen Befriedigung ist die eigentliche Zeit der Kunst die des klassischen Altertums (Heroenzeitalter), die der Religion das Mittelater (die christlich-germanische Welt) und die der Philosophie die Neuzeit. Indem Hegel einen Diskurs über Kunst und Religion führt, beansprucht er dies auf der Stufe der zur Wissenschaft gewordenen Philosophie zu tun. Insofern steht seine Kunst- und Religionsphilosophie auf dem Niveau der Logik bzw. Enzyklopädie. Nach Hegel entspricht dieser philosophische Diskurs einem allgemeinen Bedürfnis unserer Zeit, und es wird zu fragen sein, ob dies auch noch unser Bedürfnis heute ist. Hegel zumindest behauptet, daß der Geist, wenn er Kunst und Religion einer philosophisch wissenschaftlichen Betrachtung unterwirft, darin das Bedürfnis seiner eigensten Natur befriedigt.[14] Er geht davon aus, daß die endgültige Heilung des Geistbruches durch die Philosophie nur dann stattfinden kann, wenn auch die früheren Selbstheilungsversuche, Kunst und Religion, auf den Begriff eben dieser Philosophie gebracht werden. Es scheint, daß dem modernen Bewußtsein dadurch Heilung geschieht, daß es sich dem wissenschaftlichen Diskurs, den Hegel über Kunst und Religion führt, nachvollziehend anvertraut. Von der Kunst und Religion scheint (für Hegel) eine mögliche Irritation für den in der Philosophie zu sich selbst gekommenen Geist auszugehen. Nur durch Aneignung, d.h. begriffliche Erfassung, ist dieser Irritation beizukommen. Das moderne Bewußtsein ist deshalb von Kunst und Religion irritierbar, weil es, obwohl philosophiefähig, kein Bewußtsein davon hat, daß beide Formationen demselben "Gottesdienst" verpflichtet sind

---

14 "Denn weil das Denken sein Wesen und Begriff ist, ist er letztlich nur befriedigt, wenn er alle Produkte seiner Tätigkeit auch mit dem Gedanken durchdrungen hat und sie so erst wahrhaft zu den seinigen gemacht hat." (13/28)

wie die Philosophie.[15] Hegel scheint zu befürchten, daß das philosophiefähige Bewußtsein seiner Zeit seinen eigenen früheren Selbstheilungsversuchen begrifflos gegenübersteht und so die möglich gewordene Geisterlösung verfehlt. Seine Sorge gründet in dem von ihm diagnostizierten Vorurteil des Bewußtseins seiner Zeit, daß Kunst und Religion sich der begrifflichen Erfassung entziehen. Die herrschende Differenz zwischen Anschauung und Begriff und zwischen Glauben und Wissen steht für ein Bewußtsein, das sich in diesen Gegensätzen verliert und sich so selbst den Blick auf ihre möglich gewordene Versöhnung im Wissen verstellt.[16] Dies wiegt umso schwerer, weil deren begriffliche Aneignung für den Geist im wahrsten Sinne des Wortes lebensnotwendig ist; steht doch sein Absolutheitsanspruch auf dem Spiel, mit dem die Möglichkeit der endgültigen Heilung verbunden ist. Die außerordentliche Stellung, die die Kunst etwa in der Philosophie Schellings einnimmt, zeigt, daß Hegels Befürchtungen, von seinem Standpunkt aus, durchaus berechtigt sind.[17] So resultiert die Notwendigkeit der wissenschaftlichen Auseinandersetzung mit der Kunst und Religion aus der Gefahr, daß die unbegriffenen Formationen Kunst und Religion sich für

15 Vgl. dazu Anm.10.

16 Hegel setzt sich sowohl in der Ästhetik als auch in der Religionsphilosophie ausführlich mit diesen 'Vorurteilen' auseinander, um ihre Unwahrheit aufzuzeigen, weil er sie offensichtlich nicht nur für eine Randerscheinung seiner Zeit hielt. Vgl. dazu (13/13-28) und (16/35-42).

17 "Wenn die ästhetische Anschauung nur die Objekt gewordene transcendentale ist, so versteht sich von selbst, daß die Kunst das einzige wahre und ewige Organon zugleich und Document der Philosophie sei, welches immer und fortwährend aufs neue beurkundet, was die Philosophie äußerlich nicht darstellen kann, nämlich das Bewußtlose im Handeln und Produciren und seine ursprüngliche Identität mit dem Bewußtsein. Die Kunst ist eben deswegen dem Philosophen das Höchste, weil sie ihm das Allerheiligste gleichsam öffnet, wo in ewiger und ursprünglicher Vereinigung, gleichsam in einer Flamme brennt, was in der Natur und Geschichte gesondert ist, und was im Leben und Handeln, ebenso wie im Denken, ewig sich fliehen muß." K.F.A. Schelling, System des transzendentalen Idealismus (1800). In: Schellings Werke, hrsg. v. Manfred Schröder, München 1958, Bd.2, S.627.

das an seiner Zerrissenheit leidende moderne Bewußtsein nach
wie vor als wahre Heilsversprechen präsentieren könnten. In
dieser Hinsicht bedrohen sie Hegels eigenes Erlösungswerk, und
er ist nicht müde geworden, immer wieder das Primat der Philosophie gegenüber den anderen beiden Formationen des absoluten
Geistes eindringlich hervorzuheben.[18] Dem Selbstverständnis
Hegels zufolge begreift in der ästhetischen und religionsphilosophischen Reflexion der zu sich selbst gekommene Geist seine
eigene Genese im Prozeß der Erinnerung. Erst auf der Höhe der
absoluten Wahrheit, in der Philosophie, erfaßt er die Wahrheit
von Kunst und Religion, indem er beide Formationen als noch unwahre Formen der Verkörperung des Absoluten begreift. In dieser
Perspektive steht auch Hegels Rede vom Ende der Kunst, die bis
heute unter den der Kunst zugeneigten Philosophen soviel Aufregung verursacht.[19] Die Lektüre diesbezüglicher Arbeiten erweckt den Eindruck, daß die Autoren sich in der schizophrenen
Situation befinden, die heute institutionell inszenierte Besonderheit der Kunst vor Hegels Ästhetik retten zu wollen und zugleich deren Geltung auch für die moderne Kunst zu bewahren
wünschen.[20] Derartige hermeneutische Akrobatik ist aber nur
dann notwendig, wenn man entweder die Ästhetik aus dem System

[18] "Die Philosophie ist die wahrhafte Theodizee gegen Kunst und
Religion und deren Empfindungen - diese Versöhnung des Geistes und zwar des Geistes, der sich in seiner Freiheit und
in dem Reichtum seiner Wirklichkeit erfaßt hat."
"Der Geist produziert sich als Natur, als Staat; jenes ist
sein bewußtloses Tun, worin er sich ein anderes, nicht als
Geist ist; in den Taten und im Leben der Geschichte bringt er
sich auf bewußte Weise hervor, weiß von mancherlei Arten seiner Wirklichkeit, aber auch nur Arten derselben; aber nur in
der Wissenschaft weiß er von sich als absolutem Geist, und
dies Wissen allein, der Geist, ist seine wahrhafte Existenz."
(20/455)

[19] "Damit hat sie (die Kunst) für uns auch die echte Wahrheit
und Lebendigkeit verloren und ist mehr in unsere Vorstellung
verlegt, als daß sie in der Wirklichkeit ihre frühere Notwendigkeit behauptete und ihren höheren Platz einnähme. Was
durch Kunstwerke jetzt in uns erregt wird, ist außer dem unmittelbaren Genuß zugleich unser Urteil, indem wir den Inhalt,
die Darstellungsmittel beider unserer denkenden Betrachtung
unterwerfen." (13/25)

der Hegelschen Geistphilosophen herausbricht, um sie unabhängig vom Standort im System als eine eigenständige Theorie der Kunst überhaupt, also auch der modernen Kunst, zu lesen; oder aber dann, wenn man an Hegels Geistprozeß, und sei es auch mit Einschränkungen, glaubt, gleichwohl aber die herausragende Stellung, die die Kunst in unserer Gesellschaft für die Intellektuellen immer noch zu haben scheint, bewahren will. Ich finde zwar die Hegelsche Rede vom Ende der Kunst nicht erschreckend, weil auch ich der Ansicht bin, daß der traditionelle Kunstbegriff heute nur noch eine Alibifunktion für die verschiedensten ästhetischen Aktionen und Manifestationen hat, aber ich halte seine Analyse in wesentlichen Punkten nicht für zutreffend. Auch wenn weite Teile der avantgardistischen Kunstproduktion eher dem begrifflichen Denken als der anschaulichen Erfassung zugänglich sind, meine ich, daß Hegel zwar ein Phänomen richtig wahrgenommen hat, aber seine geistphilosophische Interpretation des Phänomens abwegig ist. Ihre Abwegigkeit rührt daher, daß Hegels Ästhetik weniger seiner besonderen Affinität zur Kunst entsprungen ist, sondern eher dem Bedürfnis, das Nicht-Begriffliche in der Kunst, das den Absolutheitsanspruch des Geistes bedroht, qua Geist zu bannen. Die Bannung gelingt in dem Maße, indem er am Kunstwerk auch das dem Geist Heterogene als Geist identifiziert und so auch die Kunst als inzestuöse Geistveranstaltung begreift.[21] Ein wissenschaftlicher Diskurs über Kunst und Re-

---

[20] Dieter Henrich, Kunst und Kunstphilosophie der Gegenwart (Überlegungen mit Rücksicht auf Hegel). In: Poetik und Hermeneutik II, Immanente Ästhetik - Ästhetische Reflexion, hrsg. v. Wolfgang Iser, München 1966, S.11-13.
Willi Ölmüller, Der Satz vom Ende der Kunst. In: ders., Die unbefriedigte Aufklärung, Frankfurt 1979, S.264-290.
Patocka, Jan, Zur Entwicklung der ästhetischen Auffassung Hegels. In: Hegel - Jahrbuch 1964/65, Meisenheim am Glan 1965, S.49-60.
Vgl. auch Literaturbericht in: Ch. Helferich, G.F.W. Hegel, (Sammlung Metzler Bd.182) Stuttgart 1979, S.211.

[21] "Kunstwerk ist es nur, insofern es, aus dem Geist entsprungen nun auch dem Boden des Geistes angehört, die Taufe des Geistigen erhalten hat und nur dasjenige darstellt, was nach dem Anklange des Geistes gebildet ist." (13/48)

ligion ist für Hegel deshalb notwendig, weil der Geist erst
heute, auf der Stufe der zur Wissenschaft gewordenen Philosophie, die Wahrheit seiner eigenen Bedürfnisstruktur begreift
und so seine *vollständige* Befriedigung findet. Sich erinnernd,
beugt der Geist sich auf die Formationen zurück, die ihm in
einem bestimmten historischen Zeitabschnitt volle Befriedigung
seines Bedürfnisses nach Heilung der Zerrissenheit gewährten.
Und indem er diese nachträglich als noch unwahre Formen der
Befriedigung begreift, befriedigt er sein höchstes Bedürfnis
als vollständiges Begreifen seiner selbst. Der Aufweis der
Intention Hegels zeigt, wie notwendig es ist, seine Theorien
über Kunst und Religion im Zusammenhang des gesamten philosophischen Systems zu untersuchen. Ich halte es für illegitim,
sie wie eine philosophische Untersuchung über Kunst und Religion zu lesen, so wie wir sie etwa heute abfassen würden, um
die in unserer Gesellschaft existierende Kunstproduktion bzw.
existierenden religiösen Formen zu verstehen. Um es noch einmal
festzuhalten, weil so oft anders verfahren wird: Hegel hat an
der Kunst nicht primär ein kunstspezifisches Interesse, er will
vielmehr alle Produktionen des Menschen als die des zu sich
selbst kommenden Weltgeistes, als dessen Eigenbewegung identifizieren.[22] Ich meine, daß eine angemessene Analyse der Hegelschen Ästhetik diese nicht unabhängig vom System interpretieren darf, weist doch Hegel selbst ausdrücklich auf diesen Zusammenhang hin.[23] Außerdem findet sich in der Ästhetik und in

---

22 "Der Geist ist erst das wahrhafte Wunder gegen den Lauf der
Natur. Der Geist selbst ist nur dies Vernehmen seiner selbst.
Es ist nur ein Geist, der allgemeine göttliche Geist, - nicht
daß er nur allenthalben ist." (18/93)
"Gott läßt die Menschen mit ihren besonderen Leidenschaften
und Interessen gewähren, und was dadurch zustande kommt, das
ist die Vollführung *seiner* Absichten, welche ein anderes sind
als dasjenige, um was es denjenigen, deren er sich dabei bedient, zunächst zu tun war." (8/365 mündl. Zus.)

23 "Es bleibt deshalb nichts übrig, als den Begriff der Kunst
sozusagen *lemmatisch* aufzunehmen, was bei allen *besonderen*
philosophischen Wissenschaften, wenn sie vereinzelt betrachtet werden sollen, der Fall ist. Denn erst die gesamte

der Religionsphilosophie die oben bereits kurz dargestellte Intention der 'Phänomenologie des Geistes' wieder. Ihrer Struktur nach können beide Werke mit einigem Recht als Explikation des relativ knappen Religionskapitels in der 'Phänomenologie des Geistes' gelesen werden. Daß sie dort gemeinsam unter dem Begriff der Religion abgehandelt werden, ist nicht weiter verwunderlich, spricht Hegel doch auch in der Ästhetik von der "Religion der Kunst".[24] Und im Blick auf den zentralen Gegenstand seiner Philosophie geht es in Kunst und Religion gleichermaßen letztlich um die Erkenntnis und Rechtfertigung Gottes in der Geschichte.[25] Das von Hegel postulierte und derart inhaltlich bestimmte Bedürfnis nach wissenschaftlicher Betrachtung der Kunst scheint mir so nicht kennzeichnend für die Gegenwart zu sein. Zwar haben auch die heutigen Intellektuellen ein Bedürfnis nach wissenschaftlicher Erfassung von Kunst und Religion, aber weder kann die Philosophie in der Gegenwart als

> Philosophie ist die Erkenntnis des Universums als in sich *eine* organische Totalität, die sich aus ihrem eigenen Begriffe entwickelt und, in ihrer sich zu sich selbst vorhandenen Notwendigkeit zum Ganzen in sich zurückgehend, sich mit sich als *eine* Welt der Wahrheit zusammenschließt ... Die Idee des Schönen also, mit der wir anfangen zu beweisen, d.h. sie der Notwendigkeit nach aus den für die Wissenschaft vorangehenden Voraussetzungen herzuleiten, aus deren Schoße sie geboren wird, ist nicht unser gegenwärtiger Zweck, sondern das Geschäft einer enzyklopädischen Entwicklung der gesamten Philosophie und ihrer besonderen Disziplin." (13/42f.)

24 Vgl. dazu auch die Bemerkungen von Nicolai Hartmann in: Nicolai Hartmann, Die Philosophie des deutschen Idealismus, Berlin 1960, S.553. "In gewissem Sinne aber ist die ganze Sphäre (des absoluten Geistes, Anm. d. Verf.) als die der Religion zu bezeichnen. Auch die Kunst ist Offenbarung des absoluten Geistes. Und es ist kein Zufall, daß zu allen großen Zeiten die große Kunst auf dem Boden eines tiefen religiösen Empfindens gewachsen ist ... Die Philosophie hat als den letzten universalen Gegenstand das Absolute, d.h. eben dasselbe göttliche Wesen aller Wesen, welches die Religion als Geoffenbartes glaubt und verehrt."
Ich teile zwar Hartmanns Interpretation, aber nicht seine Affirmation der Position Hegels.

25 "Die Philosophie will den Inhalt, die Wirklichkeit der göttlichen Idee erkennen und die verschmähte Wirklichkeit rechtfertigen. Denn die Vernunft ist das Vernehmen des göttlichen Werkes." (12/53)

heilende Theodizee, noch die Weltgeschichte als die des zu sich
selbst kommenden bzw. gekommenen Geistes begriffen werden. Von
daher ist uns heute der Hegelsche Weg verschlossen, philosophische
Erkenntnis über Kunst und Religion als notwendigen Teil eines
Selbstheilungsprozesses zu begreifen, weil der Glaube an die
Möglichkeit solcher Heilung verloren gegangen ist. Das schließt
nicht aus, sie *unbewußt* gleichwohl zu wünschen, nur daß wir heute eher unser Heil in einer skeptischen kritischen Reflexion
suchen.[26] In solcher Reflexion suchen wir nicht wie Hegel die
Selbstbefriedigung des Geistes, sondern wir können nur im philosophischen Diskurs Verständigung mit anderen über unser Denken
und Handeln in einer gemeinsamen Lebenswelt suchen; Verständigung auch über die Bedürfnisse und Motive, die dieses Handeln
und Denken bestimmen. Solche Verständigung suchen wir zwecks
gemeinsamer vernünftiger gesellschaftlicher Praxis, soweit
diese in einer verwalteten und durchinstitutionalisierten Gesellschaft wie der unseren noch möglich ist.[27] So wie mit anderen suche ich auch mit Hegel Verständigung, hier über Kunst und
Religion und speziell über das beiden Formationen zugrundeliegende Bedürfnis. Die Auseinandersetzung mit Hegel resultiert
aus einem Interesse an der Erkenntnis solcher Bedürfnisstrukturen, wie er sie in seinem Werk zentral thematisiert hat.

26 Zwar suche auch ich mein Heil angesichts der Gegensätze und
   Widersprüche, mit denen auch unser Bewußtsein in der gesellschaftlichen und politischen Situation konfrontiert ist,
   in der Reflexion, aber ich verspreche mir keine Heilung von ihr.
   Ich konstruiere mir nicht qua Reflexion ein hermetisch geschlossenes System, in dem sich das Bewußtsein eine, wie ich
   meine, nur imaginäre Sicherheit verschafft, sondern für mich
   ermöglicht die Reflexion nur einen offenen Verstehungshorizont für die gesellschaftliche und individuelle Praxis. Alles
   andere halte ich für nicht haltbare Spekulation.

27 Diese Suche nach Verständigung ist nicht zu verwechseln mit
   der Ideologie des Konsensus, wie sie in den sprachpragmatischen Überlegungen etwa von Habermas oder Apel vorkommt.
   Ideologie deshalb, weil angesichts der konkreten gesellschaftlichen Verhältnisse das Vertrauen in den wissenschaftlich
   kompetenten Diskurs selbst die Struktur einer metaphysisch
   inspirierten Beschwörung mit dem dazugehörigen Heilsversprechen hat.

Seinem Diskurs folgend frage ich, ob Hegels Bedürfnisanalyse betreffs Kunst und Religion zutreffend ist. - Im folgenden daher einiges zum Bedürfnis des Menschen nach Kunst und Religion, so wie Hegel es sieht, bzw. wie ich Hegels Deutung sehe.

3.3 Die Selbstbefriedigung des Geistes in der Kunst

Hegel läßt das Bedürfnis nach Kunst und somit auch die Kunst selbst erst auf einer relativ weit fortgeschrittenen Stufe der Geschichte der Menschheit entstehen. Er geht davon aus, daß Kunst nur in einer gesellschaftlichen Situation aufkommen kann, in der die unmittelbare Not des Lebens getilgt ist.[28] Er knüpft die Möglichkeit von Kunst an den Grad der Beherrschung der ersten Natur durch den Menschen. Konkrete Bedingung dieser Möglichkeit ist eine Welt, in der das Individuum nicht mehr in einem ununterbrochenen, es permanent beanspruchenden Kampf mit der Natur zwecks organismischer Lebenserhaltung steht, sondern eine relative Sicherung und Befriedigung der physischen Bedürfnisse gewährleistet ist. Erst dann tritt dasjenige allgemeine Bedürfnis in Erscheinung, das nach Hegel die Quelle der Kunst sein soll. Dies allgemeine Bedürfnis "ist das vernünftige, daß der Mensch die innere und äußere Welt sich zum Bewußtsein als einen Gegenstand zu erheben hat, in welchem er sein eigenes Selbst wiedererkennt." (13/52) So wie die Arbeit, die Beherrschung der ersten Natur, Antwort des Menschen auf eine letztlich unaufhebbare Mangelsituation ist, so entspringt auch Kunst als eine besondere Form von Arbeit - Hegel betrachtet die Kunst primär unter dem Aspekt der Produktion - einer spezifischen Mangelsituation, die sich für das Bewußtsein des Menschen erst einstellt, wenn sein physisches Leben gesichert ist, d.h. der diesbezügliche Mangel einigermaßen unter Kontrolle gebracht worden ist. Hegel geht offensichtlich davon aus, daß die relative Bewältigung der ursprünglichen (physischen) Mangelsituation des Menschen eine andere Form

---

28 "Der Mensch, den partikulären und endlichen Seiten seiner Bedürfnisse, Wünsche und Zwecke nach, steht zunächst nicht nur *überhaupt* im Verhältnis der äußeren Natur, sondern näher in dem Verhältnis der *Abhängigkeit*. Diese Relativität und Unfreiheit widerstrebt dem Ideal, und der Mensch, um Gegenstand der Kunst werden zu können, muß sich deshalb von dieser Arbeit und Not schon befreit und die Abhängigkeit abgeworfen haben ... Auf dem idealen Boden der Kunst muß die Not des Lebens schon beseitigt sein." (13/332f.)

von Mangel und des daraus resultierenden Bedürfnisses erst
produziert, dessen Aufhebung dann Kunst, Religion und letztlich Philosophie leisten sollen. In der Verknüpfung des Prozesses der zunehmenden Vergeistigung innerhalb der Formationen
Kunst, Religion und Philosophie mit dem historisch progressiv
verlaufenden Prozeß der Naturbeherrschung und Ausbeutung durch
die Arbeit und Technik zeigt sich deutlich, wie sehr die Formationen des absoluten Geistes in der Philosophie Hegels der
Logik von Arbeit und Herrschaft verpflichtet sind. Zwar ent-
springen geistige und körperliche Arbeit nach Hegel verschiedenen Bedürfnissen des Menschen, aber er sieht einen gemeinsamen Ursprung dieser Bedürfnisse in der Erhebung des Menschen
aus dem Naturzusammenhang. Denkend ist der Mensch Bewohner
zweier Welten: Natur, endliches Leben einerseits; allgemeine
Gültigkeit, Wahrheit, Unwandelbarkeit des begrifflich Allgemeinen andererseits. Dieser Spaltung aber wird der Mensch erst
inne, wenn er sein physisches Überleben durch Bearbeitung der
ersten Natur halbwegs gesichert hat. "Der Mensch betrachtet
die Welt und erhebt sich, weil er denkend vernünftig ist, da
er in der Zufälligkeit der Dinge keine Befriedigung findet,
vom Endlichen zum absolut Notwendigen und sagt: weil das Endliche ein Zufälliges ist, muß ein an und für sich Notwendiges
sein, welches Grund dieser Zufälligkeit ist. Das ist der Gang
der menschlichen Vernunft, des menschlichen Geistes, und dieser
Beweis vom Dasein Gottes ist nichts als die Beschreibung von
dieser Erhebung zum Unendlichen." (16/165) Hegel sieht den Geist
als eine Art Organismus, der sich aus der Natur in die unendliche Freiheit des begreifenden Denkens erhebt durch Vorstellung
von Gesetz und Ordnung, sittlichen Normen, Tabus und Triebkon-
trolle zwecks gesellschaftlicher Synthesis und der sich selbst
gegen diese Entzweiung das Heilmittel produziert: Kunst, Religion und Philosophie. Er begreift also Kunst als den geschichtlich ersten Versuch des Menschen, die Entzweiung des Geistes
wirkungsvoll aufzuheben.[29] Als Aufhebung dieser Entzweiung und
Zerrissenheit ist sie Realisierung der Freiheit des Geistes,
weil sie durch sinnliche Darstellung des Unendlichen (Absolu-

ten) den Geist seiner Verfallenheit an die Endlichkeit entreißt. Insofern für Hegel die Differenz zwischen Endlichkeit und Unendlichkeit die Quelle des Leidens des Bewußtseins ist, kann er die Kunst als eine Form der Selbstversöhnung des Geistes, als Selbstbefriedigung des Absoluten begreifen. Sie ist die Rückkehr des entäußerten Geistes - als solchen begreift Hegel die endliche Wirklichkeit - zu sich selbst und darin Darstellung der Wahrheit des Absoluten, insofern sie diese Wahrheit des Geistes am sinnlichen Objekt erscheinen läßt. In der Form der Kunst aber läßt sich die Zerrissenheit des Geistes nur vorübergehend aufheben, weil sie angewiesen ist auf eine darstellbare sinnliche Welt, aus der sie ihr Material nimmt. Kunst behält ihre Heilsfunktion nur solange, wie die disparate sinnliche Wirklichkeit sich nicht der Synthesis im Kunstwerk verweigert. Je abstrakter die Form des gesellschaftlichen Warentausches innerhalb des geschichtlichen Entwicklungsprozesses wird, desto abstrakter und unanschaulicher wird auch die Form, in der solche Synthesis durchs Subjekt geleistet werden kann. Zwar hat auch Hegel diesen Zusammenhang bemerkt, aber er interpretiert ihn als notwendiges und progressives Fortschreiten des in der Geschichte zu sich selbst kommenden Weltgeistes. Der Identitätszwang, unter dem Hegel steht, sein Begehren nach konkreter Aufhebung aller Gegensätze, zwingt ihn angesichts resistent ungünstiger gesellschaftlicher Verhältnisse, diesen eine Logik der Vernunft bzw. des absoluten Geistes zu unterstellen. Um den ersehnten Frieden inmitten der Desolatheit der

---

29 "Es ist die Tiefe einer *übersinnlichen Welt*, in welche der *Gedanke* dringt und die zunächst als ein Jenseits dem unmittelbaren Bewußtsein und der gegenwärtigen Empfindung gegenüber aufstellt; es ist die Freiheit denkender Erkenntnis, welche dem *Diesseits*, das sinnliche Wirklichkeit und Endlichkeit heißt, enthebt. Diesen *Bruch* aber, zu welchem der Geist fortgeht, weiß er ebenso zu heilen; er erzeugt aus sich selbst die Werke der schönen Kunst als das erste versöhnende Mittelglied, zwischen dem bloß Äußerlichen, Sinnlichen und Vergänglichen und dem reien Gedanken, zwischen der Natur und endlichen Wirklichkeit und der unendlichen Freiheit des begreifenden Denkens." (13/21)

bürgerlichen Gesellschaft zu finden, muß Hegel einen Weg suchen, ohne die konkret praktische grundlegende Veränderung der Verhältnisse, die Zerissenheit des Bewußtseins aufzuheben. Seine Geistkonzeption, der auch seine Ästhetik verpflichtet ist, ermöglicht es ihm, sein Leiden an diesen Verhältnissen als vernünftige Notwendigkeit zu erfahren. Hegel begreift Kunst als ein Verfahren, durch das die im Prozeß der Ausbeutung und Bearbeitung der ersten Natur erzeugte Wirklichkeit als Geistrealität identifiziert wird. Sie soll die Bearbeitung der ersten Natur durch den Menschen zwecks Lebenssicherung als Tun des Geistes sinnlich darstellen.[30] Der der Not und der Bedürftigkeit des lebendigen Organismus gehorchende Aneignungsprozeß erster Natur wird in der Kunst auf der Stufe des Selbstbewußtseins reinszeniert als die kreative Arbeit des Geistes zwecks Selbstrealisierung in der Welt. Kunst ist für Hegel eine Bearbeitung der vom Menschen erstellten zweiten Natur mitsamt dem Erzeugungsprozeß derart, daß der Geist all dies als von seiner Art anschauen kann. Diesen Selbstbespiegelungsprozeß des Geistes begreift Hegel als den Prozeß der Realisierung seiner Befreiung von Sinnlichkeit und Natur, als Herstellung seiner Freiheit.
In der Reinszenierung des Prozesses der Naturunterwerfung versichert sich der Mensch in der Kunst seines Sieges über die Natur, die Endlichkeit, indem er den Naturbann als gebrochen darstellt. Damit aber diese 'Wahrheit' des Geistes in der Kunst aufscheinen kann, muß die gesellschaftliche Realität, die ja das Material für die Kunst bildet, von aller Zufälligkeit, Not und Endlichkeit gereinigt werden, so daß sie auch als die unendliche Realität

---

[30] "Erst jenseits der Unmittelbarkeit des Empfindens und der äußerlichen Gegenstände ist die echte Wirklichkeit zu finden. Denn wahrhaft wirklich ist nur das Anundfürsichseiende, das Substantielle der Natur und des Geistes, das sich zwar Gegenwart und Dasein gibt, aber in diesem Dasein das Anundfürsichseiende bleibt und so erst wahrhaft wirklich ist. Das Walten dieser allgemeinen Mächte ist es gerade, was die Kunst hervorhebt und erscheinen läßt ... Den Schein und die Täuschung dieser schlechten, vergänglichen Welt nimmt die Kunst von jenem wahrhaften Gehalt der Erscheinungen fort und gibt ihnen eine höhere, geistgeborene Wirklichkeit." (13/22)

des Geistes erscheinen kann.[31] Nur dann ist die Versöhnung des Widerspruchs, an dem der Geist leidet, möglich. "Wo aber Endlichkeit ist, da bricht auch der Gegensatz und Widerspruch stets wieder von neuem durch, und die Befreiung kommt über das Relative nicht hinaus." (13/136) Die Bearbeitung der Wirklichkeit durch die Kunst, derart, daß die Geistfolie auch durchscheinen kann, ist geknüpft an einen gesellschaftlichen Zustand, in dem das Subjekt der gesellschaftlich und individuell erzeugten zweiten Natur noch nicht total entfremdet gegenübersteht, sondern sich darin noch wiederfinden und spiegeln kann. Der gesellschaftliche Zusammenhang muß vom Individuum als von ihm miterzeugt und getragen begriffen werden können. Dann nur ist durch Kunst die Heilung des Geistbruchs möglich, weil nur in einem so gearteten gesellschaftlichen Zusammenhang die Identität von Einzelheit und Allgemeinheit gewährleistet ist, wie sie Hegel im Kunstideal vorschwebt.[32] Einen solchen politischen und gesellschaftlichen Zustand glaubt Hegel in der griechischen Ge-

---

31 Über das Zusammenstimmen des konkreten Ideals mit seiner äußerlichen Realität schreibt Hegel: "Das allgemeine Gesetz, welches wir in dieser Beziehung können geltend machen, besteht darin, daß der Mensch in der Umgebung der Welt müsse heimisch und zu Hause sein, daß die Individualität in der Natur und in allen äußeren Verhältnissen müsse eingewohnt und dadurch frei erscheinen, so daß die beiden Seiten die subjektive innere Totalität des Charakters und seiner Zustände und Handlungen die objektive des äußeren Daseins, nicht als gleichgültig und disparat auseinanderfallen, sondern ein Zusammenstimmen und Zueinandergehören zeigen. Denn die äußere Objektivität, insofern sie die Wirklichkeit des *Ideals* ist, muß bloße Selbständigkeit und Sprödigkeit aufgeben, um sich als Identität mit dem zu erweisen, dessen äußeres Dasein sie ausmacht." (13/327)

32 "Jedes Subjekt aber, dem der wahrhafte Lebensgehalt insoweit abgeht, daß diese Mächte und Substanzen außer ihm für sich selbst da stehen und seinem inneren und äußerem Dasein ein fremder Inhalt bleiben, fällt ebenso sehr in den Gegensatz gegen das wahrhaft Substantielle und verliert dadurch den Standpunkt inhaltsvoller Selbständigkeit und Freiheit. Die wahre Selbständigkeit besteht allein in der Einheit und Durchdringung der Individualität und Allgemeinheit, indem ebensosehr das Allgemeine durch das Einzelne erst konkrete Realität gewinnt, als das Einzelne und besondere Subjekt in dem Allgemeinen erst die unerschütterliche Basis und den echten Gehalt seiner Wirklichkeit findet." (13/236f.)

sellschaft gefunden zu haben, wie sie zur sog. Heroenzeit bestanden hat. In dieser Zeit war nach Hegel der Boden für die Kunst günstig, weil in der damaligen Gesellschaft das Tun des Einzelnen zugleich auch die Setzung des Allgemeinen sein konnte und eine Trennung von Individuum und Staat, wie sie für moderne Gesellschaften kennzeichnend ist, noch nicht existierte.[33] Mehr als jede andere Form, in der das Absolute zur Darstellung kommt, ist die Kunst abhängig vom realen gesellschaftlichen Zustand, weil sie anders als Religion und Philosophie gezwungen ist, ihr Material, an dem sie das Absolute zur Anschauung bringen will, aus der sinnlichen Wirklichkeit zu nehmen. Der gesellschaftliche Zusammenhang, der gleichsam das materielle Substrat der Kunst ist, muß in der Ausbreitung in seine verschiedenen Momente für das individuelle Bewußtsein des Künstlers und auch des möglichen Rezipienten so retotalisierbar sein, daß die Wahrheit dieses Zusammenhangs im Kunstwerk zur Anschauung gebracht werden kann. Insofern nach Hegel die Wahrheit jeglicher Realität die Idee ist, muß die reale Wirklichkeit, die das Material für die Kunst abgibt, auf die ihr zugrundeliegende Idee hin formierbar sein.[34] Hegels Suchblick nach Formen der Realisierung der absoluten Idee leitet ihn bei der wissenschaft-

---

[33] "Die Griechen in ihrer unmittelbaren Wirklichkeit, lebten in der glücklichen Mitte der selbstbewußten subjektiven Freiheit und der sittlichen Substanz ... Das Allgemeine der Sittlichkeit und die abstrakte Freiheit der Person im Inneren und äußeren bleibt dem Prinzip des griechischen Lebens gemäß in ungetrübter Harmonie, und zu der Zeit, in welcher sich auch im wirklichen Dasein dies Prinzip in noch unversehrter Reinheit geltend machte, trat die Selbständigkeit des Politischen gegen eine davon unterschiedene subjektive Moralität nicht hervor; die Substanz des Staatslebens war ebenso in die Individuen versenkt, als diese ihre eigene Freiheit nur in den allgemeinen Zwecken des Ganzen suchten. - Die schöne Empfindung, der Sinn und Geist dieser glücklichen Harmonie durchzieht alle Produktionen, in welcher die griechische Freiheit sich bewußt geworden ist und ihr wesentlich vorgestellt hat." (14/25f.)

[34] "Die Idee ist der *adäquate Begriff*, das objektive *Wahre* oder das *Wahre als solches*. Wenn irgend etwas Wahrheit hat, hat es sie durch seine Idee, oder *etwas hat nur Wahrheit, sofern es Idee ist*." (6/462)

lichen Erfassung jeglicher Gegenstände und Zusammenhänge. Und auch die Kunst verdankt ihre herausragende Stellung im System einzig dieser Geistperspektive, aus der heraus auch erst der Aufbau seiner Ästhetik verständlich wird.[35] Das Absolute als sich realisierende Idee ist der Fokus, in dem Hegels weitschweifige Ausführungen zur Kunst zentriert sind, und seine Bestimmung des Schönen als das "sinnliche Scheinen der Idee" (13/151) und die aus dieser Bestimmung resultierende Charakteristika des Ideals sind die logischen Kernstücke seiner Ästhetik, von denen aus die gesamte geschichtliche Entwicklung der

---

[35] "Hier spricht kein Denker, der nebenbei für Bilder, Statuen, Schauspiele empfänglich ist; er spricht nicht, von diesem Parkettsitz auch Kanapee her, *über* Kunst. Sondern nahezu ein latenter Maler, Plastiker, Dramatiker tritt selber unter seinesgleichen auf, *mitten in der Kunst*, in ihr vorhanden und lebendig." Ernst Bloch, Subjekt-Objekt, Erläuterungen zu Hegel, Frankfurt 1972, S.279.
Die 'reiche Anschaulichkeit, die Bloch bei Hegel zu finden glaubt und die ihn zu dieser emphatischen Äußerung veranlaßt haben mag, entspringt meiner Ansicht nach weniger Hegels tiefer Liebe zur Kunst, als seiner zwanghaften Denkbewegung, die auch innerhalb jeder Geistformation alles in die Logik des Geistes einschreiben muß, um die ersehnte Bewußtseinssicherung zu realisieren. Gegen die These vom "latenten Maler, Plastiker, Dramatiker" spricht Hegels wenig kunstverständige Abqualifizierung von Kleist und E.T.A. Hoffmann, denen er vorwirft, "nichts als der Krankheit des Geistes das Wort geredet und die Poesie in das Nebulose, Eitle und Leere hinüberspielt" zu haben. (13/315) Die ganze Biederkeit seines Kunstverständnisses zeigt sich in einer Bemerkung zu dem von ihm hochgeschätzten Stück 'Hermann und Dorothea': "So trinkt z.B., um nur an dies eine zu erinnern, der Wirt mit seinen Gästen, dem Pfarrer und Apotheker, nicht etwa Kaffee: ... sie trinken in der Kühle ein heimisches Gewächs, Dreiundachziger, in den heimischen, nur für den Rheinwein passenden Gläsern; 'die Fluten des Rheinstromes und sein liebliches Ufer' wird uns gleich darauf vor die Vorstellung gebracht, und bald werden wir auch in die eigenen Weinberge hinter dem Haus des Besitzers geführt, so daß hier nichts aus der eigentümlichen Sphäre eines in sich behaglichen, seine Bedürfnisse innerhalb sich gebenden Zustands hinausgeht." (13/340) Diese dürftige kleinbürgerliche Harmonievorstellung, über deren ideologischen Charakter wohl kein Zweifel besteht, ist es, die Hegels Verständnis der modernen Kunst leitet. Das ist die Haltung desjenigen, der in der Kunst die Beschaulichkeit sucht, die er im gesellschaftlichen Zusammenhang der bürgerlich-kapitalistischen Gesellschaft permanent vermissen muß.

Kunst bis hin zu den verschiedenen Gattungen beschrieben, analysiert und bewertet wird. Die Präsenz wesentlicher Strukturen der Logik in der Ästhetik verwundert nicht, da Hegel den Anspruch erhebt, eine wissenschaftliche Untersuchung über das Wesen der Kunst durchzuführen und er sein wissenschaftliches Verfahren in der Logik begründet sehen will.[36] Und so handeln Hegels Ausführungen über das Verhältnis von Idee und Ideal der Schönheit zunächst gar nicht von diesem bestimmten Ideal und seiner Idee, sondern von Ideal und Idee überhaupt, beziehungsweise von existierenden Begriffen überhaupt. Schönheit fungiert in Hegels Ästhetik als Relationskategorie für das Verhältnis von Idee und Ideal bei allem was da ist an Stoffen, an makro- und mikrokosmischen Systemen, Organismen und Personen. Sie betrifft die ideale Darstellung der Idee eines Jeglichen. Der Begriff der Schönheit beschreibt also die Angemessenheit oder auch den Mangel im Verhältnis eines jeden realen Begriffs (einer jeden Idee) zu ihrer Darstellung. Schönheit ist Angemessenheit bzw. Beziehung einer beliebigen Idee (Wesenheit) zu ihrer Erscheinung, nicht aber etwa der Idee des Schönen, denn die ist die zu beurteilende Identität von seiender Idee und ihrer sinnlichen Realisierung. Ein Kunstwerk soll nach Hegel eine erscheinende Idee, also Ideal sein, d.h. die Weise, in der absolute Ideen im Medium der Sinnlichkeit zur Erscheinung kommen. Insgesamt ist Kunst die sinnliche Erscheinung der absoluten Idee schlechthin, d.h. Erscheinung Gottes. Damit aber die Idee als die Wahrheit der sinnlichen Wirklichkeit erscheinen kann, muß diese gerade um ihre unmittelbare Sinnlichkeit, ihre Endlichkeit und 'Chaotik' also, gebracht werden zugunsten einer Sinnlichkeit, die gereinigt ist von den Malen gesellschaftlich notwendiger Arbeit und von aller Naturabhängigkeit des Menschen, die der konkreten gesellschaftlichen Realität unübersehbar anhaften.[37] Wenn Hegel

---

36 Was Hegel in § 2 der Einleitung seiner Rechtsphilosophie über das wissenschaftliche Verfahren sagt, gilt auch für alle anderen Disziplinen der Philosophie, nämlich: "Worin das wissenschaftliche Verfahren der Philosophie bestehe, ist hier aus der philosophischen Logik vorauszusetzen." (7/32)

bezüglich der Kunst von Arbeit spricht, meint er immer die
Arbeit des Geistes bzw. dessen formierendes Tun. Die Aufgabe
der Kunst besteht für Hegel darin, das heteronome Verhältnis,
in dem sich der Mensch gegenüber der Natur findet und dessen
gesellschaftlicher Ausdruck ein bestimmtes Maß an lebensnot-
wendiger Arbeit ist, nach entsprechender Bearbeitung so darzustellen, daß als die Wahrheit dieser Heteronomie die Autonomie
des Subjekts erscheint. Diese Autonomie soll die Kunst als die
Wahrheit des Bewußtseins zur Erscheinung bringen gegen alle
dem gewöhnlichen (natürlichen) Bewußtsein erscheinende Naturabhängigkeit. D.h. die Kunst soll den Geist als Prinzip und als
die Wahrheit der ersten wie auch der zweiten Natur zur Erscheinung bringen. Hegels Geringschätzung des Naturschönen und dessen
Ausgrenzung aus dem Gegenstandsbereich der Philosophie der Kunst
ist angesichts dieser seiner Funktionsbestimmung der Kunst leicht
erklärbar. Taugt doch das Naturschöne nicht zur Spiegelung solcher Geistautonomie, wie Hegel sie im Blick hat, weil hier Natur
selbst nicht als Produkt des menschlichen Geistes bedacht und
erfahren werden kann, und der Geist sich daher in ihr nicht als
die Autonomie weiß, die noch die Erzeugung mitumfaßt. Das bloß
kontemplative Verhältnis zur Natur, wie es die Erfahrung des

---

37 "Dies ist der Grund, weshalb der Geist auch in der Endlichkeit
des Daseins und dessen Beschränktheit und äußerlichen Notwendigkeit den unmittelbaren Anblick und Genuß seiner wahren
Freiheit nicht wiederzufinden vermag und das Bedürfnis dieser Freiheit daher auf einem anderen, höheren Boden zu realisieren genötigt ist. Dieser Boden ist die Kunst und ihre
Wirklichkeit das Ideal. Die Notwendigkeit des Kunstschönen
leitet sich also aus den Mängeln der unmittelbaren Wirklichkeit her, und die Aufgabe desselben muß dahin festgesetzt
werden, daß es den Beruf habe, die Erscheinung der Lebendigkeit und vornehmlich der geistigen Beseelung auch äußerlich
in ihrer Freiheit darzustellen und das Äußerliche seinem Begriffe gemäß zu machen. Dann erst ist das Wahre aus seiner
zeitlichen Umgebung, aus seinem Hinaussichverlaufen in die
Reihe der Endlichkeiten herausgehoben und hat zugleich eine
äußere Erscheinung gewonnen, aus welcher nicht mehr die
Dürftigkeit der Natur und der Prosa hervorblickt, sondern
ein der Wahrheit würdiges Dasein, das auch nun seinerseits
in freier Selbständigkeit dasteht, indem es seine Bestimmung
in sich selber hat und sie nicht durch anderes in sich hinein-
gesetzt findet." (13/202)

Naturschönen erfordert, ist dem Hegelschen Denken fremd. Er kennt allein die vollständige und systematische Herrschaft des Geistes über die Natur. Und soweit noch Formen der Abhängigkeit des Menschen von der Natur auftreten, können diese nur das unwahre Sein des Menschen bedeuten. Diese Haltung zeigt sich in Hegels notorischer Verachtung des gesamten Bereichs der Sinnlichkeit, wie sie für alle seine Werke - auch für die Ästhetik - charakteristisch ist.[38] Solche Gewaltsamkeit ist sich der Souveränität, die sie vorgibt, nicht sicher. Hegels Bestreben, auch noch die geringsten und letzten Momente von Natur und 'unmittelbarer' Sinnlichkeit in die Logik des Geistes einzuschreiben, zeugt von der Angst, daß die Geistbeschwörung im Naturzusammenhang letztlich doch mißlingen könnte und der Geist auf naturhaft Residuales stoßen könnte, das seinen Reduktionsversuchen Widerstand leistet. Die Selbsterlösung des Geistes, seine Selbstbefriedigung, kann also nicht schon endgültig im Rahmen der Formation Kunst geleistet werden, weil der auf Anschauung im Kunstobjekt angewiesenen Kunst notwendig ein materiell-sinnliches Moment eignet, dessen Tilgung die Kunst selbst liquidieren würde.[39] Die moderne Kunst dieses Jahrhunderts ist zum Teil, insbesondere in der Malerei und der bildenden Kunst, sehr nahe an solche Selbstliquidierung herangekommen. Bei Hegel findet im Kunstwerk nicht mehr die noch von seinen Vorläufern beschworene

---

38 "Andererseits erhebt er sich (der Mensch, Anm. d. Verf.) zu ewigen Ideen, zu einem Reiche des Gedankens und der Freiheit, gibt sich als Wille allgemeine Gesetze und Bestimmungen, entkleidet die Welt von ihrer belebten blühenden Wirklichkeit und löst sie zu Abstraktionen auf, indem der Geist sein Recht und seine Würde nun allein in der Rechtlosigkeit und Mißhandlung der Natur behauptet, der er die Not und Gewalt heimgibt, welche er von ihr erfahren hat." (13/81)

39 "Die klassische Kunstform nämlich hat das Höchste erreicht, was die Versinnlichung der Kunst zu leisten vermag, und wenn an ihr etwas mangelhaft ist, so ist es nur die Kunst selber und die Beschränktheit der Kunstsphäre. Diese Beschränktheit ist darin zu setzen, daß die Kunst überhaupt das seinem Begriff nach unendliche konkrete Allgemeine, den Geist, in *sinnlich* konkreter Form zum Gegenstand macht und im Klassischen die vollendete Ineinsbildung des geistigen und des sinnlichen Daseins als *Entsprechen* beider hinstellt." (13/111)

Versöhnung von Geist und Natur statt, sondern eher eine Transsubstantiation des Sinnlichen im Geist. Hegel selbst spricht in diesem Zusammenhang von der Verwandlung des "Sinnlichen" in "Sinniges". (12/291) Wie dem König Midas, dem alles unter der Hand zu Gold wurde, so wird dem Künstler die gesamte sinnliche Welt zu einem Reich des Geistes, d.h. zu einer Welt des Sinns und der Bedeutung.[40] Perfekt ist der Schein der Kunst, den

---

[40] Diese Repräsentationsfunktion kann die Kunst nur auf der Folie des apriorischen Vorurteils leisten, daß die Welt eine nach den Gesetzen der Vernunft geordnete und organisierte sinnhafte Totalität ist. Schwindet auf Grund von individueller und gesellschaftlicher Erfahrung der Glaube an die der Welt und der Geschichte innewohnende Vernunft, kommt die Kunst in die Krise. Sie verliert den Charakter der Allgemeingültigkeit, der ja bedingt war durch den Glauben an ein sinnhaftes Weltganzes. Sie hat dann nicht mehr die Funktion, einen angenommenen Sinn präsent zu machen, sondern die Sinnhaftigkeit der Welt erst zu beschwören, d.h. sie wird offen magisch und ist, konfrontiert mit einer ihre Sinnstiftung permanent dementierenden gesellschaftlichen Wirklichkeit, immer in der Gefahr, dem Ideologieverdacht zu verfallen. Dies gilt vor allem für die neuzeitliche Kunst und Ästhetik, die auf der Folie der prekären neuzeitlichen Vernunftkonzeption, deren gesellschaftliche und politische Realisierung ausblieb, ihre Sinnkonstitutionen leisten mußten. Die Kunst und die ästhetischen Entwürfe der sog. 'Kunstperiode' sind daher außerordentlich krisenanfällig, was ihre Glaubwürdigkeit anbetrifft. Soweit sie gesellschaftliche Sinndefizite durch die Erzeugung sinnkonsistenter aber imaginärer Realitäten zu kompensieren trachten, sind sie auf die gesellschaftliche Realisierung solcher Projektionen und Entwürfe in der Realität angewiesen. Bleibt die Realisierung aus, verliert Kunst die erstrebte allgemeine Verbindlichkeit. Von daher rührt die permanente Krisensituation der Kunst der 'Moderne'. Hegel hat diese Schwierigkeiten der Kunst gesehen und ihre Krisenanfälligkeit durchaus richtig mit der prekären Vernunftkonzeption der Aufklärung in Zusammenhang gebracht. Deshalb bemühte er sich, statt aussichtslos am Symptom herumzukurieren, um die Festigung der modernen Vernunftkonzeption, indem er sie konsequent in sein Geistsystem transformierte. Er wollte die sichere und sichernde Basis wiedergewinnen, auf der einst die Kunst ihre einende Kraft entfalten konnte. Ist aber die apriorische Annahme, daß Welt und Geschichte vernünftige und sinnhafte Totalitäten sind, in einer zur Wissenschaft avancierten Philosophie explizit bewiesen, dann ist Repräsentation durch die Kunst nicht mehr

Hegel als das sinnliche Scheinen der Idee qualifiziert hat, wenn das Kunstwerk als durchkomponiertes Sinnkontinuum gestaltet ist, d.h., wenn kein Asignifikantes mehr die allmächtige Alleinherrschaft des Geistes dementiert.[41] Die endgültige und dauerhafte Heilung des zerrissenen Bewußtseins mißlingt in der Kunst in dem Maße, in dem der Kunstgeist expansiv perenniert und die ganze Welt kunstfähig wird. d.h. in dem Maße, in dem prinzipiell alles Gegenstand des künstlerischen Bemühens werden kann, wie dies nach Hegel in der Moderne der Fall ist. Die moderne Kunst, die ihren Materialzuwachs der immer perfekteren Beherrschung und Ausbeutung der Natur, also der zunehmenden Produktion zweiter Natur verdankt, verliert in dem Maße ihre Heilsfunktion für das Bewußtsein, in dem sie, bedingt durch die geschichtliche Entwicklung, auf eine zunehmend entsinnlichte Welt trifft, die, wie Hegel bemerkt, von Gesetz und Recht, also kodifizierter Allgemeinheit, bestimmt wird.[42] Die abstrakte gesellschaftliche Wirklichkeit einer vom universellen Tausch

---

notwendig. Erst wenn diese Sicherung durch Philosophie selbst wiederum unglaubwürdig wird, gewinnt die Kunst wieder neu an Bedeutung, insofern ihre magische Fähigkeit, die aber zugleich ihre Krisenanfälligkeit bedingt, wieder begehrt ist. Die avantgardistische Kunst des 20. Jhds. ist bemüht, aus diesem verhängnisvollen Zusammenhang herauszukommen, indem sie jede Überdetermination durch eine irgendwie geartete Vernunftteleologie von sich weist und abwehrt. Der Preis, den sie dafür zu zahlen hat, besteht darin, daß sie in die Unverbindlichkeit und Beliebigkeit idiosynkratischer Inszenierungen abzurutschen droht.

41 Die wird deutlich in Hegels Äußerungen über die inhaltliche Gestaltung des Dramas und des Gemäldes: "Was nun aber von all diesem nicht unmittelbar mit jener bestimmten Handlung als dem eigentlichen Inhalt im Verhältnis steht, soll ausgeschlossen sein, so daß in bezug auf ihn nichts bedeutungslos bleibe ... Nach der Bestimmung der Charakteristischen aber soll nur dasjenige mit in das Kunstwerk eintreten, was zur Erscheinung und wesentlich zum Ausdruck gerade nur dieses Inhalts gehört; denn nichts soll sich als müßig und überflüssig zeigen." (13/34f.)

42 "Die Reflexionsbildung unseres heutigen Lebens macht es uns, sowohl in Beziehung auf den Willen, als auch auf das Urteil, zum Bedürfnis, allgemeine Gesichtspunkte festzuhalten und danach das Besondere so zu regeln, daß allgemeine Formen, Gesetze, Pflichten, Rechte und Maximen als Bestimmungsgründe gelten und das hauptsächlich Regierende sind. (13/24f.)

und von wildwüchsiger Akkumulation und Produktion beseelten Gesellschaft enthält keine Sinnlichkeit mehr, die von der *Kunst* als sinnhafte geistige Totalität repräsentiert werden könnte. Die faktisch möglich gewordene beinahe vollständige Beherrschung der Natur durch die modernen Naturwissenschaften macht die Bannung der Natur durch die Kunst zunehmend überflüssig. Aber mehr noch kann sich der Geist in einer so gearteten gesellschaftlichen Wirklichkeit nicht mehr im Medium der sinnlichen Anschauung begreifen, sondern nur noch in der abstrakteren, den abstrakten Verhältnissen der modernen Gesellschaft entsprechenden Weise des Begriffs. Die moderne bürgerliche Gesellschaft kann in ihren ganzen komplexen Zusammenhängen nicht mehr sinnlich im Kunstwerk als das vernünftige Tun des Geistes gerechtfertigt werden. Hegel, der diese Unmöglichkeit deutlich gesehen hat, schreibt die Not der Kunst nun in die Teleologie des absoluten Geistes ein und bemerkt lapidar: "Was wir als Gegenstand durch die Kunst oder das Denken so vollständig vor unserem sinnlichen oder geistigen Auge haben, daß der Gehalt erschöpft und alles heraus ist und nichts Dunkeles und Innerliches mehr übrig bleibt, daran verschwindet das absolute Interesse. Denn Interesse findet nur bei frischer Tätigkeit statt. Der Geist arbeitet sich nur solange in den Gegenständen herum, solange noch ein Geheimes, Nichtoffenbares darin ist." (14/234) In der bürgerlichen Gesellschaft, in der die individuelle Freiheit des Einzelnen nichts mehr mit der von Hegel so sehr gefeierten Freiheit der griechischen Heroen zu tun hat, weil das Individuum sich den Zwängen des Allgemeinen, dem Staat, dem Recht usw., zu beugen hat, kann Kunst dann gleichsam zu spielerischen kompensatorischen Praxis für die seit dem klassischen Altertum verlorengegangene individuelle Möglichkeit der Welt- und Gesellschaftsgestaltung werden.[43] Dieser Schluß gewinnt eine gewisse Plausibilität, wenn

---

[43] "Kein Inhalt, keine Form ist mehr unmittelbar mit der Innigkeit, mit der *Natur*, dem bewußtlosen substantiellen Wesen des Künstlers identisch; jeder Stoff darf ihm gleichgültig sein, wenn er nur dem formellen Gesetz, überhaupt schön und einer künstlerischen Behandlung fähig zu sein, nicht widerspricht.

man an Hegels Rechtfertigung der bürgerlichen Gesellschaft in
der 'Philosophie des Rechts' denkt. In Hegels gerechtfertigtem
Staatswesen gibt es für den Einzelnen nichts wesentlich Konstitutives mehr zu verrichten, weil ein voll ausgebildeter institutioneller Staatsapparat das Funktionieren des gesellschaftlichen
Ganzen auch unabhängig von den Handlungen eines Individuums
garantiert. In einem derartigen Gesellschaftszusammenhang kann
die Kunst nur die Rolle eines diesen Zusammenhang affirmierenden Organs oder die einer spielerischen Beschäftigungstherapie
für die übernehmen, die auf der verlorengegangenen tätigen
Individualität beharren.[44] Angesichts von Hegels These über

> Es gibt heutigentags keinen Stoff, der an und für sich über
> der Relativität stände und wenn er auch darüber erhaben ist,
> so ist doch wenigstens kein absolutes Bedürfnis vorhanden,
> daß er von der Kunst zur Darstellung gebracht werde. (14/235)

44 "In jüngster Zeit hat Jakob Taubes die kompensatorische Spielfunktion der Kunst mit der These vom Ende der Geschichte zusammengebracht. "Nicht vom Ende der Kunst, sondern vom Ende der Geschichte ist auszugehen. Wenn das Ende der Geschichte virtuell wenigstens begreifbar wird, dann kommt der Kunst eine neue Aufgabe zu: zu tun als ob noch gehandelt würde. Geschichte als Menschwerdung der Natur und des Menschen (der Natur auch im Menschen), die sich als Negation: Kampf gegen die Übermacht der Natur und gegen die Ausbeutung des Menschen durch den Menschen vollzieht, ist im Prinzip beendet."(für ihn mit der französischen Revolution - Anm. d. Verf.) Jakob Taubes, in Poetik und Hermeneutik III, Die nicht mehr schönen Künste, hrsg. von Hans Robert Jauß, München 1968, S.660. Obwohl ich Taubes These von der prinzipiellen Vollendung der Geschichte durch die französische Revolution nicht teile - Geschichte ist meiner Meinung nach nicht mit bürgerlicher Geschichte ineins zu setzen -, ist für den, der von ähnlichen Voraussetzungen wie Taubes ausgeht, seine Schlußfolgerung durchaus korrekt. Hegel ist zu ähnlichen Schlußfolgerungen gekommen, weil auch er ein Ende der Geschichte, allerdings mit Berufung auf den in der Philosophie zu sich selbst gekommenen Weltgeist, konstatiert. Ich allerdings glaube, daß hier ein Phänomen zwar richtig beschrieben, aber falsch begründet wird. Die kompensatorische Spielfunktion der Kunst steht eher in der Dimension einer gesellschaftlich inszenierten Ablenkung von dem Ausbleiben der, von vielen Intellektuellen kaum noch erhofften, Veränderung der gesellschaftlichen Wirklichkeit. Kunst wird zum Freiraum für die imaginäre und individuelle Erfüllung der Bedürfnisse, die dem Einzelnen im gesellschaftlichen Feld versagt werden. Sie begünstigt die fatale Identifizierung imaginärer künstlerischer Praxis mit gesellschaftsverändernder Praxis.

die Vollendung der Geschichte im zu sich selbst gekommenen Weltgeist wird auch verständlich, warum Hegel vom "Ende der romantischen Kunstform" (14/231) spricht, ohne damit nur das Ende der Kunst von der Seite ihrer höchsten Bestimmung im Visier zu haben. Was Hegel meint, geht tiefer. Das Ende betrifft *die* Formation Kunst, deren Gegenstand das *Göttliche* an und für sich war. Die Kunst, die auch in der Moderne noch weiterlebt, hat einen anderen Gegenstand, als die Kunstformen, die Hegel als symbolisch, klasisch und romantisch beschrieben hat. Während in diesen Kunstformen das *Göttliche* Gegenstand war, hat die moderne Kunst den '*Humanus*' zu ihrem Gegenstand.[45] Hegel ist der Ansicht, daß die Kunst in der bürgerlichen Gesellschaft ihre Bestimmung, wie Religion und Philosophie Gottesdienst zu sein, verloren hat. Der Held der bürgerlichen Kunst taugt nicht mehr zur Repräsentation des Göttlichen, wie noch der griechische Heroe, weil in einem durchgängig konstituierten Zusammenhang die tätige Erzeugung allgemeinverbindlicher Normen und Gesetze durch ausgezeichnete Individuen unmöglich geworden ist. Die Erzeugung

---

45 "Auch in dieser letzten Kunstform (der Romantischen, Anm. d. Verf.) war, wie in der früheren, das Göttliche an und für sich Gegenstand der Kunst. Das Göttliche nun aber hatte sich zu objektivieren, zu bestimmen und damit aus sich zum weltlichen Gehalt der Subjektivität fortzugehen. Zunächst lag das Unendliche der Persönlichkeit in der Ehre, Liebe, Treue, dann in der besonderen Individualität, in dem bestimmten Charakter, der sich mit dem besonderen Gehalt des menschlichen Daseins zusammenschloß. Das Verwachsensein mit solcher spezifischen Beschränktheit des Inhalts endlich hob der Humor, der alle Bestimmtheit wankend zu machen und zu lösen wußte, wieder auf und ließ die Kunst über sich selbst hinausgehen. In diesem Hinausgehen jedoch der Kunst über sich selber ist sie ebenso sehr ein Zurückgehen des Menschen in sich selbst, ein Hinabsteigen in seine eigene Brust, wodurch die Kunst alle feste Beschränkung, auch einen bestimmten Kreis des Inhalts und der Auffassung von sich selbst abstreift und zu ihrem neuen Heiligen *den Humanus* macht, die Tiefen und Höhen des menschlichen Gemüts als solchen, das Allgemeinmenschliche in seinen Freuden und Leiden, seinen Bestrebungen, Taten und Schicksalen. Hiermit erhält der Künstler seinen Inhalt an ihm selber und ist der wirklich sich selbst bestimmende, die Unendlichkeit seiner Gefühle und Situationen betrachtende, ersinnende und ausdrückende Menschengeist, dem nichts mehr fremd ist, was in der Menschenbrust lebendig werden kann."(14/237f.)

des Kunstwerks durch den bürgerlichen Künstler kann auch nicht mehr als Reinszenierung solcher Welterzeugung begriffen werden, wie Hegel sie dem klassischen Künstler attestiert. Seine Ausführungen über die griechische Skulptur und das homerische Epos erinnern in Bezug auf diesen Prozeß der Erzeugung nicht zufällig an den Schöpfungsbericht des alten Testamentes[46] und verraten darin die Sehnsucht des modernen Bürgers nach aktiver Gestaltung seiner gesellschaftlichen Wirklichkeit, die ihn in ihrer institutionellen Starrheit eher zu einer rezeptiven und erfüllenden Haltung zwingt. Wenn das Individuum aber die Ordnung bzw. die Idee des Staates als Entäußerung Gottes in der Welt begreift, dann bleibt ihm in der verwalteten Welt nur die affirmative Eingliederung ins Staatsgefüge.[47] Die Sehnsucht nach selbständiger Individualität, die auch wesentlicher Bestandteil der Ideologie vom geistig und vor allem politisch autonomen bürgerlichen Subjekt war, wird von Hegel als Ausdruck eines historisch überholten, aber damit keineswegs befriedig-

---

46 "Und besonders hat sich die Bewunderung (für die griechische Skulptur - Anm. d. Verf.) zu der größten Höhe durch die freie Lebendigkeit gesteigert, durch die gänzliche Überwindung und Durchdringung des Natürlichen und Materiellen, in welcher hier der Künstler den Marmor erweicht, belebt und mit einer Seele begabt hat." (14/379)

47 "Bei der Freiheit muß man nicht von der Einzelheit, vom einzelnen Selbstbewußtsein ausgehen, sondern nur vom Wesen des Selbstbewußtseins, denn der Mensch mag es wissen oder nicht, dies Wesen realisiert sich als selbständige Gewalt, in der die einzelnen Individuen nur Momente sind: es ist der Gang Gottes in die Welt, daß der Staat ist, sein Grund ist die Gewalt der sich als Wille verwirklichenden Vernunft. Bei der Idee des Staates muß man nicht besondere Staaten vor Augen haben, nicht besondere Institutionen, man muß vielmehr die Idee, diesen wirklichen Gott, für sich betrachten. Jeder Staat, mag man ihn auch nach den Grundsätzen, die man hat, für schlecht erklären, mag diese oder jene Mangelhaftigkeit daran erkennen, hat immer wenn er namentlich zu den ausgebildeten unserer Zeit gehört, die wesentlichen Momente seiner Existenz in sich. Weil es aber leichter ist, Mängel aufzufinden, als das Affirmative zu begreifen, verfällt man leicht in den Fehler, über einzelne Seiten den inwendigen Organismus des Staates selbst zu vergessen. Der Staat ist kein Kunstwerk, er steht in der Welt, somit in der Sphäre der Willkür, des Zufalls und des Irrtums." (7/403 f. Zusatz zu § 258)

ten oder gar beseitigten Bedürfnisses[48] rückwärts in *das* Zeitalter eingebildet, in dem für ihn die Heilung des zerrisenen Bewußtseins noch über die Kunst laufen konnte. Mit Recht ist angemerkt worden, daß der griechische Heroe verblüffende Ähnlichkeit mit der bürgerlichen Erfindung des allein auf sich gestellten tätigen Individuums hat, das alles nur seinen eigenen Tätigkeiten verdankt. Der von Hegel gefeierte Heros erscheint "als ein idealisierter Bürger, der die Welt für sich, seinen Selbstgenuß in Besitz nimmt, und sich dabei den Anschein der Durchführung höherer geistiger Interessen gibt."[49] Wenn man Hegels Ausführungen zum Verhältnis des griechischen Heroenzeitalters zur prosaischen Wirklichkeit der bürgerlichen Gesellschaft liest, dann erscheint diese Sehnsucht des Bürgers nach individueller Miterzeugung der Welt, in der er zu leben gezwungen ist, auf einer 'phylogenetisch infantilen' Stufe des Bewußtseins situiert zu sein, 'infantil' gegenüber der zwar tristen und emotional unbefriedigenden, aber gleichwohl auf der Höhe der Wissenschaft befindlichen Situation des Bewußtseins in der bürgerlichen Gesellschaft. Hegel betont nicht umsonst immer wieder die Jugendfrische des Geistes, die der griechischen Welt eignet (12/275) oder spricht von der Antike als dem "Jünglings-

---

[48] "Das Interesse nun aber und Bedürfnis solch einer wirklichen individuellen Totalität und lebendigen Selbständigkeit (die im Zeitalter der Griechen ist hier gemeint - Anm. d. Verf.) wird und kann uns nie verlassen, wir mögen die Wesentlichkeit und die Entwicklung der Zustände in dem ausgebildeten bürgerlichen und politischen Leben als noch so ersprießlich und vernünftig anerkennen." (13/255)

[49] Vgl. Werner Koepsel, Die Rezeption der Hegelschen Ästhetik im 20. Jahrhundert, Bonn 1975, S.204. Leider ganz dem Jargon Th. W. Adornos verpflichtet, gelingt es Koepsel zwar, die Bruchstellen in Hegels Ästhetik und die ihr innewohnende Gewaltsamkeit aufzuzeigen, aber er nimmt seiner Kritik selbst den Stachel, indem er auf der anderen Seite Hegel eine *kritische* Wahrhaftigkeit gegenüber den destruktiven Momenten der bürgerlichen Gesellschaft attestiert. Ich halte diese Interpretation Hegelscher Denkintentionen für unzutreffend, weil sie die Hegelschen Kategorien und Bestimmungen mit einer in der Lektüre von Marx und seinen Nachfolgern gewonnenen Bedeutung auflädt. Zunächst habe ich eine andere Vorstellung von kritischer Wahrhaftigkeit.

alter der Weltgeschichte". (12/137) Obwohl Hegel diese Zeit für endgültig vergangen hält, orientiert er an dem imaginierten Bild der heilen und harmonischen griechischen Gesellschaft und an der diese Harmonie repräsentierenden Kunst weitgehend sein Urteil über die moderne. Obgleich er diese nicht mehr im Dienst der Befriedigung des höchsten Bedürfnisses des Menschen sieht, erachtet er auch für sich die Darstellung der Harmonie, die wenn auch beschränkte Repräsentation einer sinnhaft geordneten Welt, als verbindlich.[50] Wie sehr Hegel an dieser Harmonievorstellung hängt, zeigt sich überaus deutlich in seiner begeisterten Darstellung der griechischen Kunst und Gesellschaft, die im Blick auf die realen und geschichtlichen und gesellschaftlichen Verhältnisse des damaligen Griechenlands selbst eine poetisch-ästhetische Dimension gewinnt.[51] Angesichts solcher Verlagerung des Ästhetischen von der Kunst auf die Theorie der Kunst meine ich, daß es durchaus zulässig sei, im Falle Hegels von der Wiederkehr des Verdrängten zu reden.[52] Die Wiederkehr ästhetischer Strukturen in der Ästhetik verweist auf die Brüchigkeit der in der Philosophie des Geistes 'endgülti-

---

[50] "Das Böse jedoch ist im Allgemeinen in sich kahl und gehaltlos, weil aus demselben nichts als selber nur Negatives, Zerstörung und Unglück herauskommt, während uns die echte Kunst den Anblick einer Harmonie in sich darbieten soll ... Vorzüglich jedoch ist in neuester Zeit die innere haltlose Zerrissenheit, welche alle widrigsten Dissonanzen durchgeht, Mode geworden und hat einen Humor der Abscheulichkeit und eine Fratzenhaftigkeit der Ironie zuwege gebracht, in der sich E.T.A. Hoffmann z.B. wohlgefiel." (13/289)

[51] Auf den Zusammenhang von Entästhetisierung der Kunst und der draus möglicherweise resultierenden Ästhetisierung ihrer Theorie hat Odo Marquard hingewiesen. Odo Marquard, Zur Bedeutung der Theorie des Unbewußten für eine Theorie der nicht mehr schönen Kunst. In: Poetik und Hermeneutik III, Die nicht mehr schönen Künste, hrsg. H.R. Jauß, München 1968.

[52] Ganz offen und bewußt betreibt Adorno in seiner Ästhetik angesichts der von ihm gesehenen essentiellen Unvernünftigkeit der Geschichte eine Freilegung der verdrängten Heilsfähigkeit der Kunst, indem er sie zum einzigen Ort einer nur noch schemenhaft aufscheinenden, weil kategorial nicht mehr erfassbaren, Wahrheit macht. Th.W. Adorno, Ästhetische Theorie, Ges. Schriften, Bd.7, hrsg. v. Rolf Tiedemann und Gretel Adorno, Frankfurt 1970.

gen' Heilung des Bewußtseins. Die im historischen Prozeß nicht
untergegangene Sehnsucht nach Versinnlichung solcher Heilung
muß Hegel um der von ihm beschworenen endgültigen Ichsicherung
in der Philosophie willen in die wehmütige Erinnerung eines
früheren historischen Zeitabschnittes der Weltgeschichte kleiden. Um den sittlich-gesellschaftlichen Zusammenhang der bürgerlichen Welt, aller gegenläufigen sinnlichen Wahrnehmung zum
Trotz, als Entäußerung des absoluten Geistes und darin als vernünftig rechtfertigen zu können, darf Hegel keine ästhetisch-utopischen Bilder einer sinnhaften Gegenwirklichkeit als mögliche Wahrheit der Neuzeit zulassen. Er muß also das auch noch
in der bürgerlichen Gesellschaft vorhandene Bedürfnis nach sinnlicher Verkörperung der von ihm beschworenen endgültigen Bewußtseinsheilung als anachronistische Sehnsucht eines Bewußtseins abqualifizieren, das hinter den bereits erreichten Stand
des Geistes zurückfällt. Die von ihm behauptete Heilung des Bewußtseins in der Philosophie würde fragwürdig, wenn die Kunst
als gleichberechtigte Alternative zur Philosophie erschiene,
weil der von ihm in der Philosophie erfolgreich zugeschüttete Widerspruch von Vernunft (Geist) und bürgerlicher Wirklichkeit in der auf Sinnlichkeit angewiesenen Kunst unverhüllt neu
aufbrechen würde und so der Rückfall in die von Hegel so
heftig bekämpfte, weil die endgültige Versöhnung verwehrende,
Kantische 'Sollensproblematik' drohte. Hegel verbirgt seine
Trauer über die Abstraktheit einer ästhetisch nicht mehr zu
rechtfertigenden Wirklichkeit unter dem souveränen Habitus
desjenigen, der in der Identifikation mit dem sich realisierenden Absoluten die ästhetische Bedürfnisstruktur als vom
Geist überwunden begreift und sie nun in der zur Wissenschaft
avancierten Philosophie als eine frühere, aber noch unzureichende Form der Bedürfnisbefriedigung des Geistes erinnert. So bewahrt er sein eigenes Heilsangebot vor der Irritation durch das
Scheitern der Heilsformen Kunst und Religion. Das Mißlingen
seines Heilsangebotes würde ihn in die Verzweiflung zurückstoßen, der er philosophierend entkommen wollte. Das breite
Interesse der Intellektuellen für Kunst und Kunsttheorie gerade

in unserem Jahrhundert zeigt, daß Hegel das Begehren nach sinnlicher Verkörperung sinnhafter Seinskonzeptionen unterschätzt hat, und daß es mit zunehmender Entsinnlichung der konkreten gesellschaftliche Wirklichkeit eher wächst als schwindet. Angesichts der gegenwärtigen Hochkonjunktur von Kunst und Ästhetik scheint es mir daher notwendig, im folgenden die Bedeutung der Hegelschen Ästhetik für die Kunst der Moderne und die Theoriebildung über sie zu untersuchen.

3.4 Hegels Ästhetik und die Kunst der Moderne

In Anbetracht des wieder zunehmenden Trends in den Reihen der akademischen Philosophie, auch durch die gesellschaftliche und historische Entwicklung überholte Theorieansätze durch Streichung wesentlicher Bestandteile zu reaktualisieren,[53] scheint es mir notwendig, die Zuständigkeit der Ästhetik Hegels auch für die Kunst der Moderne zu untersuchen. Ich möchte es allerdings vermeiden, seine Ästhetik einem wesentlich durch Reduktion gekennzeichneten Verfahren der Reaktualisierung um jeden Preis zu unterwerfen, schon weil ich ein solches Verfahren für illegitim halte. Solcher Textakrobatik ist zu mißtrauen, weil durch Streichung gerade der zeitbedingten, apokryphen und nicht selten auch die Grenzen des jeweiligen Autors zeigenden Textedie synthetischen Bilder eines Kant, Schelling, Hegel und anderer in den Köpfen weiter Teile der akademischen Philosophen entstanden sind.[54] Ein großer Teil der Arbeiten zu Hegels

---

[53] Ein krasses Beispiel solcher Reduktion scheint mir die von Dieter Henrich vorgenommene Reaktualisierung Hegels für die moderne Kunst zu sein. Vgl. D. Henrich, Kunst und Kunstphilosophie der Gegenwart, in: Poetik und Hermeneutik II, Immanente Ästhetik - ästhetische Reflexion, München 1966, S.11-32. Hegels These vom partialen Charakter der modernen Kunst wird bewußt völlig anders interpretiert, als er sie verstanden wissen wollte, und zwar so, daß eine Anknüpfung an Hegels Ästhetik in Bezug auf die moderne Kunst möglich wird. Wenn Henrich unverzichtbare Momente der Hegelschen Theorie einfach streicht, fragt man sich, wofür er Hegel überhaupt braucht. Müssen eigene Vorstellung und Einfälle in Deutschland immer durch große Vorfahren abgesichert und geschützt werden? Oder trauen gegenwärtige Philosophen ihren Theorien so wenig Überzeugungskraft zu, daß diese durch die Größe der Ahnen erst produziert werden muß?

[54] Das Elend der deutschen Philosophiegeschichtsschreibung hat nicht zuletzt seinen Grund in den Bestrebungen, große Geister und Philosophen in Reinkultur durch Streichung der peinlichen Teile der jeweiligen Philosophie erst synthetisch zu erzeugen. Welcher Philosophiestudent lernt im Seminar z.B. die von ethnozentrischen Vorurteilen bestimmte und aus einer die Skurilität vieler Äußerungen erklärenden Erfahrungslosigkeit geschriebenen "Physische Geographie" kennen (I. Kant, Akademie - Textausgabe Bd.IX, Berlin 1968) oder etwa Hegels perfide Beschreibung von der Ausrottung der Indianer (12/107-111), um nur zwei kleine Beispiele an dieser Stelle zu nennen. Ausge-

Ästhetik setzt bei seiner Rede vom 'Ende der Kunst' an - meist in der Absicht, diese These zu relativieren, wie ich es oben beschrieben habe. Das Merkwürdige an solchen auch durchaus kritischen Interpretationen besteht darin, daß der Kern der Hegelschen Ästhetik, seine Bedürfnisanalyse, wenn überhaupt, dann nur am Rande und meist zustimmend, erwähnt wird. Hegels Rede vom Ende der Kunst scheint mir von seiner Geistkonzeption her völlig einsichtig. Soweit sich Kritik an ihr entzündet, müßte sie bei Hegels Analyse des der Kunst zugrundeliegenden Bedürfnisses und insbesondere der verschiedenen Befriedigungsformen dieses Bedürfnisses ansetzen, weil dieser Komplex die Basis für seine These vom Ende der Kunst ist. Soweit Hegel die Kunst aus dem Bedürfnis des Menschen nach Sinn und Bedeutung der Wirklichkeit ableitet, kann man dem zustimmen, ebenso dem, daß dies der Kunst zugrundeliegende Bedürfnis gesellschaftlich und historisch bedingter Veränderung unterliegt. Die Erklärung und Begründung der Veränderung der Bedürfnisstruktur in ihrer Affirmation des sich realisierenden Weltgeistes kann weder für die traditionelle noch für die moderne Kunst Geltung beanspru-

> rechnet die Interpreten, die immer wieder akribisch zu zeigen versuchen, daß ein Autor wie Hegel ein so waches Auge für gesellschaftliche und historische Prozesse gehabt habe, unterschlagen bereitwillig all die Stellen, wo sich seine Blindheit und seine Bewußtlosigkeit gegenüber solchen Prozessen zeigt. Sie tun dies nicht selten mit dem Argument, daß derartige Äußerungen in ihrem historischen und gesellschaftlichen Zusammenhang gesehen werden müßten, als ob nicht solche Werke wie Hegels 'Phänomenologie' und Kants 'Kritik der reinen Vernunft' in gleicher Weise gesellschaftlich und historisch vermittelt seien. Gerade aber die apokryphen Texte eines Autors sagen zum Teil mehr über die Geschichte des neuzeitlichen Bewußtseins aus als die großen, schon tausendfach interpretierten Texte, und sie taugen auch ausgezeichnet zur Relativierung der Vorstellung von der Philosophie als einer Disziplin der großen Denkgenies. In unseren Universitäten, in denen die Dignität der Philosophie Semester für Semester erneut inszeniert und zelebriert wird, ist es nicht leicht, einen Beitrag zur Entmythisierung großer Autoren zu leisten, ohne heftigsten und keinesfalls immer sachorientierten Angriffen ausgesetzt zu sein. Von daher wäre es einmal interessant und aufschlußreich, eine Geschichte der verfemten Teile der Philosophie zu schreiben, die ein wichtiger Beitrag zur Entmystifizierung des philosophischen Denkens wäre.

chen. Ist aber Kritik daran berechtigt, dann trifft die den
Nerv der Hegelschen Ästhetik, weil er darin die Wahrheit der
Kunst festmacht. Ihre Abhängigkeit von der Geistphilosophie bedingt, daß sie in dem Maße als Theorie der Kunst ihre Aussagekraft verliert, in dem die sie bedingende Geistkonzeption nicht
mehr trägt. Insofern Hegel, wie auch auf marxistischer Seite
später sein Apologet Lukács, der Kunst die Fähigkeit unterstellt,
durch Bearbeitung der Realität deren in der unmittelbaren Anschauung nicht aufscheinende Wahrheit zum Scheinen zu bringen,
nutzt er den magischen Charakter von Kunst (ihre Fähigkeit nämlich, Realitäten zu erfinden) als Verifikation für die von ihm
beschworene Geistrealität, die sich hinter der Alltagsrealität
verbergen soll. Indem Hegel das Imaginäre der Kunst[55] nicht
nur als Entwurf von Möglichkeit, sondern als Freisetzung der
substantiellen Wahrheit der chaotischen und keineswegs sinnkonsistenten Realität begreift, tilgt er die für die Kunst konstitutive Differenz von gesellschaftlicher Wirklichkeit und (abstrakter oder konkreter) Möglichkeit. Im Rahmen seiner Geistkonzeption ist die gesellschaftliche Realität das Imaginäre[56],
und das Imaginäre der Kunst wird zur Erscheinung der absoluten
Wahrheit der Idee. Sowenig die konkrete gesellschaftliche Wirklichkeit in ihrer Unmittelbarkeit als Ort der Wahrheit begrif-

---

[55] Den Begriff des Imaginären, den ich an dieser Stelle benutze, habe ich von Sartre übernommen. Vgl. Jean-Paul Sartre, Das Imaginäre, Hamburg 1971.

[56] Eine moderne Version des Hegelschen Begriffs von der alltäglichen Wirklichkeit als dem Imaginären stellt der auf eine versprachlichte Realität bezogene Begriff des Imaginären in der psychoanalytischen Theorie Lacans dar. Nach ihm verbleibt unser Sprechen in der Alltäglichkeit ausschließlich im Bereich des Imaginären, marxistisch gesprochen, im Bereich der Ideologie. Zur 'parole pleine', zu wahren Rede, zur Sprache des Unbewußten, kann nach Lacan nur die Psychoanalyse führen, die allerdings bei ihm, wegen der im Gegensatz zu Hegel prinzipiellen Unerreichbarkeit der vollen Wahrheit im endlichen Dasein, unendlich sein muß. In der Theorie Lacans, nach der prinzipiell jeder eine Analyse machen müßte, zeigt sich deutlich die Affinität derartiger auf der Annahme einer exklusiven Dualität der Realität basierenden Theorien zu therapeutischen Maßnahmen. Vgl. J. Lacan, Ges. Schriften Bd.II. Freiburg 1975.

fen werden kann, so wenig ist die imaginäre Welt, die die Kunst präsentiert, dieser Ort. Wo die gesellschaftliche Realität, wie der Verstand sie begreift, vollständig als die unwahre Form des Absoluten aufgefaßt wird, da erhält auch die schrecklichste Realität den Charakter der Notwendigkeit, denn der absolute Geist kennt keine Kontingenz. In Hegels Begriff vom Staat wird diese gefährliche Implikation - gefährlich, weil sie letztlich den herrschenden gesellschaftlichen Zustand legitimiert - evident, weil ihm der konkrete Staat mit den jeweiligen Formen institutioneller Gewalt und Willkür angesichts der reinen Idee vom Staate nebensächlich wird. Die Fähigkeit der Kunst, das Absolute als die Wahrheit der schlechten Sinnlichkeit zur Erscheinung zu bringen, wird von Hegel zirkulär begründet und darin gegen jeden Einspruch von außen abgesichert. Er bestimmt das in der Kunst zur Erscheinung kommende Absolute zugleich als Bedingung der Kunst. Indem er Kunst auf einen in der Philosophie gewonnenen Wahrheitsbegriff festlegt, attestiert er aller nachklassischen Kunst die Unfähigkeit, die Wahrheit in ihrer Totalität angemessen zur Erscheinung zu bringen. Hegels tiefe Sehnsucht, seinem und anderem Bewußtsein die Möglichkeit zu eröffnen, mit der entzauberten Realität der bürgerlichen Gesellschaft leben zu können, ohne an ihren entfremdenden und zerstörerischen Mechanismen zu verzweifeln, erlaubt es ihm nicht, sie einer Kritik mit der Perspektive ihrer praktischen Veränderung zu unterwerfen, sondern zwingt ihn dazu, sie als *substantiell* vernünftig zu rechtfertigen. Diese Rechtfertigung aber gelingt nur in dem Maße, in dem die vernünftige Substanz der gesellschaftlichen Wirklichkeit als deren Wahrheit dem Bewußtsein zugänglich ist. In der bürgerlichen Gesellschaft aber ist die Kunst nicht mehr in der Lage, die vernünftige Geisttotalität hinter der sinnlichen Oberfläche des Gesellschaftszusammenhangs aufscheinen zu lassen. Soweit sie nicht das bürgerliche Leben ideologisch heroisiert, ist sie Ausdruck des Leidens an den gesellschaftlichen Verhältnissen, die sich auf Grund ihrer Abstraktheit und der Komplexität ihrer Darstellung als sinnhafte Totalität verweigern. Die in ihrer sinnlichen Realität aufgelöste und fragmentierte Wirklichkeit der bürgerlichen Gesellschaft wendet dem geistbeseelenden Künstler gleichsam ihr ungeistiges Antlitz zu, an dessen Anblick die künstlerische Souveränität zerbricht. Die vom Menschen erzeugte zweite Natur, deren Sinnkonsistenz einst die Kunst garantierte, verweigert sich auf Grund ihrer Abstraktheit der sinnlichen Rechtfertigung durch die Kunst. Zwar drückt sich in den avancierten Formen der bürgerlichen Kunst auch die Sehnsucht nach einer harmonischen, vernünftig geordneten Welt aus, aber der Künstler formuliert diese Sehnsucht gegen die herrschende Wirklichkeit nicht selten in einer nicht mehr schönen Kunst. Schönheit ist in der zerstörten Sinnlichkeit der bürgerlichen Gesellschaft nicht einmal mehr durch deren ästhetische Deformation erfahrbar, sondern sie erscheint im nicht mehr schönen Kunstwerk nur in der Differenz zum klassischen Schönheitsideal, als verlorengegangene bzw. erst wiederzugewinnende Möglichkeit, in der Form resignativer Sehnsucht oder utopischer Gegenbildlichkeit. Der bürgerliche Künstler hat, nicht zuletzt bedingt durch den Verlust des christlichen Gottesbegriffs, den Glauben an eine metaphysische Substanz der Welt, die Garant der Wahrheit wäre, verloren und ist angesichts mißlingender Autonomie und Identität des Subjekts in der kapitalistischen bürgerlichen Gesellschaft gezwungen, sich mit virtuellen Bildern einer sinnhaften Welt zu begnügen, die er gegen die herrschende Wirklichkeit erst erfinden muß und deren magische Kraft in dem Maße schwindet, in dem sich die Gesellschaft der Realisierung derartiger Gegenentwürfe verweigert. Die therapeutische Kraft der bürgerlichen Kunst erschöpft sich daher in ihrer Fähigkeit, kurzfristig die Differenz von ersehnter und realer Wirklichkeit für das Bewußtsein aushaltbar zu machen. Der therapeutische Effekt schwindet, wenn die in der Kunst erstellten Gegenbilder zur gesellschaftlichen Realität angesichts deren Resistenz unglaubwürdig werden. So ist der bürgerliche Künstler gezwungen, immer neue Bilder zu erfinden, die vom Rezipienten gierig aufgenommen und verbraucht werden. In dem Maße, in dem die bürgerliche Kunst sich dem progressiv verlaufenden Prozeß von Produktion und Konsumtion des Imaginären verzweifelt unterwarf, leistete sie selbst einen Beitrag zur Entsinnlichung der bürgerlichen Gesellschaft, gegen die sie doch anzukämpfen trachtete. Hegel, der die Lösung all dieser Probleme in der Philosophie des absoluten Geistes gefunden zu haben glaubte, verfehlt die adäquate Analyse und Bestimmung der Kunst der Moderne, weil er auf Grund seiner Geistperspektive die Schwierigkeiten der modernen Kunst angesichts einer zunehmend entsinnlichten gesellschaftlichen Realität nicht als Zeichen der negativen Wahrheit über diese Gesellschaft lesen kann. Die Verzweiflung der modernen Kunst an den gesellschaftlichen Bedingungen und der Verlust einer substantiellen Wahrheit kann von Hegel nicht ernst genommen, d.h. als Ausdruck der Wahrheit der bürgerlichen Gesellschaft begriffen werden, weil er sich im Besitz einer hermetisch formulierten und gegen Einsprüche immunisierten Heilswahrheit glaubt, die das willige Bewußtsein von derartiger Verzweiflung bewahren kann. Von daher kann er dann die verzweifelte Kritik der Kunst an der Gesellschaft im Medium des Häßlichen, Grotesken und Ironischen als ein neu erreichtes Stadium subjektiver Freiheit des modernen Künstlers begreifen, anstatt ihren Einspruch gegen die verlorengegangene Möglichkeit gesellschaftlicher Sinnerfahrung ernst zu nehmen. Das Leiden des modernen Bewußtseins, das sich hinter der Umkehrung der tradierten Kunstintention verbirgt, kann mit der Hegelschen Ästhetik nicht als ein Symptom für das Scheitern der neuzeitlichen Vernunftkonzeption begriffen werden, sondern nur als Ausdruck eines im Verhältnis zum Weltgeist zurückgebliebenen Bewußtseins bestimmt werden, das sich der möglichen Heilung durch Philosophie verweigert.

IV. TH.W. ADORNO: DIE BESCHWÖRUNG DES ÄSTHETISCHEN GEGEN DIE VERNICHTENDE LOGIK DER IDENTITÄT

4.1 Geschichtsphilosophische und gesellschaftstheoretische Voraussetzungen der ästhetischen Theorie Th. W. Adornos

Zentrales Thema der Philosophie Th.W. Adornos ist die auf selbstreflexive Subjektivität gegründete neuzeitliche Rationalität, die seit der Aufklärung den verbindlichen Orientierungsrahmen individueller und gesellschaftlicher Praxis darstellt. Sein kritisches Interesse an der neuzeitlichen Rationalität wird gelenkt von der Frage: Wie ist 150 Jahre nach der Aufklärung, die mit der Erhebung der Vernunft zum Prinzip gesellschaftlichen Denkens und Handelns die Hoffnung auf die Befreiung des Menschen aus seiner Abhängigkeit von der Natur verband, das Phänomen des Faschismus verstehbar? - Oder bezogen auf die große Philosophie: Wie ist nach Kant, Hegel und Marx eine so grauenhafte und menschenverachtende Einrichtung wie Auschwitz möglich gewesen? - Diese Frage ist für Adorno so fundamental, daß hinter ihr alle anderen philosophischen Fragestellungen zurückzustehen haben, weil an ihre Beantwortung die Möglichkeit von Philosophie überhaupt gebunden ist. Für Adorno, der nicht bereit ist, Auschwitz als eine geschichtliche Fehlleistung zu betrachten[1] und wie ein großer Teil der deutschen Nachkriegsphilosophie so weiterzuphilosophieren, als ob nichts geschehen sei, hat der Faschismus die gesamte neuzeitliche Vernunftphilosophie in Frage gestellt; insbesondere aber jenen Typos von Geschichtsphilosophie, der Geschichte als kontinuierlichen Emanzipationsprozeß des Menschen von der Natur begreift und als dessen Telos die politische und gesellschaftliche Freiheit des Individuums behauptet. Weil es für Adorno undenkbar ist, daß die geschichtliche Entwicklung im

---

[1] "Der Gedanke, daß nach diesem Krieg das Leben "normal" weitergehen oder gar die Kultur "wiederaufgebaut" werden könnte - als wäre nicht der Wiederaufbau von Kultur allein schon deren Negation -, ist idiotisch. Millionen Juden sind ermordet worden, und das soll ein Zwischenspiel sein und nicht die Katastrophe selbst." Th. W. Adorno, Minima Moralia, Frankfurt 1971, S.65.

Gefolge der europäischen Aufklärung mit der Spezifik des neuzeitlichen Denkens in keinem oder nur in einem nebensächlichen Zusammenhang steht, reflektiert er die Struktur der modernen Rationalität im Kontext dieser Entwicklung, als deren grauenhafte Wahrheit er den Faschismus begreift. Ihm, der Auschwitz nicht als kontingentes Faktum hinnehmen will[2], ist es unmöglich, Geschichte weiterhin positiv als Fortschrittszusammenhang zu denken. Weil er aber gleichwohl nicht auf die dialektische Totalisierung von Geschichte Verzicht leisten will - solcher Verzicht wäre für Adorno identisch mit der Unterwerfung unter die Macht des schlechten Gegebenen -, entwirft er eine Perspektive auf die Geschichte, die orientiert ist an der modellhaften Vorstellung eines katastrophisch verlaufenden Geschichtsprozesses. der im Faschismus seinen grauenhaften Kulminationspunkt fand. Er begreift Geschichte nicht mehr als Fortschritt zum Besseren,

---

2 "Universalgeschichte ist zu konstruieren und zu leugnen. Die Behauptung eines in der Geschichte sich manifestierenden und sie zusammenfassenden Weltplans zum Besseren wäre nach den Katastrophen und im Angesicht der künftigen zynisch. Nicht aber ist darum die Einheit zu verleugnen, welche die diskontinuierlichen, chaotisch zersplitterten Momente und Phasen der Geschichte zusammenschweißt, die von Naturbeherrschung, fortschreitend in der Herrschaft über Menschen und schließlich die über inwendige Natur. Keine Universalgeschichte führt vom Wilden zur Humanität, sehr wohl eine von der Steinschleuder zur Megabombe. Sie endet in der totalen Drohung der organisierten Menschheit gegen die organisierten Menschen, im Inbegriff von Diskontinuität. Hegel wird dadurch zum Entsetzen verifiziert und auf den Kopf gestellt. Verklärte jener die Totalität geschichtlichen Leidens zur Positivität des sich realisierenden Absoluten, so wäre das Eine und Ganze, das bis heute, mit Atempausen, sich fortwälzt, teleologisch das absolute Leiden. Geschichte ist die Einheit von Kontinuität und Diskontinuität. Die Gesellschaft erhält sich nicht trotz ihres Antagonismus am Leben, sondern durch ihn; Profitinteresse und damit das Klassenverhältnis sind objektiv der Motor des Produktionsvorgangs, an dem das Leben aller hängt und dessen Primat seinen Fluchtpunkt hat im Tod aller. Das impliziert auch das Versöhnende am Unversöhnlichen; weil es allein den Menschen zu leben erlaubt, wäre ohne es nicht einmal die Möglichkeit veränderten Lebens. Was geschichtlich jene Möglichkeit schuf, kann sie ebensowohl zerstören. Zu definieren wäre der Weltgeist, würdiger Gegenstand von Definition, als permanente Katastrophe." Th.W. Adorno, Negative Dialektik, Frankfurt 1975. S.314.

sondern als fortschreitenden Prozeß gewaltsamer Beherrschung der Natur und des Menschen durch den Menschen. Seine These, daß der Faschismus nicht nur ein lokal begrenztes zufälliges Geschichtsereignis gewesen ist, sieht Adorno durch zwei andere Phänomene des 20. Jhds. bestätigt: Durch den Stalinismus, der, sich auf Marx berufend, der Schreckensherrschaft des Faschismus nur wenig nachstand, und durch die nach dem 2. Weltkrieg im Westen stattfindende Restauration des Kapitalismus mit all den Momenten und Bedingungen, die nicht unwesentlich zur Entstehung und Unterstützung des Faschismus beigetragen haben. In seinen mit Horkheimer und anderen unter dem Eindruck des Faschismus in der Emigration durchgeführten "Studien zum autoritären Charakter" hatte er schon zu zeigen versucht, daß der Faschismus kein regionales Phänomen ist, sondern auch in jenen Ländern eine breite Basis hat, die wie die U.S.A. ein demokratisches Gesellschaftssystem besitzen.[3] Überzeugt davon, daß aufklärendes Denken eine unabdingbare Voraussetzung für die Freiheit in einer Gesellschaft ist, geht es Adorno darum, zu verstehen, aus welchen Gründen und unter welchen Bedingungen Aufklärung umschlägt in Mythologie und darin ihre Selbstzerstörung betreibt.[4] Adorno, der mit Horkheimer davon ausgeht, daß "der Begriff eben dieses Denkens, nicht weniger als die konkreten historischen Formen, die Institutionen der Gesellschaft, in die es verflochten ist, schon den Keim zu jenem Rückschritt erhalten, der heute überall sich ereignet",[5] versucht in der Reflexion auf die Geschichte der europäischen Aufklärung das rückschittliche Moment des fortschrittgewissen neuzeitlichen Denkens ins Bewußtsein zu heben. Sein Bestreben geht dahin, die Aufklärung bezüglich ihrer Blindheit sich selbst gegenüber aufzuklären. D.h. für ihn, da weiterzudenken, wo die Aufklärung aus Furcht vor der Wahrheit erstarrt und in Ideologie übergegangen ist.[6] Die Blindheit der Aufklärung gegen sich selbst

---

3 Th. W. Adorno, Studien zum autoritären Charakter, Frankfurt 1973.
4 Vgl. Max Horkheimer, Th. W. Adorno, Dialektik der Aufklärung, Frankfurt 1969. S.3 (im folgenden zur DdA).
5 und 6 Ebenda, S.3

manifestiert sich für Adorno einerseits in ihrem Verhältnis
zum Mythos und andererseits in der radikalen Unterwerfung alles
Natürlichen unter das selbstherrliche Subjekt. Die radikale und
abstrakte Gegnerschaft gegenüber der aufklärerischen Tradition,
wie sie etwa der französische Strukturalismus vertritt, wäre
allerdings für Adorno gleichbedeutend mit der philosophischen
Absegnung der realgesellschaftlich bereits vollzogenen Vernichtung und Auflösung aller Individualität und Subjektivität, die
er kritisierend gleichwohl vor dem völligen Verwinden aus dem
Bewußtsein bewahren will. Adornos Kritik an der neuzeitlichen
Rationalität verbleibt daher auch in der Immanenz dieser Rationalität; nur daß sie, auf ihrer Negativität beharrend, sich der
Versöhnung der aufgedeckten Widersprüche und Antagonismen verweigert. Seine Philosophie oszilliert, gestützt auf wesentliche
Grundlagen des Marxismus und der Psychoanalyse eigenartig zwischen den großen philosophischen Entwürfen Kants und Hegels.
Für Adorno haben Transzendentalphilosophie und Dialektik in
einem solchen Maße die neuzeitliche philosophische Reflexion
bestimmt, daß ein rationalitätskritisches Denken nur in der
Auseinandersetzung mit diesen beiden Positionen seine Kategorien
gewinnen kann. Seine Kritik entzündet sich am Widerspruch zwischen einer technologisch und wissenschaftlich hoch entwickelten Naturbeherrschung und einem hohen Grad an gesellschaftlicher
Unfreiheit und Unmenschlichkeit, wie er für die entwickelten
Industrienationen kennzeichnend ist. Die auf Naturbeherrschung
ausgerichtete Rationalität und Praxis der abendländischen Zivilisation hat nicht die gesellschaftliche Freiheit des Menschen
hervorgebracht, die noch die Aufklärung von ihr erwartet hatte.
Sie hat vielmehr an die Stelle der Abhängigkeit des Menschen von
der ersten Natur die von der zweiten gesetzt. Der Mensch ist
als Subjekt der technologischen und wissenschaftlichen Beherrschung der Natur, d.h. ihrer Objektivierung, selbst zum Objekt
dieser Herrschaft geworden. Die als Aufklärung betriebene Entzauberung der Welt hat die an sie geknüpften geschichtsphilosophischen Hoffnungen und Erwartungen des sich einzig über seine Vernunft definierenden modernen Menschen nicht erfüllt. Sie hat

vielmehr den Herrschaftsbereich, dem der Mensch, auf seine Vernunft setzend, zu entkommen trachtete, auf die Ebene des institutionalisierten gesellschaftlichen Seins transponiert und so an die Stelle des Naturzwanges den ungleich stärkeren der institutionellen Ordnung gesetzt. Auf Grund dieser Erfahrung ist die umstandslose Ineinssetzung von Vernunft und Emanzipation bzw. Fortschritt, wie sie von der Aufklärung geleistet worden ist, obsolet geworden. Angesichts der geschichtlichen und gesellschaftlichen Realität des 20. Jhds. hat sowohl in der Theorie als auch in der Praxis die bloße, legitimationserheischende Berufung auf Vernunft ihre Überzeugungskraft verloren. Jede Setzung der Vernunft als reine Positivität läuft Gefahr, unter Ideologieverdacht gestellt zu werden. In der "Dialektik der Aufklärung" haben Horkheimer und Adorno die geschichtsphilosophische Konsequenz aus dieser Erfahrung gezogen. Als geschichtsphilosophischer Entwurf beansprucht die "Dialektik der Aufklärung", verstehen zu können, wie in der Geschichte eine zweckentleerte technische Rationalität mit ihren grauenhaften Folgen alle anderen Formen der Welterfahrung ihrer gesellschaftlichen Relevanz berauben konnte und selbst zur *herrschenden* Form von Vernunft werden konnte. Geschichtsphilosophie ist im Rahmen der 'Kritischen Theorie' nicht mehr Theorie des geschichtlichen und gesellschaftlichen Fortschritts unter der Herrschaft der Vernunft, sondern rationalitätskritische Genesis des geschichtlich real gewordenen Schreckenszusammenhanges, zu dem Geschichte im 20. Jahrhundert geronnen ist.[7] Die "Dialektik der Aufklärung" versucht diese Genese in der Form einer Anamnese zu leisten. Dieses Verfahren gründet auf der Annahme, daß die aufklärerische Vernunft gegenüber ihrem wahren Wesen blind ist. Vernunft, die von der Aufklärung als selbstreflexives, nicht weiter hinterfragbares Instrument der Kritik begriffen worden ist, ist ihrerseits bezüglich ihres

---

[7] "Seit je hat Aufklärung im umfassendsten Sinn fortschreitenden Denkens das Ziel verfolgt, von den Menschen die Furcht zu nehmen und sie als Herren einzusetzen. Aber die vollends aufgeklärte Erde strahlt im Zeichen triumphalen Unheils." (DdA S.7)

Entstehungszusammenhanges und Entwicklungsverlaufs kritikbedürftig. Die 'kritische Theorie' versucht, diese Kritik zu leisten, verknüpft mit dem Anspruch, darin mehr zu sein als nur Diagnose des elenden Zustandes dieses Zeitalters. Ihrer Intention nach will sie durchaus verändernd in den gegenwärtigen Weltzustand eingreifen. Sie steht aber vor dem Problem, daß solche Kritik sich nicht, wie in der traditionellen philosophischen Reflexion üblich, auf Vernunft als letzte, nicht weiter hinterfragbare Orientierungsinstanz berufen kann. Die Kritik der 'Kritischen Theorie' muß also eine andere Form haben als die der transzendentalen Reflexion, weil die Vernunft in der zirkulären Form der Selbstreflexion ihres blinden Fleckes nicht innewerden kann. Dieser paradox anmutende Anspruch hat der 'Kritischen Theorie' den Ruf eingebracht, die radikale Liquidation der Vernunft zu betreiben und so dem Irrationalismus Raum zu geben.[8] Solche Kritik aber hat, wie ich meine, von der Vernunftsproblematik, der sich die 'Kritische Theorie' zu stellen versucht, nichts begriffen, sondern verbleibt im Bannkreis erfahrungsloser und deshalb inauthentischer Beschwörung der ungebrochenen Macht und Heilkraft der Vernunft. Unbeeindruckt von der gesellschaftlichen Realität gehört die beschwörende Entproblematisierung der Vernunft im akademischen Betrieb zur Tagesordnung.[9] Gleichwohl existiert das Problem, von welchem Standpunkt aus und auf welcher Basis die 'Kritische Theorie', die gegen alle anderslautenden Unterstellungen dem Anspruch von Vernunft die Treue zu halten gedenkt, ihre Kritik an der Rationalität zu leisten vermag. Adornos Rationalitätskritik bezieht sich auf einen gegenüber der Aufklärung erweiterten Begriff von Vernunft, der auch noch die der Vernunft immanente Negativität mitzudenken beansprucht. Das Moment der Negativität, das nach Adorno der Vernunft *notwendig* immanent ist, ist das von Herrschaft. Die Ent-

---

8 Vgl. Günter Rohrmoser, Das Elend der kritischen Theorie, Freiburg 1972. S.30f.
9 Vgl. Günter Patzig, Der Philosoph ist kein Prophet. Was eine oft überforderte Disziplin heute noch leisten kann. In: Frankfurter Allgemeine, Samstag, 26. April 1980, Nr.98.

stehung der Rationalität ist für ihn nur denkbar als herrschaftlicher Zugriff des Menschen auf die Natur.
Die Entwicklung des Menschen gründet für Adorno in einem Gewaltakt gegen die als gewalttätig erfahrene Natur, und er ist der Ansicht, daß das wahre Wesen von Vernunft nur dann in Erscheinung tritt, wenn deren anthropologische und naturgeschichtliche Dimension reflektiert wird. Im Zentrum einer solchen Reflexion auf den Ursprung der Rationalität steht bei Adorno der Begriff der Selbsterhaltung. "Vernunft ist gegenüber dem Zwang zur Selbsterhaltung das Substitut der verlorenen unbewußten Verhaltensregelung durch Instinkte und nichts weiter als der Inbegriff von Verhaltensweisen, die das Leben der Gattung in einer übermächtigen Natur sichern."[10] Rationalität ist also das Mittel eines seiner Instinkte verlustig gegangenen Lebewesens, gegen eine feindliche Natur zu überleben. Als Inbegriff der Subsistenz gehorcht Rationalität dem Gesetz der Identität und der Abstraktion. Nur wenn der Natur ihre bedrohlichen Momente, und d.h. das Inkommensurabele und Unberechenbare, genommen werden können, kann sich der Mensch gegen den lebensbedrohenden Naturzusammenhang behaupten. Berechenbar oder zumindest erklärbar aber wird Natur nur dadurch, daß von allem Zufälligen und Chaotischen in ihr abstrahiert und sie auf das immer wiederkehrende Gleiche reduziert wird. Abstraktion ist die Methode und Identität die Struktur der naturbeherrschenden Ratio im Dienste der Selbsterhaltung des Menschen. Seine Emanzipation von der Natur und der damit verbundene geschichtliche Fortschritt sind auch für Adorno notwendig an die naturbeherrschende Ratio gebunden. Problematisch aber wird diese dann, wenn sie über der Fetischisierung ihres instrumentellen Charakters ihre Zwecke vergißt und in einer zunehmend differenzierten Beherrschung und Ausbeutung der Natur ihren einzigen und letzten Zweck sieht. Vernunft, die ausschließlich durch die Kategorie der

---

[10] Thomas Baumeister, Jens Kulenkampff, Geschichtsphilosophie und philosophische Ästhetik. In: Neue Hefte f. Philosophie 5, hrsg. v. Rüdeger Bubner, Konrad Kramer, Rainer Wiehl, Göttingen 1973, S. 80.

Selbsterhaltung bestimmt ist, ist nicht nur Instrument der Herrschaft des Menschen über die Natur, sondern auch über seinesgleichen. Naturbeherrschung und die Herrschaft über den anderen erscheinen angesichts der Entstehungsbedingungen der Rationalität als die ursprünglichen Erscheinungsformen der Vernunft. Der Aufklärung werfen Adorno und Horkheimer vor, die Reflexion auf die Entstehungsbedingungen der Vernunft versäumt zu haben. Resultat dieses Reflexionsverzichtes ist die über jedes notwendige Maß hinausgehende Fetischisierung des Prinzips der Selbsterhaltung, als deren Korrelate Adorno eine sich als reine Vernunft begreifende Subjektivität und das Prinzip vollständiger Naturbeherrschung identifiziert. In der unvermittelten Gegenüberstellung von reiner autonomer Vernunft und toter beherrschbarer Natur wähnt sich die Aufklärung dem mythischen Naturverhältnis entronnen, dessen Kennzeichen die Angst des Menschen vor einer bedrohlichen und gewalttätigen Natur war. Die "Dialektik der Aufklärung" versucht dagegen zu zeigen, daß der Mythos immer schon Aufklärung war und die Aufklärung ihrerseits eine undurchschaute mythische Struktur aufweist. Gegen das aufklärerische Selbstverständnis interpretieren Adorno und Horkheimer, gestützt auf die Freudsche Psychoanalyse, das moderne Naturverhältnis nicht als Ausdruck der Souveränität und Autonomie neuzeitlicher Subjektivität, sondern einer undurchschauten neurotischen Angst vor der Natur, als dem Inbegriff der Endlichkeit.[11] Indem sich das moderne Subjekt als reine Vernunft seiner natürlichen Endlichkeit entzogen glaubt, verstellt es sich die wahre Einsicht in sein eigenes Wesen. In derartigem Selbstverständnis hintertreibt Aufklärung ihre eigene Intention: die konkrete Entfaltung der Individualität. Diese hätte die Anerkennung der Naturverwobenheit des Menschen zu ihrer Voraussetzung. Eine sich als reine Vernunft begreifende

---

11 "Aufklärung ist die radikal gewordene mythische Angst. Die reine Immanenz des Positivismus, ihr letztes Produkt, ist nichts weiter als ein gleichsam universales Tabu. Es darf überhaupt nichts mehr draußen sein, weil die bloße Vorstellung des Draußen die eigentliche Quelle der Angst ist." (DdA S.18)

Subjektivität aber impliziert die Selbstverstümmelung konkreter
Individualität, als deren Resultat Adorno den von ihm diagnostizierten gesellschaftlichen Herrschaftszusammenhang begreift.[12]
Im Namen der Individualität betreibt die aufklärerische Rationalität, durchsetzt vom Willen zur absoluten Beherrschung
der Natur, die Liquidierung jeglicher Besonderheit zugunsten
abstrakter Allgemeinheiten. Von diesem Reduktionsprozeß sieht
Adorno Subjekt und Objekt gleichermaßen betroffen. Das Gesetz,
dem sich beide zu unterwerfen haben, ist das der Identität.
Die wissenschaftliche Vernunft, die Adorno als die herrschende
identifiziert, muß notwendig, wenn sie die Herrschaft des Menschen über die Natur gewährleisten will, von aller Besonderheit des jeweiligen Erkenntnisgegenstandes abstrahieren und
ihn auf das jeweils Identisch-Allgemeine reduzieren. Das Einzelne in seiner Besonderheit hat im Naturbegriff instrumenteller Vernunft keinen Ort. Aber auch das erkennende Subjekt muß
im Erkenntnisprozeß sich seiner Besonderheit entledigen und
zum leeren mit sich selbst identischen Ich werden. Das transzendentale Subjekt Kants erscheint Adorno in seiner Leere und

---

12 "In der Klassengeschichte schloß die Feindschaft des Selbst
gegen Opfer ein Opfer des Selbst ein, weil sie mit der Verleugnung der Natur im Menschen bezahlt ward um der Herrschaft
über die außermenschliche Natur und über andere Menschen willen. Eben diese Verleugnung, der Kern aller zivilisatorischen
Rationalität, ist die Zelle der fortwuchernden mythischen
Irrationalität: mit der Verleugnung der Natur im Menschen
wird nicht bloß das Telos der auswendigen Naturbeherrschung,
sondern das Telos des eigenen Lebens verwirrt und undurchsichtig. In dem Augenblick, in dem der Mensch das Bewußtsein
seiner selbst als Natur sich abschneidet, werden alle die
Zwecke, für die er sich am Leben erhält, der gesellschaftliche Fortschritt, die Steigerung aller materiellen und geistigen Kräfte, ja Bewußtsein selber, nichtig, und die Inthronisierung des Mittels als Zweck, die im späten Kapitalismus den
Charakter des offenen Wahnsinns annimmt, ist schon in der Urgeschichte der Subjektivität wahrnehmbar. Die Herrschaft des
Menschen über sich selbst, die sein Selbst begründet, ist
virtuell allemal die Vernichtung des Subjekts, in dessen Dienst
sie geschieht, denn die beherrschte, unterdrückte und durch
Selbsterhaltung aufgelöste Substanz ist gar nichts anderes als
das Lebendige, als dessen Funktion die Leistungen der Selbsterhaltung einzig sich bestimmt, eigentlich gerade das, was erhalten werden soll." (DdA S.51)

Gehaltlosigkeit als der Inbegriff einer entindividualisierten und abstrakten Subjektivität.

Aber Adorno bleibt nicht stehen bei der Konstatierung des in der Erkenntnisabstraktion aufscheinenden gewalttätigen Verhältnisses neuzeitlicher Rationalität gegenüber der Natur, sondern begreift die Erkenntnisabstraktion als Reflex der Tauschabstraktion. Der Tausch ist das Modell, an dem Denken sich orientiert. Wie im Äquivalenttausch die gegeneinander getauschten ungleichen Güter auf ein gemeinsames abstraktes Äquivalent reduziert werden, so reduziert auch das naturbeherrschende begriffliche Denken die jeweiligen Objekte auf einen identischen Kern. Der identifikatorische Akt des begrifflichen Denkens betrifft nur den identischen Kern der jeweiligen Denkobjekte und entpuppt sich als reiner Subsumtionsakt. Vernunft gibt darin jeweils schon das vor, dem die konkreten Objekte sich zu fügen haben. Diese Abstraktions- und Subsumtionsleistung motivierte den Idealismus dazu, dem Subjekt das absolute Primat gegenüber dem Objekt zuzusprechen und Subjektivität als Konstitutionsgrund der objektiven Welt zu begreifen. Der Zwang zur Identität, der der universellen Logik des Tausches verpflichtet ist, durchzieht nach Adorno nicht nur das Verhältnis des Menschen gegenüber der Objektwelt, sondern auch das des zwischenmenschlichen Miteinanders. Vom Individuum wird in der spätkapitalistischen Gesellschaft die Anpassung an das bestehende Allgemeine gefordert. Was sich dem abstrakt Allgemeinen nicht fügt, wird ausgegrenzt, gewalttätig unterdrückt oder als irrelevant abqualifiziert. Das autonome Subjekt, auf das sich die Aufklärung so viel zugute hielt, ist das Resultat einer langen Kette von Gewaltakten, die sich die Menschen selbst antun mußten, um dem Naturzwang zu entrinnen. "Furchtbares hat die Menschheit sich antun müssen, bis das Selbst, der identische zweckgerichtete männliche Charakter des Menschen geschaffen war, und etwas davon wird noch in jeder Kindheit wiederholt. Die Anstrengung, das Ich zusammenzuhalten, haftet dem Ich auf allen Stufen an, und stets war die Lockung, es zu verlieren, mit der blinden Entschlossenheit zu seiner Erhaltung gepaart. Der narkotische Rausch, der für die Euphorie, in der das Selbst suspendiert ist, mit todähnlichem Schlaf büßen läßt, ist eine der ältesten gesellschaftlichen Veranstaltungen, die zwischen Selbsterhaltung und -vernichtung vermitteln, ein Versuch des Selbst, sich selber zu überleben. Die Angst, das Selbst zu verlieren und mit dem Selbst die Grenze zwischen sich und anderem Leben aufzuheben, die Scheu vor Tod und Destruktion, ist einem Glücksversprechen verschwistert, von dem in jedem Augenblick die Zivilisation bedroht war." (DdA S.33) Unter den an das mythische Denken mahnenden Identitätszwang sieht Adorno gleichermaßen gesellschaftliches Sein und Denken im Spätkapitalismus gesetzt. Die Nivellierung und Auslöschung des Einzelnen und Besonderen zugunsten des jeweils Allgemeinen begreift er als Selbstverrat der Vernunft, weil sie darin ihren eigenen Anspruch auf die Realisierung von Freiheit aufgibt. Solange sie in der Hervorkehrung ihres instrumentellen Charakters nur die herrschaftliche Abtötung der Natur betreibt, verbleibt sie im Bann mythischer Angst vor der Natur. Daraus zieht Adorno den Schluß, daß die Vernunft bis heute nicht aus der Naturgeschichte herausgetreten ist. Adornos Intention geht dahin, die Vernunft durch "Eingedenken der Natur" aus ihrer Selbstvergessenheit zu reißen, um sie so vom Bann der Selbsterhaltung und damit wenigstens tendenziell von ihrem Zwang zur Herrschaft zu befreien. "Eingedenken der Natur mit der tabuierten Herkunft bedeutet aber auch die Überwindung der unsinnigen Todesangst, der neurotischen Berührungsphobie."[13] Adorno geht es um die Durchbrechung des Tabus, das Vernunft über ihre eigene Herkunft gelegt hat. So will er sie von ihrer zerstörerischen Angst befreien. Die Formel "Eingedenken der Natur" meint, daß Vernunft sich nicht mehr als das radikal andere der Natur begreifen darf. Sie muß sich selbst als Teil der Naturgeschichte, als Naturgestalt erkennen. Die Nähe der Intention Adornos zur Freudschen Psychoanalyse ist unverkennbar, geht es ihm doch wie dieser um die anamnetische Freilegung des Verdrängten. Er ver-

---

13 Baumeister, Kulenkampff, a.a.O., S.83.

sucht, die Vernunft einem therapeutischen Prozeß zu unterziehen, in dessen Verlauf sie der Unwahrheit ihres Autonomie- und Souveränitätsanspruchs innewerden soll und sich so in Anerkennung ihrer Endlichkeit und Naturverwobenheit vom Identitätszwang befreit. Er spricht in diesem Zusammenhang von einer "zweiten Reflexion", der Vernunft unterworfen werden muß, um sie von ihrem blinden Vollzug von Herrschaft mit all seinen gesellschaftlichen und politischen Implikationen zu befreien.

Bei allen kategorialen Mängeln[14], die sein Denken durchziehen und an denen Kritik zu üben notwendig und berechtigt ist, kann man ihm nicht wie einige seiner konservativen und marxistischen Kritiker vorwerfen, daß er die Vernunft liquidiert, um

---

[14] Problematisch ist vor allem seine Verwendung der Begriffe Mythos und Tausch. Indem er umstandslos die Selbstverblendung der Aufklärung mit der Struktur des archaischen Mythos gleichsetzt, entgeht ihm die entscheidende Differenz. Der gelebte Mythos, d.h. der archaische, ist ein nicht selbstreflexives System, während der als Mythos bezeichnete Aufklärungsanteil durchaus potentiell der Selbstreflexion zugänglich ist. Während die Selbstreflexion den Mythos notwendig vernichtet, d.h. ihn als Lebensform unbrauchbar macht, ist die Selbstreflexion der aufklärerischen Vernunft nicht mit der Vernichtung der vernunftgeleiteten Vorstellungsorientierung des modernen Menschen verbunden. Die von ihm diagnostizierte Blindheit der Vernunft gegen ihre Genese ist nicht analog zusetzen mit der Unfähigkeit des Mythos, sich selbst zu reflektieren. Vgl. dazu Christoph Hubig, Dialektik der Aufklärung und neue Mythen. Eine Alternative zur These von Adorno und Horkheimer. In: Philosophie und Mythos: ein Kolloquium, hrsg. v. Hans Poser, Berlin, New York 1979, S.218-240. Am Tauschbegriff von Adorno ist zu kritisieren, daß er zu undifferenziert von ihm verwandt wird, und er so eine wirkliche Genese des Entwicklungszusammenhangs von ökonomisch-gesellschaftlicher Realität und dem jeweiligen Entwicklungs- und Ausbildungsstand der Rationalität überzeugend leisten kann. Adornos Reflexion über den Zusammenhang von Tausch und Denken scheint mir auch weniger von der Marxschen politischen Ökonomie bestimmt, als vielmehr von der bloßen Konstatierung dieses Zusammenhangs durch Nietzsche in der "Genealogie der Moral". Vgl. Friedrich Nietzsche, Genealogie der Moral. 2. Kap., 8. Abhandlung. In: ders. Werke in drei Bänden, hrsg. v. Karl Schlechta. Stuttgart, Zürich, Salzburg 1966. S.811. Zur Kritik am Tauschbegriff Adornos vgl. Rudolf Wolfgang Müller, Geld und Geist. Zur Entstehungsgeschichte von Identitätsbewußtsein und Rationalität seit der Antike, Frankfurt / New York 1977, bes. S.190-202.

einer neuen Irrationalität das Wort zu reden.[15] Adornos Rationalitätskritik geht nicht auf die Abschaffung der Vernunft als einer Leben orientierenden Kraft, sondern sie richtet sich gegen die Favorisierung einer bestimmten Form der Vernunft, die er als instrumentell bestimmt hat. Vernunft ist in der ausschließlichen Betonung ihres instrumentellen Charakters zuwenig Vernunft und birgt einen mythisch-irrationalen Kern, dessen unreflektierte Präsenz den Prozeß ihrer Selbstzerstörung unaufhaltsam vorwärtstreibt. Seine Kritik an der Gewaltsamkeit des begrifflichen Denkens intendiert nicht die Zerstörung des diskursiven Verstandes, sondern bezieht sich auf den im wahrsten Sinne des Wortes *exklusiven* Geltungsanspruch eines Denkens, das die in der radikalen Vernichtung der Natur aufscheinende eigene Grundlosigkeit in magischen Zirkeln der Selbstreflexion zu verdecken trachtet. So zielt auch seine Kritik an der Herrschaft des Identitätsgesetzes nicht ab auf die Liquidierung der Identitätskategorie, sondern sie richtet sich gegen ihre Universalisierung und die damit verbundene Auslöschung und Zerstörung konkreter Individualität.[16] Angesichts der selbstzerstörerischen

---

15 Zur konservativen Kritik an Adornos Rationalitätskritik vgl. Günter Rohrmoser, Das Elend der kritischen Theorie, Freiburg 1970, bes. S.32f. Als ein prägnantes Beispiel einer dogmatisch-marxistischen Kritik erscheint mir Klaus Priester, Bürgerliche Ideologie, bei Suhrkamp. Zu Neuausgaben von Werken von Habermas und Adorno. In: Marxistische Blätter II, 1973, Heft 5, S.112-114.

16 Die Kritik an Adorno geht daneben, wenn sie sich darin erschöpft, die transzendentalphilosophischen Kategorien gegen ihn einzuklagen, weil sie sich der Begründungsproblematik der Transzendentalphilosophie versperrt, um die es Adorno primär geht. So schreibt Wulff Rehfus in seiner Dissertation: "Adorno trennt die Erfahrung von jeglicher transzendentaler Reflexion ab. Ohne die Einheit eines perzipierenden Bewußtseins vorauszusetzen, meint Adorno verbindliche Erfahrung machen zu können. Diese zufällige 'Erfahrung' wird weder denkmethodisch noch geschichtsphilosophisch begründet, sondern nur wiederholt." Wulff Rehfus, Th.W. Adorno, Die Rekonstruktion der Wahrheit aus der Ästhetik, Diss. Köln 1976, S.17. Solche Kritik hat nichts von der Rationalitätsproblematik begriffen, die Adorno in seinen Arbeiten reflektiert. Sie setzt gegen alle Erfahrung die Wahrheit des transzendentalphilosophischen Verfahrens voraus, ohne auf die Schwierigkeiten zu reflektieren, die sich

Struktur der modernen Industriegesellschaften, die nur ein weltabgewandtes naives philosophisches Gemüt verleugnen könnte, sagt die bloße Berufung auf Vernunft nichts über die Möglichkeit aus, der drohenden Selbstzerstörung Einhalt zu gebieten, weil auch sie im Namen der Vernunft betrieben wird. Adorno will die mit der leeren Beschwörungsformel "Vernunft soll sein" verbundene Hoffnung, daß sich letztlich doch alles zum Guten wenden werde, zerstören, um die Reflexion auf den blinden Fleck der Vernunft, auf ihren sich in blinder Herrschaft zeigenden mythischen Kern zu ermöglichen. Sein Angriff auf die instrumentelle Vernunft ist ein Plädoyer für eine Vernunft, die andere Ziele kennt als bloß das der Ausbeutung und Abtötung der Natur. "Eingedenken der Natur", Leitsatz seines therapeutischen Konzepts für die kranke Vernunft, kann nicht in der Immanenz transzendentaler Reflexion erfolgen, weil in der Sphäre des Begriffs das Nichtidentische und Besondere, das Adorno durch seinen Naturbegriff erfaßt wissen will, notwendig ausgeschlossen bleibt. Vernunft ist bezüglich des von Adorno anvisierten Anamneseprozesses auf eine Instanz angewiesen, die nicht jenseits der Vernunft liegen darf und dennoch das von ihr Verdrängte zur Erscheinung zu bringen vermag. Diese Rolle hat Adorno der Kunst zugedacht und die theoretische Reflexion darüber der Ästhetik. Sein Rekurs auf Kunst und Ästhetik erinnert an Kants Wende zur Ästhetik. Auch bei Kant wurde Ästhetik zur Fundamentalphilosophie und so belastet mit der Aufgabe, die Spaltung zwischen Vernunft und Natur aufzuheben. Während bei Kant sich die Vernunft im Naturschönen affirmativ spiegelte und ihren Zugriff auf die Natur gerechtfertigt sah, begreift Adorno die Kunst und das Schöne nicht mehr als affirmative und versöhnende Instanzen. Er glaubt, im Ästhetischen den einzigen Ort gefunden zu haben, von

> daraus ergeben. Adornos Philosophie ist, wie auch der Strukturalismus, Ausdruck des Zweifels an der Möglichkeit einer Selbstbegründung der Vernunft. Es geht Adorno nicht um die Auflösung der Identität des Bewußtseins, sondern um die Kritik an der *exklusiven Geltung* der abstrakten Identität transzendentaler Subjektivität, in der das Einzelsubjekt in seiner Besonderheit verschwindet.

dem aus Vernunft bezüglich ihres Gewalt- und Herrschaftspotentials einer radikalen Kritik unterzogen werden kann. Das Ästhetische bestätigt nicht mehr, wie noch bei Kant, die Autonomie der Vernunft, sondern entlarvt sie als angstbesetzte Inszenierung des modernen Bewußtseins. Zwar geht es Adorno, wie auch Kant, um die Versöhnung von Geist und Natur, nur daß er dem Ästhetischen nicht mehr die Aufgabe zumutet, diese Versöhnung aktualiter zu leisten. Angesichts der gesellschaftlichen und geschichtlichen Entwicklung gerinnt das Ästhetische zur Instanz der Kritik an den Strukturen und Bedingungen, die die konkrete Realisierung solcher Versöhnung unmöglich machen. Die Kunst klagt als Inbegriff des Ästhetischen das von der Aufklärung uneingelöste Versprechen auf Versöhnung von Geist und Natur ein gegen die gesellschaftlich herrschende Form der Rationalität. Als kritische Gegeninstanz zur instrumentellen Vernunft hat sie teil an der zweiten Reflexion, der nach Adorno die aufklärerische Vernunft bedarf, um ihren Verblendungszusammenhang zu durchbrechen.[17] Aber Kant allein vermag den Mangel des begrifflichen Denkens nicht zu beheben. Sie bedarf dazu philosophischer Reflexion in der Form der ästhetischen Theorie.[18] Die Ästhetik soll das Geschäft der

---

[17] "In ihrem ansteigenden Prosacharakter entwindet Kunst vollends sich dem Mythos und damit dem Bann der Natur, der doch wiederum in deren subjektiver Beherrschung sich fortsetzt. Erst was der Natur als Schicksal entronnen wäre, hülfe zu ihrer Resitution. Je mehr Kunst als Objekt des Subjekts durchgebildet und dessen bloßen Intentionen entäußert wird, desto artikulierter spricht sie nach dem Modell einer nicht begrifflichen, nicht dingfest signifikativen Sprache; es wäre die gleiche, die in dem verzeichnet ist, was dem sentimentalischen Zeitalter mit einer verschlissenen und schönen Metapher Buch der Natur hieß. *Auf der Bahn ihrer Rationalität und durch diese hindurch wird die Menschheit in der Kunst dessen inne, was Rationalität vergißt und woran deren zweite Reflexion mahnt.*" (Hervorhebung v. Verf.) Th. W. Adorno, Ästhetische Theorie. Ges. Schriften, hrsg. v. Gretel Adorno und Rolf Tiedemann, Frankfurt 1970. S.105. (Im folgenden nur noch ÄT)

[18] "Nicht ist es das Bedürfnis der Kunst, von der Ästhetik dort Normen sich vorschreiben zu lassen, wo sie sich irritiert findet: wohl jedoch, an der Ästhetik die Kraft der Reflexion

Vernunftskritik übernehmen, weil sich ihr spezifischer Gegenstand, die Kunst, dem abstrakten Identitätsdenken verweigert. Im reflexiven Zugriff auf das Kunstwerk erleidet das begreifende Denken eine Hemmung, weil sich der Gegenstand dem gewohnten Subsumtionsakt verweigert. In der Erfahrung einer nicht auf eine abstrakte identische Allgemeinheit reduzierbaren Besonderheit sieht Adorno die Möglichkeit angezeigt, den Bannkreis der instrumentellen Vernunft zu durchbrechen. Nur eine derartige Erfahrung scheint in der Lage zu sein, eine Selbstreflexion der Vernunft zu initiieren, die nicht, wie die transzendentale Selbstreflexion, in der Bestätigung der selbstgesetzten Autonomie der Vernunft endet, sondern die Autonomiefiktion durchbricht. Dazu aber bedarf die Reflexion eines Gegenstandsbereichs, der nicht einer von Naturobjekten ist, da durch sie Vernunft in ihrer Selbstgewißheit nicht irritierbar ist. Es kann sich nur um Objekte handeln, die selbst von der Vernunft durchdrungen, also von sich aus bereits Erkenntnis sind.[19] Die Erkenntnis darf sich aber einem Prozeß der Abstraktion von der Sinnlichkeit bzw. der Anschauung verdanken, sondern sie muß im wahrsten Sinne des Wortes anschauliche Erkenntnis sein. Einen solchen Gegenstandsbereich aber sieht Adorno nur in der Kunst gegeben.

Indem er Kunst als eine besondere Form der Erkenntnis begreift, kann er sie mit der Form der Erkenntnis der instrumentellen Vernunft konfrontieren. Kunst ist dann sinnlich anschauliche Kritik des falschen Absolutheitsanspruches instrumenteller Vernunft. Indem sie auf die Möglichkeit nicht-

zu bilden, die sie allein von sich aus kaum zu vollbringen vermag. ... Der Wahrheitsgehalt eines Werkes bedarf der Philosophie. In ihm erst konvergiert diese mit der Kunst und erlischt in ihr." (ÄT S.507)

[19] "Kunst geht auf Wahrheit, ist sie nicht unmittelbar; insofern ist Wahrheit ihr Gehalt. Erkenntnis ist sie durch ihr Verhältnis zur Wahrheit; Kunst selbst erkennt sie, indem sie an ihr hervortritt. Weder jedoch ist sie als Erkenntnis diskursiv noch ihre Wahrheit die Widerspiegelung eines Objekts." (ÄT S.419)

diskursiver Erkenntnis verweist, übt sie Kritik am Monopolanspruch der instrumentellen Ratio. Gegen diese, die nur den gesellschaftlichen Herrschafts- und Gewaltzusammenhang perpetuiert, soll die Kunst die Möglichkeit einer repressionsfreien gesellschaftlichen Ordnung in den Blick bringen und bewahren. Kunst soll dazu in der Lage sein auf Grund des ihr schon von der traditionellen Ästhetik attestierten Scheincharakters. Dieser ermöglicht es den Kunstwerken zugleich gesellschaftliches Produkt und Ort der Transzendenz der herrschenden Gesellschaft zu sein. Die Wahrheit des Kunstscheins resultiert dabei aus seinem antithetischen Charakter gegenüber dem Schein, den die kapitalistische Gesellschaft über sich selbst errichtet hat. Der Kunstschein opponiert dem ideologischen Scheinzusammenhang der bürgerlichen Gesellschaft dadurch, daß in ihm die Differenz von Schein und Wirklichkeit zur Erscheinung kommt, gegenüber der die instrumentelle Ratio blind ist.[20] Weil aber Adorno weiß, daß der Kunstschein nicht nur Kritik des falschen gesellschaftlichen Scheins ist, sondern zugleich auch die Versöhnung des gesellschaftlich Unversöhnlichen erlaubt, sieht er sich genötigt, die Scheinkategorie zumindest partiell von ihren affirmativen Momenten zu befreien, um ihr kritisches Potential als wesentlich erweisen zu können. Problematisch am Kunstschein ist seine auf Dauer angelegte Manifestation im abgeschlossenen Kunstwerk. Wenn die moderne kapitalistische Gesellschaft aber selbst ein auf Dauer gestellter Scheinzusammenhang ist, besteht die Gefahr, daß Kunstschein und falscher gesellschaftlicher Schein ununterscheidbar miteinander verschmelzen. Um dieser drohenden Indifferenz zu begegnen, transformiert Adorno im Blick auf die heute bereits klassisch gewordene Avantgarde der ersten Hälfte dieses Jahrhunderts die traditionelle Schein-

---

20 "Schein sind die Kunstwerke dadurch, daß sie dem, was sie selbst nicht sein können, zu einer Art von zweitem modifiziertem Dasein verhelfen; Erscheinung, weil jenes Nichtseiende an ihnen, um dessentwillen sie existieren, vermöge der ästhetischen Realisierung zu einem wie auch immer gebrochenen Dasein gelangt." (ÄT S.167)

kategorie in den Begriff der Apparition, der so etwas wie ein plötzliches Aufblitzen meint. Wenn die Wahrheit der Kunstwerke, die in ihnen anvisierte Versöhnung von Geist und Natur, nur momenthaft aufblitzt und nicht mehr den Charakter ständiger Präsenz besitzt, wie es die traditionelle Ästhetik wollte, verweigert sie sich begrifflicher Rede und opponiert so der unter dem Identitätszwang stehenden Ratio. In ihrer spezifischen Erscheinungsweise, die eine des Entzuges ist, erweisen sich Kunstwerke als Rätsel. Ihr Rätselcharakter legitimiert dann ästhetische Theorie als notwendige Instanz der Dechiffrierung des Rätselhaften an ihnen. Kunst erweist sich also nicht selbst als Erkenntnis der gesellschaftlichen Widersprüche und Antagonismen, weil auch für Adorno Erkenntnis eine Angelegenheit des Begriffs bleibt, sondern sie ist Bedingung der Möglichkeit der Erkenntnis der Widersprüche. Der genuine Ort solcher Erkenntnis ist die philosophische Ästhetik. Der von Adorno am Naturschönen diagnostizierte Verweisungscharakter[21] kehrt auf der Ebene des Kunstwerks wieder. Zwar hat das Kunstwerk teil an der von Adorno angestrebten zweiten Reflexion, aber ist diese nicht selbst.

Obwohl Adornos Ästhetik des Kunstwerks der Hegelschen Ästhetik verpflichtet ist, spielt doch in ihr, in der Adornorezeption nur wenig beachtet[22], der Kantische Ansatz des Naturschönen eine konstitutive Rolle. Das Kunstwerk gewinnt sein rationalitätskritisches Potential erst auf der Folie des Naturschönen, ohne daß Adorno deshalb eine Ästhetik des Naturschönen noch für möglich hielte. Er begreift das Naturschöne als Bindeglied zwischen Geschichtsphilosophie und Kunsttheorie. Der Erfahrungsbereich des Naturschönen fungiert gleichsam als Modell für die geschichtsphilosophischen und anamnetisch-therapeutischen Intentionen, die Adorno mit seiner Kunstwerkästhetik verfolgt, weil in der Erfahrung des Naturschönen der von der instrumentellen Ratio verdrängte Naturanteil aufscheint.

21 Vgl. ÄT, S.97-122.
22 Vgl. Baumeister, Kulenkampff, a.a.O., S.84f.

4.2 Das Naturschöne als Vermittlungsinstanz zwischen Geschichtsphilosophie und ästhetischer Theorie

Daß Adornos Suche nach einer korrigierenden Gegeninstanz zur gewalttätigen Rationalität ihren Weg über das Naturschöne nimmt, überrascht nicht, weil das Naturschöne der einzige Bereich ist, in dem Natur nicht als Gegenstand bearbeitender Tätigkeit, d.h. entstellender Zurichtung, der Erfahrung zugänglich ist. Adornos Ausführungen über das Naturschöne machen deutlich, wie sehr sein Denken zwischen den ästhetischen Entwürfen Kants und Hegels oszilliert. Wenn die Kunst die korrigierende Instanz ist, die Vernunft zum Eingedenken der Natur bewegen soll, dann kann sie dies nicht in der geistfetischisierenden Form, die ihr Hegel attestiert hat, weil in der Hermetik der Hegelschen Geisttotalität die Natur keine kritische Funktion gegen das identitätswütige Bewußtsein haben kann. Gleichwohl sieht sich Adorno gezwungen, seine Ästhetik als Theorie der Kunst und nicht, wie Kant, als eine des Naturschönen zu konzipieren, weil im Zeitalter des begreifenden Denkens das Naturschöne nicht die Versöhnung von Vernunft und Natur leisten kann. Seine Unfähigkeit gründet darin, daß es der Trennung von Subjekt und Objekt vorausliegt und daher nur als virtuelles Bild eines möglichen Andersseins fungieren kann. Der emphatische Rückgang auf das Naturschöne wäre nicht Vermittlung der entstandenen Gegensätze, sondern gleichbedeutend mit der Regression des Bewußtseins auf einen prärationalen Bereich. In den Rang einer reinen Positivität gegen das herrschende schlechte Allgemeine erhoben, verbleibt die Erfahrung des Naturschönen im Bann der Natur und verrät jene Idee von Freiheit, die ihre Existenz der Sehnsucht des Menschen nach Befreiung vom schicksalhaften Naturbann verdankt.[23] Das Verdikt begrifflicher Rede[24],

---

[23] "Daß die Erfahrung des Naturschönen, zumindest ihrem subjektiven Bewußtsein nach, diesseits der Naturbeherrschung sich hält, als wäre sie zum Ursprung unmittelbar, umschreibt ihre Stärke und ihre Schwäche. Ihre Stärke, weil sie des herrschaftslosen Zustands eingedenk, der wahrscheinlich nie gewesen ist; ihre Schwäche, weil sie eben dadurch in jenes

das Adorno über das Naturschöne verhängt wissen will, zeugt
von dem Bewußtsein, daß solche Erfahrung die rationale Beherrschung der Natur voraussetzt. Die im Naturschönen angeschaute
Natur ist nicht unmittelbar eine vor aller Zurichtung durch
den Menschen, sondern ist inmitten beherrschter Natur nur Bild
und als solches Verweis auf ein herrschaftsloses Naturverhältnis. Das Naturschöne entwirft, in der Immanenz des gesellschaftlichen Zusammenhanges, das imaginäre Bild unmittelbarer
versöhnter Natur.[25] Der Versuch, das Naturschöne diskursiv zu
erfassen, zerstört dieses Bild, weil in der begrifflichen Rede
der Schein der Unmittelbarkeit dadurch zerstört wird, daß das
Subjekt im Begriff seinen ephemeren Charakter verfügend auflöst. "Schuld am Unstern über der Theorie des Naturschönen ist
weder die korrigierbare Schwäche der Reflexion darüber noch
die Armut des Gesuchten. Vielmehr wird es bestimmt von seiner
Unbestimmtheit, einer des Objekts nicht weniger als des Begriffs.
Als Unbestimmtes, antithetisch zu den Bestimmungen, ist das
Naturschöne unbestimmbar, darin der Musik verwandt, die aus solcher ungegenständlichen Ähnlichkeit mit Natur in Schubert die
tiefsten Wirkungen zog. Wie in der Musik blitzt, was schön ist,
an der Natur auf, um sogleich zu verschwinden vor dem Versuch,
es dingfest zu machen." (ÄT S.113) Der Charakter von Unbestimmt-

Amorphe zerfließt, aus dem der Genius sich erhob und jener
Idee von Freiheit überhaupt erst zuteil ward, die in einem
herrschaftslosen Zustand sich realisierte. Die Anamnesis der
Freiheit im Naturschönen führt irre, weil sie Freiheit im
älteren Unfreien sich erhofft." (ÄT S.104)

24 "Natur zu fühlen, ihre Stille zumal, wurde zum seltenen Privileg und es wiederum kommerziell verwertbar. Damit jedoch ist
die Kategorie des Naturschönen nicht einfach verurteilt. Die
Abneigung, von ihr zu reden, ist dort am stärksten, wo Liebe
zu ihr überlebt." (ÄT S.108)

25 "Das Naturschöne bleibt Allegorie dieses Jenseitigen (zur bürgerlichen Gesellschaft, ihrer Arbeit und ihrer Waren. - Anm.
d. Verf.) trotz seiner Vermittlung durch die gesellschaftliche Immanenz. Wird aber diese Allegorie als der erreichte
Stand von Versöhnung untergeschoben, so erniedrigt sie sich
zum Behelfsmittel, den unversöhnten zu verschleiern und zu
rechtfertigen, in dem doch solche Schönheit möglich sei."
(ÄT S.108)

heit, den Adorno am Naturschönen wahrnimmt und an dem er seine Gegenbildlichkeit zur herrschenden Rationalität festmacht, ist zugleich sein Mangel. Sein ephemerer Charakter und seine prärationale Vieldeutigkeit lassen das Naturschöne hinter die Ansprüche des begreifenden Denkens, von dem unser Bewußtsein bestimmt wird, zurückfallen. Wie Hegel sieht auch er die gesellschaftliche und geschichtliche Vermitteltheit der Erfahrung des Naturschönen. In der spätkapitalistischen Gesellschaft, in der Naturerfahrung mehr oder weniger eine Angelegenheit des organisierten Tourismus geworden ist oder in den kitschigen Bildern der Reklameindustrie ihre klischeehafte Verbreitung findet, hat die Erfahrung des Naturschönen ihren gegenbildlichen und rationalitätskritischen Charakter verloren. Die Authentizität der Naturerfahrung löst sich auf in touristische Attraktionen oder in die verlogene Gegenbilder zu den verwüsteten Städten und Landstrichen unserer Industriegesellschaft. Gleichwohl geht es Adorno nicht wie Hegel darum, das Naturschöne im Übergang zur geistigen Formation der Kunst zu überwinden, sondern es darin zu bewahren. Es überlebt für Adorno nur in der dem begrifflichen Denken angemesseneren Form der Kunst. Etwas rätselhaft schreibt er in seiner Ästhetik: "Kunst ahmt nicht Natur nach, auch nicht einzelnes Naturschönes, doch das Naturschöne an sich." (ÄT S.113) Kunst soll in einem den, dem Begriff der Wahrheit widerstreitenden, Scheincharakter des Naturschönen durchbrechen und zugleich seine Unbestimmtheit festhalten, die seinen kritischen Gehalt ausmacht. Sie kann in ihrem Bildcharakter nicht Nachahmung des Naturschönen sein, weil dieses selbst nur Bild der unmittelbaren Natur ist. Sie soll vielmehr auf der Ebene der Reflexion die *Struktur* des Naturschönen nachahmen und darin die ihm eigene Spur des Nichtidentischen bewahren. Sie leiht der stummen Sprache der Natur gleichsam ihre Stimme, bringt sie zum Sprechen, ohne über sie die Herrschaft des Begriffs zu errichten. Erst durch diese Vermittlung mit dem Naturschönen[26]

---

[26] "Als pure Antithesen sind beide aufeinander verwiesen: Natur auf die Erfahrung einer vermittelten, vergegenständlichten Welt, das Kunstwerk auf Natur, den vermittelten Statthalter von Unmittelbarkeit." (ÄT S.98)

kann Kunst teilhaben an der "zweiten Reflexion" der unter dem
Identitätszwang stehenden Rationalität.

4.3 Kunst als bestimmte Negation

Adornos These, daß Kunst und Philosophie einander bedürfen, wenn Wahrheit im unwahren Ganzen der kapitalistischen Gesellschaft nicht verschwinden soll, belastet die Kunst mit der schweren Hypothek, das ergänzend zu leisten, was das begriffliche Denken nicht vermag. Ich bin der Ansicht, daß es für das Verständnis der Aporien und Äquivokationen, an denen in der Ästhetik Adornos kein Mangel herrscht, notwendig ist, festzuhalten, daß ihr Movens nicht darin besteht, einer durch die traditionelle Ästhetik nicht mehr abgedeckten Entwicklung der Kunst eine adäquate theoretische Basis zu verschaffen. Kunst soll vielmehr das leisten, wozu nach Adornos Diagnose Theorie im Medium des diskursiven Denkens nicht in der Lage ist. Die gleichberechtigte Partnerschaft von Kunst und Philosophie aber bleibt, trotz Adornos gegenteiliger Beteuerungen, eine unter dem Primat der Philosophie. Diesbezüglich also hat sich seit Kant nichts geändert. Kunst wird zitiert, um die Defizite neuzeitlicher Rationalität zu kompensieren. Dennoch besteht ein gewichtiger Unterschied zwischen den Aufgaben, die Kant und Adorno jeweils dem Ästhetischen zuweisen. Bei Kant sucht eine sich selbst ob ihrer Wahrheit ungewisse Vernunft die Bestätigung ihrer Wahrheit in der Erfahrung des Schönen. Im Falle Adornos sucht eine am Verlust ihrer Wahrheit leidende Vernunft in der Reflexion auf die Kunst ihre Wahrheit wiederzuerlangen. Zu diesem Zwecke aber muß sie der Kunst das als Intention und Telos unterstellen, worauf sie selbst vergeblich Anspruch erhebt: Erkenntnis, die auf Wahrheit zielt. Zu dieser beanspruchte die aufklärerische Vernunft einzig durch Kritik, durch Negation also, zu gelangen. Wenn Kunst und Philosophie gleichberechtigt solches leisten sollen, dann muß auch Kunst als Kritik bzw. Negation begriffen werden können. Erst so kann sie teilhaben an der 'zweiten Aufklärung', der Adorno die erste unterwerfen will. Nur als auf Wahrheit abzielende Kritik kann Kunst dem universellen Herrschafts- und Verblendungszusammenhang der bürgerlichen Gesellschaft opponieren und so der Philosophie bei ihren Oppositionsschwierigkeiten hilfreich zu Seite stehen.

Die Kritikfähigkeit der Kunst aber reicht allein noch nicht aus, um ebenbürtig neben der philosophischen Reflexion stehen zu können. Sie muß darüber hinaus, analog zur neuzeitlichen Vernunft, fähig sein zur kritischen Selbstreflexion. Es scheint, daß die Kunst nur durch die Projektion der wesentlichen Strukturmerkmale der neuzeitlichen Vernunft zum gleichberechtigten Partner der Philosophie wird. Dennoch muß jeder Part in diesem Zusammenspiel über etwas verfügen, was dem anderen mangelt. Kunst ist wegen ihres nichtbegrifflichen Charakters, auf Grund dessen sie nach Adorno erst an der Wahrheit teilhat, unfähig, die Wahrheit zu explizieren.[27] Philosophische Reflexion aber verstellt sich auf Grund ihres zurichtenden begrifflichen Charakters selbst den Zugang zur Wahrheit. Wenn aber Philosophie als ästhetische Theorie auf Kunst reflektiert, hat sie es nicht mit toter Gegenständlichkeit zu tun, sondern mit einem Gegenstand, der seinerseits schon Erkenntnis ist und sich der abtötenden Objektivierung durch den Begriff verweigert. Indem Philosophie dieser Verweigerung innewird, erleidet sie eine Hemmung ihrer falschen Objektivierungstendenz und beginnt *sich* in der Kunst zu reflektieren. Zu solcher Reflexion befähigt sie die Kategorie des Scheins. Sich in Kunst reflektierend soll die Vernunft des von ihr in der Aneignung der ersten Natur verdrängten eigenen Naturanteils innewerden. Das für den Mythos kennzeichnende kommunikative Verhältnis von Geist und Natur kehrt bei Adorno als gegenseitiges Reflexionsverhältnis von Kunst und Philosophie wieder.

Adornos Versuch, die Kunst zum einzigen Ort der Wahrheit und der Kritik am universellen Schein- und Herrschaftszusammenhang der bürgerlichen Gesellschaft zu stilisieren, läuft Gefahr, in Widerspruch zu seiner Diagnose des gesellschaftlichen Lebenszusammenhanges zu geraten. Nachdem er jeglicher gesellschaftlicher Praxis, inklusive der, die auf Veränderung der gesell-

---

[27] "Kunst komplettiert Erkenntnis um das von ihr Ausgeschlossene und beeinträchtigt dadurch wiederum den Erkenntnischarakter. (ÄT S.87)

schaftlichen Verhältnisse abzielt und darüber hinaus jeglicher
Kritik an dieser Gesellschaft, die sich im Medium des diskursiven Denkens bewegt, unterstellt hat, den Bann der Herrschaft
nur zu verstärken, lädt er der Kunst die Bürde auf, unterstützt freilich von der ästhetischen Theorie, einzig authen-
tischer Ort der Kritik am unheilvollen Ganzen zu sein. Die
Hauptschwierigkeit Adornos besteht darin, aufzuzeigen, daß
und wie Kunst, die ihrerseits ein Gesellschaftliches ist, dem
universellen Scheinzusammenhang der herrschenden Gesellschaft
gleichwohl opponieren kann, d.h. wie sie inmitten des unwahren
Ganzen, in das sie selber verflochten ist, Statthalter der
Wahrheit sein kann. Sie ist nach Adorno dazu in der Lage auf
Grund ihres Doppelcharakters im Sinne von "fait social und
Autonomie" (ÄT S.334f.) und der ihr notwendig immanenten
Negativität. Das Kunstwerk verhält sich negativ gegenüber der
empirischen Realität, insofern es der Vorstellung, dem Imaginären, angehört, d.h. es konstituiert sich nur in der Vernei-
nung des Realen.[28] Die Negation des Realen manifestiert sich
in der Form und im Inhalt des Kunstwerks. Obwohl Produkt der
gesellschaftlichen Arbeit, steht das Kunstwerk durch die künstlerische Form quer zu den übrigen Produkten des gesellschaftlichen Produktionszusammenhanges. Inhaltlich und formal zugleich
vermag das Kunstwerk im geschichtlichen Prozeß seiner Produktion und Rezeption tradierte Formen, Werte und Normen zu modi-
fizieren oder gar zu durchbrechen. Darüber hinaus steht Kunst
nach Erlangung ihres Autonomiestatus quer zum kapitalistisch-
gesellschaftlichen Verwertungszusammenhang und den damit verbundenen Heteronomieerfahrungen. Aus ihrem mehrfach negativen
Charakter folgert Adorno, daß das Wesen der Kunst Kritik sei,
und sie somit teil habe an den emanzipatorischen Bestrebungen
der Aufklärung, denen sich auch seine Reflexion verpflichtet
weiß.[29] Seine Ästhetik ist der akribische Versuch, das kriti-

---

28 Vgl. Jean Paul Satre, Das Imaginäre, Hamburg 1971, bes.
   S.292f.
29 "Vor der Emanzipation des Subjekts war fraglos Kunst, in ge-

sche Potential der Kunst, das in seinen Augen ihren "Wahrheitsgehalt" ausmacht, zu explizieren und gegen die Unwahrheit des gesellschaftlichen Scheinzusammenhanges festzuhalten.

Bei seinem Versuch, Kunst als Organ von Wahrheit inmitten der gesellschaftlichen Unwahrheit zu erweisen, sieht er sich mit zwei Schwierigkeiten konfrontiert. Trotz ihres kritisch negativen Charakters hat Kunst nicht die grauenvolle Realität dieses Jahrhunderts verhindern können, und Adorno muß plausible Gründe für die Ohnmacht der Kritik, die Kunst leistet, angeben können. Außerdem muß seine Ästhetik sich dem Umstand stellen, daß Kunst trotz oder gerade wegen ihres negativen Charakters in der bürgerlichen Gesellschaft primär eine affirmative Wirkung hat. Daß davon ausgerechnet die sog. autonome Kunst in besonderem Maße betroffen ist, macht die Sache sehr schwierig, weil diese sich bewußt in den Gegensatz zur bürgerlichen Gesellschaft gesetzt wissen wollte. Darüber hinaus sieht sich Adorno in der sog. Moderne mit einer Kunst konfrontiert, die dieser Problematik selbst innegeworden ist und sich in permanenter Negation und Selbstreflexion diesem Zirkel von Ohnmacht und Paralyse ihrer kritischen Intention durch die Destruktion der traditionellen Bestimmungen und Formen der Kunst zu entwinden trachtet und dabei immer mehr in den Bann der Kulturindustrie gerät.

Für die Erklärung der Ohnmacht der Kritik, die die Kunst bezüglich der Gesellschaft und der sie bestimmenden instrumentellen Rationalität leistet, hat Adorno schon mit der "Dialektik der Aufklärung" die nötige Vorarbeit geleistet. Im universellen Schein- und Herrschaftszusammenhang, als den er die moderne kapitalistische Gesellschaft diagnostiziert hat, kann Kritik ohnehin nur noch die Funktion haben, gegen den universellen

> wissem Sinn, unmittelbarer ein Soziales als danach. Ihre Autonomie, Verselbständigung der Gesellschaft gegenüber, war Funktion des seinerseits wieder mit der Sozialstruktur zusammengewachsenen bürgerlichen Freiheitsbewußtseins. Ehe es sich bildete, war Kunst zwar an sich in Widerspruch zu gesellschaftlicher Herrschaft und ihrer Verlängerung in den mores, nicht aber für sich. (ÄT S.334)

Bann die *Idee* der Kritik wachzuhalten, um so dem gesellschaftlichen Grauen standzuhalten.[30] Allerdings sieht auch Adorno, daß Kunst Schwierigkeiten hat, ihren kritischen Gehalt gegen den Scheinzusammenhang der Gesellschaft für das Bewußtsein überhaupt zugänglich zu machen. Diese Schwierigkeit sieht er bedingt durch den institutionellen Apparat der Kulturindustrie, der auch noch das, was kritisch gegen ihn selbst gerichtet ist, zu absorbieren vermag. Andererseits aber beschreibt er die Schwierigkeiten als immanente Problematik eines jeden Kunstwerks, die ihm auf Grund seines Doppelcharakters als "fait social und Autonomie" notwendig innewohnt. Darüber hinaus aber hat Kunst auch, sofern sie teil an der Dialektik der Aufklärung hat, teil an der Dialektik von Naturbeherrschung und Identitätszwang, gegen die sie jedoch zugleich auch Einspruch erhebt. Dies ist nach Adorno ihr magisches Erbe, dem sie sich niemals völlig entschlagen kann und auch nicht darf.[31] Um das Primat der kritischen gegen alle affirmativen Tendenzen in der Kunst festhalten zu können, konstruiert Adorno den Begriff des Kunstwerks in einer Weise antinomisch, daß bei allen Gegentendenzen die kritischen und negativen Momente dominieren. Dies gelingt ihm aber nur dadurch, daß er die Differenz

---

30 "Dem ästhetischen Hedonismus wäre entgegenzuhalten jene Stelle aus der Kantischen Lehre vom Erhabenen, das er, befangen, von der Kunst eximiert: Glück an den Kunstwerken wäre allenfalls das Gefühl des Standhaltens, das sie vermitteln. Es gilt dem ästhetischen Bereich als ganzem eher als dem einzelnen Werk." (ÄT S.31)

31 "Die Aporie der Kunst, zwischen der Regression auf buchstäbliche Magie, oder der Zession des mimetischen Impulses an dinghafte Rationalität, schreibt ihr das Bewegungsgesetz vor; nicht ist sie wegzuräumen. Die Tiefe des Prozesses, der ein jegliches Kunstwerk ist, wird gegraben von der Unversöhnlichkeit jener Momente; sie ist zur Idee der Kunst, als des Bildes von Versöhnung, hinzudenken!" (ÄT S.87) "Kunst, Nachbild der Herrschaft der Menschen über Natur, negiert jene zugleich durch Reflexion und neigt dieser sich zu. ... Ästhetisch neutralisiert, begibt sich Naturbeherrschung ihrer Gewalt. Im Schein der Wiederherstellung des beschädigten Anderen in der eigenen Gestalt wird sie zum Modell eines Unbeschädigten." (ÄT S.428f.)

zwischen dem Bereich des Imaginären, dem die Kunst angehört, und dem Realen, der gesellschaftlichen Realität also, nicht präzise genug herausgearbeitet hat. Kunst überschreitet die Welt des Realen auf eine imaginäre Welt hin. Diese Überschreitung verweist auf die Erfahrung eines Mangels im Realen und hat in dieser Perspektive durchaus eine kritische Dimension. Aber ihre Produktion und auch Rezeption ist zugleich die kompensatorische Aufhebung dieses Mangels, weil in der Welt des Imaginären das im Realen Versagte realisiert werden kann. Dies betrifft nur sekundär die Kompensation einzelner gesellschaftlich erfahrener Mängel und Defizite. Primär geht es in der Kunst um die Kompensation der realgesellschaftlich versagten Autonomie des Individuums. Als kunstproduzierendes oder -rezipierendes Subjekt erzeugt das Individuum eine *eigene Ordnung* und erfährt darin seine Autonomie. Dieses Gefühl, Welt autonom konstituieren zu können, verschwindet, wenn das Bewußtsein seine imaginierende Einstellung aufgibt und sich wieder der realen Welt zuwendet. In dieser Struktur der kunstästhetischen Produktion und Rezeption zeigt sich deutlich, daß Kunst *niemals* das radikal andere zur naturbeherrschenden Rationalität sein kann, weil ihr, wie dieser, das Bedürfnis des Individuums nach Verfügung über Welt und Natur zu Grunde liegt. Diese problematische Hürde aber überspringt Adorno dadurch, daß er Autonomie als Schlüsselbestimmung des Kunstwerks behauptet, die es ihr erlaubt, dem unheilvollen Gesellschaftszusammenhang standzuhalten. Diese Autonomie behauptet bei Adorno Kunst letztlich gegen alle heteronomen Zwänge, denen sie zugestandenermaßen unterworfen ist. Damit aber sein Rettungsversuch gelingen kann, ist er gezwungen, die Autonomiekategorie lässig zu handhaben. Zwar ist die Kunst in ihrem durch die Aufklärung bedingten Autonomisierungsprozeß von der "Schmach ihrer alten Abhängigkeit von faulem Zauber, Herrendienst und Divertissement" (ÄT S.12) befreit worden, aber sie mußte dafür einen hohen Preis zahlen. Sie bezahlte ihre Befreiung mit gesellschaftlicher Funktionslosigkeit, d.h. mit ihrer Verdrängung aus dem gesellschaftlich realen Lebenszusammenhang. Der Künstler vertauschte seine Abhängigkeit von einem Mäzen mit der Abhängigkeit vom kapitalistischen Markt. Damit setzte er sich, wenn er mit der Kunst auch seinen Lebensunterhalt bestreiten wollte, dem marktwirtschaftlichen Gesetz von Angebot und Nachfrage aus. Ein großer Teil der Künstler versagte sich zwar solcher Konsumorientierung, aber das war gleichbedeutend mit der Beschränkung der Kunst auf den auserwählten Kreis der Intellektuellen und somit eine Beschränkung möglicher Einflußnahme auf gesellschaftliche Prozesse. Die von Adorno und ganzen Künstlergenerationen vor ihm beklagte Ohnmacht und Wirkungslosigkeit der Kunst ist nicht zuletzt Resultat genau des Autonomisierungsprozesses, der in der Sicht Adornos Kunst erst zum Organ radikaler Kritik werden ließ. Erst seitdem existiert die Unterscheidung zwischen 'niedriger' und 'hoher' Kunst, der auch Adornos Ästhetik verpflichtet ist. Die 'niedrige' wurde zur 'Volkskunst' und verfiel der Ächtung durch das intellektuelle Bewußtsein, das für sie nur negative Kategorien wie Illusion, Ideologie und Trivialität entwickelt hat. Während sie als 'unästhetische' Massenveranstaltung abqualifiziert wurde, sah man in der autonomen Kunst den genuinen Ort ästhetischer Praxis. Diese Unterscheidung verschärft Adorno in seiner Ästhetik, weil die Zahl der Kunstwerke, die seinem Autonomiebegriff gerecht werden, sehr gering ist. Da seine Ästhetik ausschließlich an der Kunst orientiert ist, verbaut sich Adorno den Weg zu einer Theorie des ästhetischen Verhaltens, wie sie der heutigen Situation einzig angemessen wäre, wenn ästhetische Theorie mehr sein will als Stilisierung der Kunst zum Inbegriff des Ästhetischen. Diesen Anspruch aber kann Kunst heute nicht mehr glaubwürdig erhaben, weil die Grenzen zwischen künstlerischer und nichtkünstlerischer ästhetischer Praxis zunehmend in der Auflösung begriffen sind. Die Einsicht in die strukturelle Gemeinsamkeit der beiden Weisen ästhetischer Praxis hätte, wenn sie nicht durch ein spezifisches Eigeninteresse derjenigen, die an der Kunstszenerie beteiligt sind, abgeblockt würde, eine grundlegende Neubestimmung des Gegenstandsbereichs der philosophischen Ästhetik zur Folge. Weil Adorno aber aus Gründen, die nichts mit der

Kunst zu tun haben, an ihrer Monopolstellung bezüglich des Ästhetischen festhält und sie darüber hinaus als kritische Enklave inmitten des schlechten Ganzen verstanden wissen will, findet er, insbesondere innerhalb der modernen Kunstproduktion, nur wenige Kunstwerke, die seinen philosophischen Intentionen gerecht zu werden vermögen. Dabei handelt es sich vor allen Dingen um solche Kunstwerke, denen Adorno unterstellt, daß sie sich auf Grund ihrer Hermetik und Schwerverständlichkeit der Absorbtion durch die Kulturindustrie entziehen können. Seine Ästhetik ist letztlich eine Theorie dessen, was er für würdig erachtet, unter dem Begriff der Moderne zu firmieren. An diesem schmalen Bereich ästhetischer Produktion expliziert er auch seine Bestimmung der Kunst als bestimmte Negation des universell gewordenen gesellschaftlichen Schein- und Herrschaftszusammenhanges.

4.4 Die hermetische Kunst der Moderne

Auch Adorno muß in seiner Ästhetik konstatieren, daß der Autonomiestatus die Kunst nicht davor hat bewahren können, von der bürgerlichen Gesellschaft in den Dienst genommen zu werden. In der Identifikation mit dem kritischen Gestus der Kunst kompensierte das gebildete Bürgertum sein Versagen im Kampf um die Realisierung gesellschaftlicher Freiheit. Zugleich bewährte sich am kritischen Potential der Kunst die Fähigkeit der bürgerlichen Gesellschaft, auch das noch zu assimilieren und in die bestehenden Herrschaftsstrukturen zu integrieren, was als Kritik gegen sie gerichtet war. Im 20. Jhd. wurde der Komplex der Kulturindustrie zum Inbegriff derartiger Vereinnahmungsstrategien. Sofern Kunst von der Kulturindustrie absorbiert wird, hat sie, so Adorno, Teil an dem universellen Scheinzusammenhang der Gesellschaft, dem sie zu opponieren vorgibt.[32] Die jüngste Moderne, die Adorno repräsentiert sieht von Künstlern wie Joyce, Beckett, Kafka, Schönberg u.a., hat, wie er meint, die Konsequenzen aus der kulturindustriell betriebenen Paralyse des kritischen Charakters von Kunst gezogen. Sie opponiert den Vereinnahmungstendenzen des herrschenden Kulturbetriebs,

---

[32] "Mit der fortschreitenden Organisation aller kulturellen Bereiche wächst der Appetit darauf, der Kunst ihren Platz in der Gesellschaft theoretisch und wohl auch praktisch anzuweisen; ungezählte round-table-Konferenzen und Symposien sind darauf aus. Nachdem man einmal die Kunst als soziale Tatsache erkannt hat, fühlt die soziologische Ortsbestimmung ihr sich gleichsam überlegen und disponiert über sie. ... Dererlei Bestrebungen erfordern ihrerseits soziale Kritik. Sie wollen den Primat der Administration, der verwalteten Welt stillschweigend auch dem gegenüber, was von totaler Vergesellschaftung nicht erfaßt werden will oder wenigstens dagegen sich aufbäumt. Die Souveränität des topographischen Blicks, der die Phänomene lokalisiert, um ihre Funktion und ihr Existenzrecht zu überprüfen, ist usurpatorisch. Sie ignoriert die Dialektik von ästhetischer Qualität und funktionaler Gesellschaft. A priori wird der Akzent, wenn nicht auf den ideologischen Effekt, so zumindest auf die Konsumierbarkeit von Kunst verschoben und von all dem dispensiert, woran die gesellschaftliche Reflexion von Kunst heute ihren Gegenstand hätte: es wird konformistisch vorentschieden." (ÄT S.371f.)

indem sie sich durch hermetische Absperrung der Kommunikation
verweigert. Auch ist es für die moderne Kunst nicht mehr möglich,
in Anbetracht der herrschenden Realität, Bilder einer versöhnten Wirklichkeit zu entwerfen, ohne damit zugleich am falschen
gesellschaftlichen Schein zu partizipieren. Der Idee der Versöhnung hält die Moderne dadurch die Treue, daß sie gegen den
falschen gesellschaftlichen Schein der Versöhnung das Unversöhnliche als unversöhnt festhält.[33] Im Festhalten an den unversöhnten Gegensätzen ist Kunst Ausdruck der Wahrheit über
die Zerrissenheit und Zerstörtheit der gesellschaftlichen
Wirklichkeit. In dieser Perspektive aber ist sie zugleich
auch Kritik der traditionellen Kunst und Ästhetik, die gegen
die schlechte Wirklichkeit auf der Versöhnung der Gegensätze
im Schönen beharrten. Indem sich die moderne Kunst formal und
inhaltlich spröde macht gegen die herrschenden Kommunikationsstrukturen, widerstrebt sie in der Sicht Adornos der Vereinnahmung durch das unter Identitätszwang stehende Denken. Die
Moderne leistet die Negation der Gesellschaft nicht mehr durch
den Entwurf utopischer Bilder einer anderen, versöhnten und
herrschaftsfreien Realität, sondern dadurch, daß sie ihre
Gegenstände aus der schlechten Wirklichkeit nimmt und sie in
eine neue Konstellation setzt, die erst die Wahrheit über die
herrschende Wirklichkeit ausdrückt. Kennzeichnend für diese
Konstellation ist die nichthierarchische Ordnung des aufgegriffenen Materials, die gegen die gesellschaftliche Form von
Herrschaft die Idee einer Welt ohne Herrschaft und Zwang festhält. Zugleich aber durchbricht die Kunst durch die Neukonstel-

---

[33] "So wenig wie Theorie vermag Kunst Utopie zu konkretisieren;
nicht einmal negativ. Das Neue als Kryptogramm ist das Bild
des Untergangs; nur durch dessen absolute Negativität spricht
Kunst das Unaussprechliche aus, die Utopie. Zu jenem Bild versammeln sich all die Stigmata des Abstoßenden und Abschaulichen in der neuen Kunst. Durch unversöhnliche Absage an den
Schein von Versöhnung hält sie diese fest inmitten des Unversöhnten, richtiges Bewußtsein einer Epoche, darin die reale
Möglichkeit von Utopie - daß die Erde, nach dem Stand der
Produktivkräfte, jetzt, hier, unmittelbar das Paradies sein
könnte - auf einer äußersten Spitze mit der Möglichkeit der
totalen Katastrophe sich vereint." (ÄT S.56)

lation der Wirklichkeitselemente den ideologischen Schein, den
die Gesellschaft über sich errichtet hat, indem sie die Zerrissenheit, Zerstörtheit und Entfremdung des Menschen in der
modernen Industriegesellschaft zur Erscheinung bringt.[34]

Adornos Begriff der Moderne macht deutlich, warum ausgerechnet die Kunst der Philosophie in ihren Schwierigkeiten zu
Hilfe kommen soll. Die Moderne verweist auf eine Krisensituation der Kunst, die der der Philosophie nicht unähnlich ist.
Gemeinsam ist ihnen auch der Versuch, dieser Krisensituation
durch Selbstreflexion Herr zu werden. Dies ist kein Zufall,
denn die Krisensituation von Kunst und Philosophie haben einen
gemeinsamen Ursprung: den Zerfall der Metaphysik.[35] Etwas
polemisch könnte man sagen, daß in der ästhetischen Theorie
Adornos zwei krisengeschüttelte und kranke Formationen der
Neuzeit zu einer Art gegenseitiger Therapie zusammentreffen.

Weil auch Adorno nicht entgangen ist, daß selbst ihr Hermetik und die kritische Reflexion ihres eigenen Traditionszusammenhanges die moderne Kunst nicht davor bewahren kann, durch
den kulturindustriellen Apparat vereinnahmt und in den Dienst
des schlechten Bestehenden genommen zu werden, versucht er den
Wahrheitsgehalt der Kunstwerke, unabhängig von der jeweiligen
Rezeption, die immer auch kulturindustriell gesteuert ist, an
inhaltlichen und formalen Merkmalen festzumachen. Der Rezeption
unterstellt Adorno, das kritische Potential der Kunst zu einem

---

[34] "Die Male der Zerrüttung sind das Echtheitssiegel von Moderne; das, wodurch sie die Geschlossenheit des Immergleichen verzweifelt negiert; Explosion ist eine ihrer Invarianten. Antitraditionalistische Energie wird zum verschlingenden Wirbel." (ÄT S.41)

[35] "Während jedoch Kunst, geschreckt von den Spuren, Ästhetik als ein hinter ihr Zurückgebliebenes beargwöhnt, muß sie insgeheim fürchten, nicht länger anachronistische Ästhetik könnte die zum Zerreißen gestrafften Lebensfäden der Kunst durchschneiden. Nur sie vermöchte darüber zu urteilen, ob und wie Kunst überlebe nach dem Sturz der Metaphysik, der sie Dasein und Gehalt verdankt. Metaphysik der Kunst ist zur Instanz ihres Fortbestandes geworden. Die Absenz wie immer auch modifizierten theologischen Sinns spitzt in der Kunst sich zu als Krise ihrer eigenen Sinnhaftigkeit." (ÄT S.505f.)

Harmlosen zu neutralisieren.[36] Seine Ästhetik beansprucht eine Theorie der ästhetischen Produktion zu sein, weil das Verhältnis von Kunst und Gesellschaft durch die der Rezption vorgängige Produktionssphäre bestimmt wird. (Vgl. ÄT S.338) Indem der Künstler, bestimmt durch die herrschenden Produktionsverhältnisse und Produktivkräfte einer Epoche, ein Kunstwerk produziert, erweist er sich als "Exekutor einer kollektiven Objektivität des Geistes, der gegenüber sein Anteil verschwindet." (ÄT S.402) An anderer Stelle spricht er dem Künstler eine weitaus bedeutsamere Funktion zu; wenn er nämlich im Zusammenhang mit seiner These, daß die "ästhetische Produktivkraft" die gleiche sei "wie die der nützlichen Arbeit," (ÄT S.16) behauptet, daß der Künstler die gesellschaftlichen Produktivkräfte verkörpere, "ohne dabei notwendig an die von den Produktionsverhältnissen diktierten Zensuren gebunden zu sein." (ÄT S.71) Von daher sollte man annehmen, daß das künstlerisch produzierende Subjekt die Verwandlung der gesellschaftlichen in die ästhetischen Produktivkräfte leiste. Zwar bleibt die Differenz von gesellschaftlicher und ästhetischer Produktivkraft unklar, aber erst durch diese Leistung des Künstlers könnte das Kunstwerk kritisch dem gesellschaftlich herrschenden Verhältnis von Produktionsverhältnissen und Produktivkräften gegenüberstehen. Gleichwohl soll der einzelne Künstler nur eine marginale Rolle bei der Produktion des Kunstwerks spielen. Nun ist es zwar eine hermeneutische Binsenwahrheit, daß Gestaltung und Gehalt des Kunstwerks nicht in der Intention des Künstlers aufgehen, sondern daß über die individuelle Produktion des Kunstwerks hinaus eine Objektivität aufscheint, die die Subjektivität des Produzenten übersteigt; aber diese objektiviert sich wesentlich auch im Akt der Rezeption. Genau das aber will Adorno auf Grund seiner Idiosynkrasie gegenüber dem

---

36 "Meist schleift die Rezeption ab, worin sie (die Kunst - Anm. d. Verf.) bestimmte Negation der Gesellschaft war. Kritisch pflegen die Werke in der Ära ihres Erscheinens zu wirken; später werden sie, nicht zuletzt veränderter Verhältnisse wegen, neutralisiert. Neutralisierung ist der gesellschaftliche Preis der ästhetischen Autonomie." (ÄT S.399)

anfälligen Bereich der Rezeption nicht wahrhaben. In einer kaum noch zu beschreibenden Weise soll das Kunstwerk von sich aus, auch unabhängig von seiner Produktion und Rezeption[37], Träger eines kollektiven Geistes und der Wahrheit sein. Subjekt im Kunstwerk ist in letzter Instanz weder der "Betrachter noch der Schöpfer noch absoluter Geist, vielmehr der an die Sache gebundene, von ihr präformiert, seinerseits durchs Objekt vermittelt." (ÄT S.248) Das ist die Konsequenz aus Adornos Bestimmung der Gesellschaft als einem universellen Schein- und Herrschaftszusammenhang, dem sich letztlich nichts zu entziehen vermag. Wenn Kunst gleichwohl diesem Zusammenhang opponieren soll, muß ihr ein *substantieller* Kern unterstellt werden, der gegenüber den gesellschaftlichen Verhältnissen resistent ist. Die Kunstwerke erhalten so den Charakter von *geistlebendigen* Subjekten, die eine metaphysisch anmutende Eigenbewegung besitzen. Es ist der Mühe wert, Adornos Ästhetik auf Äußerungen hin zu untersuchen, in denen das Kunstwerk oder die Kunst als tätiges Subjekt fungiert. Die Kunstwerke, die nur vermöge der Produktivkräfte aus der Gesellschaft stammen und die als "fensterlose Monaden das 'vorstellen', was sie nicht selbst sind", (ÄT S.15) führen nach Adorno "ein Leben sui generis". (ÄT S.14) "Von sich aus will jedes Kunstwerk die Identität mit sich selbst, die in der empirischen Wirklichkeit gewalttätig allen Gegenständen als die mit dem Subjekt aufgezwungen und dadurch versäumt wird. ... Die bedeutenden kehren stets neue Schichten hervor, altern, erkalten, sterben." (ÄT S.14) Und einige Seiten später: "Sind die Kunstwerke Antworten auf ihre eigenen Fragen, so werden sie dadurch selber erst recht zu Fragen." (ÄT S.17) In solchen Formulierungen, die sich durch die gesamte Ästhetik hindurchziehen, zeigt sich das metaphysische Potential der Theorie Adornos. Auch wenn Adorno sich an vielen Stellen dagegen gewehrt hat, scheint der Kunst inmitten des gesellschaftlichen Grauens eine Art Erlöserfunktion zuzukommen,

---

37 "Das je eingreifende einzelmenschliche Subjekt ist kaum mehr als ein Grenzwert, dessen das Kunstwerk bedarf, um sich zu kristallisieren." (ÄT S.25)

die der des Christus nicht unähnlich ist; nur eben säkularisierter. Als Beleg für diese These kann eine Stelle aus der "Philosophie der neuen Musik" gelten, an der die Analogie der Aufgabe der Kunst zum christlichen Erlösungswerk nicht mehr zu übersehen ist. "Die Schocks des Unverständlichen, welche die künstlerische Technik im Zeitalter der Sinnlosigkeit austeilt, schlagen um. Sie erhellen die sinnlose Welt. Dem opfert sich die neue Musik. Die Dunkelheit der Welt hat sie auf sich genommen. All ihr Glück hat sie daran, das Unglück zu erkennen; all ihre Schönheit, dem Schein des Schönen sich zu versagen."[38] Wie Christus auf die Erde herabsteigen und dem sündigen Menschen ähnlich werden mußte, so ist auch Kunst heute genötigt, sich aus der Reinheit ihrer Autonomie und Schönheit herabzubegeben in die Niederungen des unwahren gesellschaftlichen Zusammenhangs, um durch Angleichung an die herrschenden Strukturen deren Wahrheit zu enthüllen. "Moderne ist Kunst durch Mimesis ans Verhärtete und Entfremdete; dadurch, nicht durch Verleugnung des Stummen wird sie beredt; daß sie kein Harmloses mehr duldet, entspringt darin." (ÄT S.39) Der Unterschied zur christlichen Erlösungslehre besteht nur darin, daß Kunst die Erlösung (die Versöhnung des Menschen mit der Natur) selbst nicht leisten kann, sondern nur auf sie verweist. Durch diesen ihren Verweisungscharakter ist sie eine gesellschaftliche Instanz der Hoffnung darauf, daß es einmal anders werde. Aber das Versprechen, das die Kunst gibt, muß angesichts des universellen Grauens der Wirklichkeit zweifelhaft werden. Der Wahrheitsgehalt der Kunstwerke steht immer in Zweifel, weil die Kunst nicht die Sprache des Begriffs spricht.[39] Darin sieht Adorno den Rätselcharakter der Kunstwerke begründet. Ihre Vieldeutigkeit, ihr Abgebrochensein und

---

[38] Th. W. Adorno, Philosophie der neuen Musik. Ges.' Schriften, hrsg. v. Gretel Adorno und Rolf Tiedemann. Bd.12, Frankfurt 1970, S.126.

[39] "Unverhüllt ist das Wahre der diskursiven Erkenntnis, aber dafür hat sie es nicht; die Erkenntnis, welche Kunst ist, hat es, aber als ein ihr Inkommensurables." (ÄT S.191)

ihr Scheincharakter lassen die Möglichkeit der Täuschung offen. "Ob die Verheißung Täuschung ist, das ist das Rätsel." (ÄT S.193) Deshalb bedarf Kunst einer Instanz, die das Rätselhafte an ihr auflöst: der ästhetischen Theorie.[40]

---

[40] "Der Wahrheitsgehalt der Kunstwerke ist die objektive Auflösung des Rätsels eines jeden einzelnen. Indem es die Lösung verlangt, verweist es auf den Wahrheitsgehalt. Der ist allein durch philosophische Reflexion zu gewinnen. Das, nichts anderes rechtfertigt Ästhetik. Während kein Kunstwerk in rationalistischen Bestimmungen wie dem von ihm Geurteilten aufgeht, wendet gleichwohl ein jegliches durch die Bedürftigkeit seines Rätselcharakters sich an deutende Vernunft." (ÄT S.193)

4.5 Das Überleben der philosophischen Reflexion in der Form der ästhetischen Theorie

Daß nach Kant und Hegel Ästhetik bei Adorno noch einmal zur Fundamentalphilosophie wird, resultiert aus seiner Analyse der Gesellschaft als einem universellen Herrschafts- und Verblendungszusammenhang, in dem die instrumentelle Ratio gegenüber allen anderen möglichen Formen der Weltaneignung dominiert. Weil die philosophische Reflexion selbst entscheidenden Anteil an der Ausbildung der instrumentellen Ratio gehabt hat, ist sie blind gegenüber den Konsequenzen, die sich aus der damit verbundenen Form der Weltaneignung ergeben haben. In der Hermetik ihrer selbstreflexiven Struktur eingeschlossen, ist ihr der Weg zu einer strukturellen Korrektur ihrer herrschaftlichen Zugriffsweise auf die Natur verstellt. Auch die Versuche, die herrschenden Verhältnisse durch konkrete politische Praxis zu ändern, müssen notwendig scheitern und den Bann der Herrschaft verstärken, weil sie derselben Ratio verpflichtet sind, gegen deren *notwendige* Resultate sie gerichtet sind. Daher plädiert Adorno auch für die Enthaltsamkeit von politischer Praxis als der einzig legitimen Haltung des Intellektuellen.[41] In einer Welt unter der Herrschaft des identifizierenden Denkens bleibt dem Intellektuellen nur die Möglichkeit des Widerstandes durch eine Form der Reflexion, die nicht den identifizierenden und gewaltsamen Charakter des begrifflichen Denkens hat. Für ein solches Denken aber gibt es innerhalb des Herrschaftsbereichs der instrumentellen Vernunft kein Modell. In der Kunst allerdings glaubt Adorno einen Reflexionsgegenstand gefunden zu haben, an dem die Herrschaft des begrifflichen Denkens zu Bruch geht und die Möglichkeit eines herrschaftsfreien,

---

[41] "Für den Intellektuellen ist unverbrüchliche Einsamkeit die einzige Gestalt, in der er Solidarität etwa noch zu bewähren vermag. Alles Mitmachen, alle Menschlichkeit von Umgang und Teilhabe ist bloße Maske fürs stillschweigende Akzeptieren des Unmenschlichen. Einig sein soll man mit dem Leiden der Menschen: der kleinste Schritt zu ihren Freuden hin ist einer zur Verhärtung des Leidens." Th. W. Adorno, Minima Moralia, a.a.O. S.22.

kommunikativen Verhältnisses des Menschen zur Natur aufscheint. In der Relexion auf die Kunst sieht sich die philosophische Reflexion mit dem konfrontiert, was sie als dem Identitätspostulat verpflichtetes begriffliches Denken nicht in den Blick bekommt: das Individuell-Besondere. An der resistenten Individuiertheit des Kunstwerks scheitert jeder Versuch des diskursiven Verstandes, sein Objekt auf einen allgemeinen Begriff zu bringen. Die den Akt des ästhetischen Erlebens kennzeichnende Erfahrung eines Individuell-Besonderen kann in der dem Identisch-Allgemeinen verpflichteten begrifflichen Rede nicht ausgedrückt und von daher nur verfehlt werden. "Von der Philosophie, überhaupt vom theoretischen Gedanken kann gesagt werden, sie leide insofern an einer idealistischen Vorentscheidung, als sie nur Begriffe zur Verfügung hat; einzig durch sie handelt sie von dem worauf sie gehen, hat es nie selbst. Ihre Sisyphusarbeit ist es, die Unwahrheit und Schuld, die sie damit auf sich lädt, zu reflektieren und dadurch womöglich zu berichtigen." (ÄT S.382) Adorno scheint die Reflexion auf die Kunst als eine solche Berichtigung und zumindest partielle Exkulpation verstanden wissen zu wollen. Indem die philosophische Reflexion den Wahrheitsgehalt des Kunstwerks, d.h. die je individuelle organismisch strukturierte und herrschaftsfreie Vermitteltheit von Einzelheit und Allgemeinheit, expliziert, entwickelt sie zugleich darin ein Modell für mögliche Welterkenntnis überhaupt und dementiert so den Universalitätsanspruch der instrumentellen Vernunft. Wie aber ist sie dazu in der Lage, wenn sie, wie Adorno es für notwendig erachtet, die Ebene des diskursiven Verstandes, d.h. die des Begriffs nicht verläßt und zur mystisch-magischen Rede wird? Doch wohl nur dadurch, daß sich die Struktur des Begriffs ändert. Adorno scheint mir auf der Suche nach einem Begriff, der die nichthierarchische und herrschaftsfreie Vermittlung von Einzelheit und Allgemeinheit leistet. Er plädiert für einen *sinnlichen* Begriff, der nicht *über* die Sache geht, sondern diese selbst aufscheinen läßt. Der Begriff soll nicht länger die Sache repräsentieren, sondern sie ausdrücken. Im Ausdruck verschwindet die Differenz zwischen Aussage und Ausgesagtem, und das Objekt wird selbst präsent. Als Modell eines derart sinnlichen bzw. anschaulichen Begriffs begreift Adorno die ästhetische Erfahrung. Indem Philosophie in die Reflexion ästhetischer Erfahrung übergeht, wird sie selbst zum Ausdruck, weil sie anerkennt, "daß das Ästhetische kein zu begreifender Gegenstand, sondern ihre eigene Vollzugsform ist."[42] Philosophie ist als ästhetische Theorie ästhetische Erfahrung und deren Reflexion in eins. Als Mimesis der ästhetischen Erfahrung soll Theorie selbst *ästhetisch* werden, um so zumindest partiell die Schuld des begrifflichen Denkens abzutragen. In der ästhetischen Erfahrung wird das Denken mit dem konfrontiert, was Adorno den mimetischen Impuls nennt. Als solchen faßt er jenen prälogisch animalischen Bezug des Leibes auf die erste Natur, den das Denken, indem es sich selbst als Ursprung zu setzen trachtet, als seine Vorgeschichte verleugnet. In der Aufklärung sieht Adorno das in der Geschichte des auf Naturbeherrschung ausgehenden Denkens immer dünner gewordene Band zwischen Leib und Vernunft endgültig durchtrennt. In der Entleiblichung der Vernunft, in ihrer Stilisierung zum autonomen Lebensprinzip, bannte das neuzeitliche Individuum seine nach dem Zerfall des christlichen Heilsversprechens grenzenlos gewordene Todesangst und produzierte so eine unaufhebbare und radikale Differenz von Geist und Natur, die erst die vollständige Beherrschung und Ausbeutung der Natur ermöglichte, an deren Folgen das Bewußtsein heute leidet. In der Kunst sieht Adorno den mimetischen Impuls, der vom Begriff verdrängt wurde, bewahrt, nicht unmittelbar, sondern in der Gestalt des Kunstwerks vermittelt. In der Reflexion auf die Kunst gewinnt das Denken, genötigt durch die Struktur des Gegenstandes, das von ihm verdrängte mimetische Moment wieder, ohne sich an es zu verlieren.[43] Im Kunstwerk leuchtet die herrschaftsfreie

---

42 Baumeister, Kulenkampff, a.a.O., S.100.
43 "Nicht anders vermag der Begriff die Sache dessen zu vertreten, was er verdrängte, der Mimesis, als indem er in seinen

Vermittlung von erster und zweiter Natur augenblickhaft auf.
Kunst, die das freie Spiel der Erkenntniskräfte initiiert,
befreit das Denken vom Zwang zur Identifikation und steht so
ein für die Möglichkeit eines erste und zweite Natur versöhnenden rationalen Bezuges zur Welt. Indem Philosophie in
ästhetische Theorie übergeht, hält sie der Idee der Versöhnung
von Geist und Natur gegen den universellen Schein- und Herrschaftszusammenhang die Treue.

Adornos Versuch, Kunst als eine kritisch-therapeutische
Instanz für die einem blinden Identitätszwang verfallene Rationalität zu präsentieren, birgt in sich selbst die Züge gewaltsamer Zurichtung des Gegenstandes, die er an der instrumentellen Vernunft diagnostiziert hat. So entpuppt sich bei näherem Hinsehen das von ihm beschworene herrschaftsfreie, vorgeblich auf Gegenseitigkeit beruhende Verhältnis von Kunst und
Philosophie als eines unter der Herrschaft der Philosophie.
Philosophie bedarf im Rahmen des Adornoschen Konzeptes in ganz
anderer Hinsicht der Kunst, als er es dem Leser weismachen
will. Was sie bezüglich des unglücklichen, unter den Folgen
der Herrschaft instrumenteller Vernunft leidenden Bewußtseins
leisten soll, ist schon auf der traditionellen Ebene theoretischer Reflexion vorentschieden. Adorno unterstellt dem Kunst-Werk projektiv das als Struktur und Wahrheitsgehalt, was, nach
seiner Diagnose, der instrumentellen Ratio abgeht. Er hat seine
Bestimmungen der Kunst weniger der ästhetischen Erfahrung der
einzelnen Kunstwerke abgewonnen, als vielmehr der Reflexion
auf die Erfahrung der zerstörerischen Unmenschlichkeit der
herrschenden gesellschaftlichen Situation. Doch auch die Reflexion auf die Unerträglichkeit des bestehenden Lebens- und
Gesellschaftszusammenhanges steht auf Grund ihres diskursiven
Charakters für ihn unter dem Verdacht, selbst das zu betreiben,
was sie kritisiert. In dem Versuch, das Leiden des Individuums

    eigenen Verhaltensweisen etwas von dieser sich zueignet,
ohne an sie sich zu verlieren. Insofern ist das ästhetische
Moment ... der Philosophie nicht akzidentell." Negative
Dialektik, a.a.O., S.26 (Im folgenden nur ND).

an der schlechten herrschenden Allgemeinheit auf den Begriff
zu bringen, enteignet sie dem verwalteten Individuum auch noch
die letzte Möglichkeit, seiner Verzweiflung am schlechten Gegebenen Ausdruck zu verleihen. Auf den Begriff gebracht erscheint das Leiden des Individuums nicht mehr als sinnlich mani-
fester Einspruch gegen alle verlogenen Glücksversprechen der
Gesellschaft, sondern in der Perspektive möglicher technokra-
tischer Bewältigung. Adorno sucht daher nach Verkörperungen
des individuellen Leidens am gesellschaftlichen Sein, die so
strukturiert sind, daß sie nicht vom Begriff einkassiert und
paralysiert werden können. Als Ensemble solcher Verkörperung
des Leidens begreift er die Kunst. Weil aber in seiner Philosophie das individuelle Leiden zugleich als Bedingung der
Möglichkeit der Erkenntnis des Zustandes der Welt erscheint,
d.h. die Möglichkeit philosophischer Wahrheit an die Erfahrung des Leidens gebunden ist, muß das Leiden in seinen Verkörperungen auch zum Sprechen gebracht werden.[44] In der Form
ästhetischer Reflexion, im unbestimmten Oszillieren zwischen
Begriff und Sache, wie sie das Kunstwerk vorgeblich erfordert,
hofft Adorno, die philosophische Reflexion der zerstörerischen,
identifizierenden Verfahrensweise des begrifflichen Denkens
zu entreißen und der Vernunft so die Wahrheit zurückerstatten
zu können, die sie im Prozeß ihrer Instrumentalisierung verloren hat. Philosophische Reflexion versucht in der Form der
ästhetischen Theorie gegen das herrschende, der Aufklärung
sich verpflichtet wähnende Denken, das einzuklagen, was dieses
einst dem Individuum versprochen, aber nicht eingelöst hat. Zu
diesem Zweck muß sie zuvor ihrem Gegenstand, der Kunst, das
als Struktur unterstellen, was Aufklärung zu sein beanspruchte,
aber nicht war. Kunst wird zum Statthalter dessen, was das
aufklärerische Denken im Prozeß seiner Instrumentalisierung verraten hat: die Bindung der Erkenntnis an Kritik und Erfahrung,

---

44 "Das Bedürfnis, Leiden beredt werden zu lassen, ist Bedingung
aller Wahrheit. Denn Leiden ist Objektivität, die auf dem
Subjekt lastet; was es als sein Subjektivstes erfährt, sein
Ausdruck, ist objektiv vermittelt." (ND S.29)

die Autonomie des Individuums und die Versöhnung von Einzelheit und Allgemeinheit bzw. von Geist und Natur. Die gesellschaftlich ortlos gewordene Utopie des neuzeitlichen Denkens emigriert bei Adorno um zu überleben, in die Kunst. Sie wird zum Memorial der von der Aufklärung verratenen Autonomie und Freiheit des Individuums, an deren gesellschaftliche Realisierung angesichts der herrschenden Realität er nicht mehr glaubt. Weil aber auch Kunst, wegen ihres Doppelcharakters, nicht vor der Vereinnahmung durch den gesellschaftlichen Schein- und Herrschaftszusammenhang gefeit ist, muß sie gegen den gesellschaftlichen Sog immunisiert werden. Adornos Zauberformel dafür lautet 'Hermetisierung'. Der Grad der monadologischen Abkapselung und Inkommunikabilität eines Kunstwerks bestimmt seinen Wahrheitsgehalt, der sich aber nur noch dem ohnehin schon alles wissenden Ästhetiker enthüllt.[45] Da wundert es nicht, daß nur wenige Kunstwerke Adornos kriterialer Auslese standhalten und der weitaus größte Teil der Kunst unter den Verdacht gerät, mit dem gesellschaftlichen Schein gemeinsame Sache zu machen. Die gewaltsame Struktur, die Adorno an der neuzeitlichen Ratio diagnostiziert hat, durchzieht auch seine rationalitätskritische Besetzung der Kunst. Seinem selektierenden Umgang mit der Kunst liegt das Bedürfnis zugrunde, dem schuldig gewordenen Denken einen Gegenstandsbereich zu erschließen, auf den es sich beziehen kann, ohne den Bann der Herrschaft zu verstärken. Indem sich Denken in die Gestalt ästhetischer Theorie hüllt, hält es der Wahrheit, die es in seiner identifizierenden begrifflichen Form an die Herrschaft verraten hat, dadurch die Treue, daß es auf die begriffliche Fixierung des individuell Besonderen verzichtet. Die ästhetische Reflexion umkreist in einer unendlichen dialektischen Bewegung ihren Gegenstand so, daß alle gewonnenen Bestimmungen

---

45 "Aber die verschwiegene und bestimmte Antwort der Kunstwerke offenbart sich nicht mit einem Schlag, als neue Unmittelbarkeit, der Interpretation, sondern erst durch alle Vermittlungen hindurch, die der Disziplin der Werke wie des Gedankens, der Philosophie." (ÄT S.197)

sofort wieder in ihr antithetisches Moment aufgelöst werden.
Dieses Verfahren bewahrt aber nicht nur den Gegenstand vor der
begrifflichen Fixierung, sondern immunisiert zugleich Denken
in der Gestalt der ästhetischen Theorie gegen Kritik und Einspruch. Seine Methode, zu jeder thetischen Setzung gleich die
Kritik daran mitzuliefern, ist der Versuch, den Kritiker zu
entwaffnen und zu beschämen, indem man ihm zeigt, daß jeder
kritische Einspruch integrales Moment der Theorie selbst ist.
Seine ästhetische Theorie ist ein Paradebeispiel für dieses
Verfahren. Die Fähigkeit, auch das zu absorbieren, was kritisch
gegen sie gerichtet ist, die Adorno der Kulturindustrie unterstellt hat, kennzeichnet auch seine eigene Denkbewegung. Der
Hermetik des Adornoschen Denkens resultiert aus seiner
paranoiden Angst, der allgegenwärtigen und jedes Denken bedrohenden Logik des Begriffs aufzusitzen. Die Todesangst, der
das neuzeitliche Individuum durch die Ermächtigung der Vernunft zum Lebensprinzip entrinnen wollte, ist auch, in veränderter Form, das Movens der kreisenden Reflexion Adornos.
Sein Versuch, die Reflexion in einer kreisenden, jede Bestimmung sogleich wieder auflösenden Bewegung zu halten, ist bestimmt von der Angst, daß die reflexiv 'verflüssigten' Gegenstände in die tödliche Starre und Sterilität zurückgleiten,
mit der das identitätswütige begriffliche Denken die Welt überzogen hat. Gegen den Tod, der dem lebendigen Individuum von
einer derartigen Welt droht, scheint mir Adorno unablässig
anzudenken. Das verleiht seinem Diskurs den beschwörenden
und magischen Charakter, seine Intensität. Doch Adornos magische Beschwörung ist durchsetzt vom Zweifel an der Wirksamkeit.
In der Bedeutungstrias von 'beschwören', - herbeizitieren,
inständig-zur-Bleibe-anhalten und bannen, einsperren und entmachten -,[46] verbleibt er auf der zweiten Stufe, weil er an
die Entmachtung des naturabtötenden Prinzips der neuzeitlichen

---

46 Den Hinweis auf die dreifache Bedeutung von 'beschwören'
verdanke ich einer Vorlesung zur Philosophie der Kunst,
die Rudolf Heinz im Sommersemester 1978 an der Universität
Düsseldorf gehalten hat.

Ratio auf Grund seiner eigenen Geschichts- und Gesellschaftsdiagnose nicht glauben kann. Aber seine magische 'Halbherzigkeit' resultiert aus seiner spezifischen Intention, die dem magischen Denken fremd ist. Während dies einst auf Entmachtung des Bedrohlichen durch Benennung, durch Fixierung also, ausging, geht es Adorno um die Verlebendigung dessen, was unter der Herrschaft des Begriffs erstarrt ist. Das magische Moment der Adornoschen Reflexion hat eher den Charakter eines Gegenzaubers, der den magischen Bann brechen soll, den die neuzeitliche Ratio, sich aller mythisch-magischen Intention ledig wähnend, gleichwohl über die lebendige Natur verhängt hat. Er benötigt dazu die Kunst, weil sie auf Grund ihres imaginationsmagischen Charakters der philosophischen Reflexion das Verfahren vorgeben kann.

Gegen das identifizierende Denken gerichtet, hat Ästhetik bei Adorno zwar nicht mehr die Aufgabe, die Identität von Subjekt und Objekt, von Geist und Natur, von Einzelheit und Allgemeinheit zugunsten des jeweils ersten Terms zu erweisen, aber gleichwohl geht es auch ihm um Identität; um die individuelle des Dialektikers nämlich, der in der Bewegung der ästhetischen Reflexion *seine* Identität nicht mehr mit, sondern gegen das herrschende Allgemeine behauptet. Seine Bestimmung dieses Allgemeinen als universeller Schuldzusammenhang,[47] an dem jede in der gesellschaftlichen Immanenz verbleibende Reflexion und Praxis notwendig teil hat, motiviert seine Suche nach einer Möglichkeit für das in der Schizophrenie des gesellschaftlichen Seins gefangene Individuum, den Bann der Rationalität zu durchbrechen, ohne den Preis der Verrücktheit zahlen zu müssen. In der Kunst scheint ihm wegen ihres Doppelcharakters als 'fait social und Autonomie' eine derartige Möglichkeit gegeben. In der Reflexion auf sie glaubt er das Individuum momenthaft vom Bann der schizophrenen Paradoxie des gesellschaftlichen Ganzen enthoben. Von dieser Erfahrung erwartet er sich eine Vergröße-

---

[47] Adorno spricht in diesem Zusammenhang von der Säkularisierung der Erbsünde. Vgl. ND S.241.

rung des Widerstandspotentials des Individuums gegen den Sog des herrschenden Allgemeinen. Eingesperrt in die Hermetik des gesellschaftlichen Schuldzusammenhanges und der ihn bestimmenden Rationalität wird dem neuzeitlichen Indviduum Kunst zum Statthalter der in der Aufklärung verratenen Autonomie und Freiheit und die ästhetische Theorie zur einzigen Instanz, die ein Bewußtsein von dem bewahrt, was dem Individuum vorenthalten wurde. Kunst und Ästhetik sind für Adorno die Indikatoren des Mißlingens der Geschichte. In dieser Funktion sind sie der hilflose Einspruch des leidenden Bewußtseins gegen das, was ist. Das Individuum findet seine Identität nur noch in der schmerzlichen Erkenntnis seiner gesellschaftlichen Unmöglichkeit.

V. DIE MÖGLICHKEIT UND FUNKTION ÄSTHETISCHER THEORIE IN DER SPÄTBÜRGERLICH-KAPITALISTISCHEN INDUSTRIEGESELLSCHAFT

5.1 Kritik an der Beschränkheit philosophischer Ästhetik

Die Analyse der drei großen ästhetischen Theorien von Kant, Hegel und Adorno hat gezeigt, daß der ästhetischen Produktion und der ästhetischen Erfahrung von der neuzeitlichen Philosophie eine entscheidende Funktion bei der Bearbeitung rationalitätsspezifischer und geschichtsphilosophischer Probleme zugedacht wurde. Die Depotenzierung der Ästhetik durch Hegel, der eine nichtästhetische Krisenlösung gefunden zu haben glaubte, verweist nachdrücklich auf die Kompensationsfunktion, die die ästhetische Reflexion angesichts gescheiterter geschichtsphilosophischer Entwürfe übernommen hat. Geschichtsphilosophie ist jene Formation, mit der die neuzeitliche Philosophie das metaphysische Vakuum zu füllen trachtete, daß ihr nach dem Zerfall der christlichen Weltorientierung entstanden war. Ästhetik hat sich als Versuch erwiesen, in der Reflexion auf Kunst oder Natur, gegen die destruktive Potenz des durch entwickelten Warentausch und instrumentelle Rationalität bestimmten bürgerlichen Lebenszusammenhanges die Möglichkeit der Versöhnung bzw. Aufhebung der in ihm erfahrenen Widersprüche und Antagonismen zu beschwören. Dabei handelt es sich um spezifische Ausformungen des menschlichen Leidens an Tod, Zufälligkeit und Orientierungslosigkeit überhaupt, hinter denen sich die Sehnsucht nach einem substantiellen Sein verbirgt. Insofern verweist ästhetische Theorie auf das Leiden des modernen intellektuellen Bewußtseins am Herrschafts- und Entfremdungszusammenhang der bürgerlich-kapitalistischen Gesellschaftsordnung, deren Mechanismen sich das Individuum ohnmächtig ausgeliefert sieht. Statt der von der Aufklärung versprochenen Befreiung von der Herrschaft der Natur und der Willkür der feudalistischen Herrschaft erfährt das Individuum in der bürgerlichen Gesellschaft zunehmend seine Abhängigkeit von den ökonomischen Gesetzmäßigkeiten eines expandierenden Marktes und den institutionellen Komplexen, die diese Gesellschaft in ihrem Inneren zur Erhal-

tung ihres Herrschafts- und Allgemeinheitsanspruches gegen
jegliche individuelle Dissidenz errichtet hat. Vernunft, in
deren Namen die neuzeitlichen Emanzipationsbestrebungen des
Individuums ihren Ausgang genommen haben, erwies sich mit
zunehmender Konsolidierung der bürgerlichen Ordnung nicht
als Instanz der Befreiung, sondern als Instrument der Beherrschung von Natur und Mensch gleichermaßen. Gegen diese Erfahrung des bürgerlichen Lebens- und Gesellschaftszusammenhanges mobilisiert ästhetische Theorie Naturerleben bzw.
Kunst als Instanzen der Versöhnung der gesellschaftlichen
Widersprüche und Antagonismen. In dem Maße, wie das in der
ästhetischen Kunst- und Naturerfahrung angelegte Versprechen
gelingenden Lebens sich an einer dazu gegenläufigen gesellschaftlichen Entwicklung brach, kamen Kunst und ästhetische
Theorie zunehmend in Schwierigkeiten. Angesichts der gesellschaftlichen Realität, die die utopische Gegenbildlichkeit
der Kunst in ihrer Glaubwürdigkeit dadurch sabotierte, daß
sie sich der ästhetisch versprochenen Versöhnung der Widersprüche verweigerte, wurde Kunst da, wo sie dennoch Versöhnung
als möglich behauptete, zum ideologischen Rechtfertigungsinstrument der schlechten bürgerlichen Wirklichkeit. Das
gleiche Schicksal ereilte auch die ästhetische Theorie. Dem
Ideologieverdacht begegnete ein Teil der Kunst mit der Verweigerung der im Begriff des Schönen gefaßten Versöhnungsleistung. Das Bewußtsein, daß die bürgerliche Gesellschaft
nicht mehr zu rechtfertigen ist, ist seit Schillers resigna-
tivem Beschluß der "Ästhetischen Erziehung" und Hegels Depotenzierung der Kunst zum Grundsatz ästhetischer Theorie geworden. Nach dem Zusammenbruch des deutschen Idealismus wurde
die Kunst aus der Hegelschen Abstellkammer wieder hervorgeholt
und von der ästhetischen Theorie als Organ der Kritik am bürgerlichen Gesellschaftszusammenhang hochstilisiert. Wenn die
bürgerliche Gesellschaft schon nicht mehr ästhetisch zu rechtfertigen war, dann sollte sie wenigstens ästhetisch kritisiert
werden. Auch ohne die anschaulich gemachte Versöhnung der gesellschaftlich erfahrenen Antagonismen und Widersprüche, soll-

te sie als Kritik, bei aller Hoffnungslosigkeit bezüglich der
Realisierung einer besseren Gesellschaft, zumindest das Bewußtsein aufrecht erhalten, daß es auch anders sein könne. Dahinter
stand unausgesprochen die Hoffnung, ästhetische Erfahrung möge
auch gesellschaftlich praktische Folgen zeigen. Die marxistische Ästhetik hat diese Hoffnung bis heute beibehalten.[1] In
dem Maße allerdings, in dem im 20. Jhd. die intendierte kritische Haltung der Kunst gegenüber der Gesellschaft durch eine
entwickelte Kulturindustrie paralysiert wurde, trat Kunst in
einen forcierten Prozeß der Selbstauflösung und Selbstkritik
ein, der sie paradoxerweise in die vollständige Abhängigkeit
vom institutionellen Apparat der Kulturindustrie brachte,
gegen den ihre Revolte gerichtet war. Der Prozeß der 'Ent-
kunstung der Kunst' beraubte in gewisser Weise die ästhetische
Theorie ihres Gegenstandes. Sobald die Differenz von Kunst
und Nicht-Kunst schwindet, wird es für eine auf Kunst abonnier-
te ästhetische Theorie immer schwieriger, die Besonderheit der
ästhetischen Erfahrung gegenüber anderen Formen gesellschaftlicher Erfahrung zu bestimmen. Aber gerade deren Besonderheit,
die nicht zuletzt auf der anschaulichen Besonderheit des Kunstwerks gegenüber anderen Gegenständen beruhte, erlaubte es der
ästhetischen Theorie, Kunst als Instanz der Kritik an der
Gesellschaft und der sie bestimmenden instrumentellen Ratio
zu begreifen. In der Folge dieser Entwicklung wendete sich die
Ästhetik, noch mehr als dies schon immer der Fall war, von der
konkret produzierten Kunst ab und verwickelte sich in einen
Prozeß der Selbstreflexion, der bis heute nicht zu Ende gekommen
ist. Gegenwärtige ästhetische Theorie ist primär Kritik ihrer
traditionellen Vorläufer auf der Basis eines verschwommenen und
kaum mehr explizierbaren Kunstbegriffs. Kunst und Ästhetik sind
auseinandergetreten und zirkulieren jeweils in sich selbst.
Wenn eine der beiden Formationen sich auf die andere beruft,
hat dies meist den Charakter der Beliebigkeit. Obwohl über

---

1 Vgl. Georg Lukacs, Die Gegenwartsbedeutung des kritischen
  Realismus. In: ders., ges. Werke Bd.4, Probleme des Realismus
  I. Berlin 1971, bes. S.500-551.

diese Situation zumindest partiell ein Bewußtsein existiert - davon zeugt die permanente Rede von der Krise der Kunst und der Ästhetik -, enden die meisten philosophisch-kritischen Reflexionen über diesen Zusammenhang damit, die Notwendigkeit und Bedeutsamkeit ästhetischer Theorie auf der Basis der Kunst zu beschwören, wenn auch mit reduziertem Anspruch.[2] Bis heute wird in der Kunst offen oder uneingestanden eine Instanz gesehen, die als Kritik am gesellschaftlichen Zusammenhang und der ihn bestimmenden instrumentellen Ratio ein Bewußtsein erzeuge, das als Bedingung der Möglichkeit gesellschaftlicher Veränderung gesehen wird. Derartige philosophische Bestimmungen der Funktion und Bedeutung der Kunst für das Bewußtsein verweisen in mehrfacher Hinsicht auf einen Mangel an Reflexion, der nicht auf eine intellektuelle Unfähigkeit der Verfasser zurückgeführt werden kann, sondern auf deren fürsorglich nicht mitreflektiertes Eigeninteresse an einem bestimmten Begriff von Kunst. Die folgenden Thesen versuchen, ausgehend von der aporetischen Situation der modernen Ästhetik das verdrängte Eigeninteresse, das ästhetischer Theorie jeweils unreflektiert zugrunde liegt, zu thematisieren und die daraus resultierenden Konsequenzen für eine philosophische Ästhetik zu skizzieren.

1. Die große philosophische Ästhetik täuscht sich fundamental über den Charakter des Ästhetischen. Sie verfehlt das Ästhetische immer da, wo sie Kunstwerke als Objektivationen einer jeweils spezifischen als *substantiell* gesetzten Instanz begreift, die die grundsätzliche Integration des einzelnen 'Sterblichen' in den allgemeinen kosmisch-gesellschaftlichen Zusammenhang verspricht, sei es die Ideenwelt (Platonismus), sei es konkreter Geist (Hegel), sei es das quietistische Nirwana (Schopenhauer).[3]

[2] Vgl. Hans Robert Jauß, Negativität und Identifikation. Versuch einer Theorie der ästhetischen Erfahrung. In: Poetik und Hermeneutik VI. Positionen der Negativität, hrsg. v. Harald Weinrich, München 1975, S.263-341.

2. Diese Verkennung des Ästhetischen ist die Folge eines undurchschauten Eigeninteresses des intellektuellen Bewußtseins, seiner Sehnsucht nach einem substantiellen Sein inmitten der bedrohlichen Offenheit einer entzauberten Welt.

3. Die Schwierigkeiten und Aporien gegenwärtiger ästhetischer Theorie resultieren daraus, daß sie der Kunst das Monopol für die ästhetische Erfahrung und Produktion zuspricht, anstatt sie als eine *spezifische* Form ästhetischen Verhaltens zu begreifen. Sie schreibt die Emigration des Ästhetischen in die Kunst, die für die Aufklärung kennzeichnend ist, bis heute fest und begibt sich so der Chance, Theorie *der* ästhetischen Erfahrung zu sein, die außerhalb der Formation Kunst ihren Ort hat. Auch die Einengung der ästhetischen Erfahrung geschieht unter anderem aus einem nichtreflektierten Eigeninteresse des intellektuellen Bewußtseins.

4. Die Blindheit ästhetischer Theorie gegenüber jedem nichtkünstlerischem ästhetischen Verhalten führt dazu, auch die ästhetischen Aktionen und Manifestationen, die mit dem, was einmal Kunst hieß, nichts mehr außer dem imaginären Charakter gemeinsam haben, unter dem Begriff 'Kunst' zu subsumieren und so deren spezifischen Charakter zu verfehlen. Das ist kein Einwand gegen das Argument, Kunst sei in gleicher Weise einer historischen Entwicklung unterworfen wie der übrige gesellschaftliche Bereich auch. Es gilt nur zu sehen, daß in der jüngsten Moderne unter dem Begriff Kunst ästhetische Aktionen und Manifestationen präsentiert werden, die auch mit größtem hermeneutischen Aufwand schwerlich zu dem, was einmal Kunst hieß, in eine Kontinuität gebracht werden können. Daß solche Aktionen dennoch unter dem Begriff 'Kunst'

---

3 Vgl. Manfred Frank, Das individuelle Allgemeine. Textstrukturierung und -interpretation nach Schleiermacher, Frankfurt 1977, S.355.

firmieren, verweist nur darauf, daß es in unserer Gesellschaft für ästhetische Verhaltensweisen, die nicht Kunst sein wollen, außerhalb der Kulturinstitutionen keinen Ort der Präsentation gibt.

5. Erst als Theorie ästhetischer Erfahrung und Produktion, die sich nicht an einem unbestimmten Begriff von Kunst orientiert, bestände für die philosophische Ästhetik die Möglichkeit, den Charakter und die Seinsweise der Kunst adäquat zu bestimmen. Ästhetik, die Kunst als Sonderform des Äasthetischen reflektiert, wäre ein Beitrag zur Entmystifizierung der Kunst bezüglich der Funktion und Leistung, die ihr von einem eigeninteressierten intellektuellen Bewußtsein unterstellt wird. Eine über die Kunst hinausgehende Ästhetik wäre auch in der Lage, alle gegenwärtigen ästhetischen Reduktionsformen, die vom Kulturbetrieb gegen alle Erfahrung als Kunst präsentiert werden, ohne Schwierigkeiten und Ausgrenzungen in ihrer Bedeutung zu reflektieren. Soweit sie auf Kunst als *einen* ihrer spezifischen Gegenstandsbereiche reflektiert, ist sie zu einer grundsätzlichen Neubestimmung des Autonomiecharakters der Kunst gezwungen, der in seiner alten Bedeutung ohnehin mehr als fragwürdig geworden ist. Sie müßte die in der Neuzeit beschworene Autonomie der Kunst als eine Projektion des gesellschaftlich unbefriedigten Bedürfnisses des Individuums nach Autonomie und Souveränität auf die Kunst erweisen und diese als Statthalter der gesellschaftlich versagten, aber philosophisch versprochenen Autonomie des Subjekts begreifen. In der Kunstwerkästhetik, die die Autonomie dem Kunstwerk als substantielle Seinsweise zuschreibt, projiziert das neuzeitliche Subjekt den Autonomiegedanken auf die Kunst, um ihn dann durch Teilhabe an ihr auf sich selbst zu reprojizieren. Die Analogie dieses Verfahrens zur traditionellen religiösen Projektion ist auffällig, und die Inszenierung und Fetischisierung der Kunst durch das gebildete Bürgertum be-

rechtigt zu dem Verdacht, daß die Kunst unter anderem in
der profanen Welt der bürgerlichen Gesellschaft eine Religionsersatzfunktion übernimmt. Teilhabe am Kunstgeschehen
ist für den gebildeten Bürger immer auch Teilhabe an einem
höheren geistigen Bereich, der der profanen Alltagswelt
entzogen ist. Die, im wahrsten Sinne des Wortes, exklusive
Stilisierung der Kunst durch das intellektuelle bürgerliche
Bewußtsein imputiert ihr die sinnstiftende Funktion, die
sie für das intellektuelle Bewußtsein bis heute so attraktiv macht.

6. Eine erweiterte und ihrem Gegenstand gerecht werdende
Theorie des Ästhetischen bestände aus zwei Teilen: einer
Theorie der Wahrnehmung, die alle sinnlichen Vermögen des
Individuums gleichberechtigt thematisiert[4] und einer Theorie
des Imaginären in all seinen verschiedenen Erscheinungsformen.[5] In dieser zweifachen Hinsicht konzipiert, wäre
Ästhetik zugleich auch wesentlicher Bestandteil einer Theorie der Gesellschaft und nicht mehr bloß Ersatz für eine
mißlingende oder fehlende politische Theorie. Sie würde,
bar jedes falschen Totalitätsanspruchs, als offener Verstehenshorizont für gesellschaftliche Praxis fungieren

---

[4] Ansätze zu einer derartigen Theorie der Wahrnehmung, die nicht
das Sehen gegenüber anderen Formen der Sinnlichkeit, wie dem
Tastsinn, dem Geruch und dem Geschmack favorisieren, haben in
Debatten über Probleme der ästhetischen Theorie nur selten
Berücksichtigung gefunden. Eine gute Grundlage für eine über
das Sehen hinaus erweiterte Theorie der Wahrnehmung stellt
die in Deutschland kaum rezipierte "Phänomenologie der Wahrnehmung" von Merleau-Ponty dar, an deren Grundgedanken auch
meine Ausführungen orientiert sind. Vgl. Maurice Merleau-Ponty,
Phänomenologie der Wahrnehmung, Berlin 1966.

[5] Wesentliche Grundsteine zu einer Theorie des 'Imaginären' finden sich in dem Buch 'Das Imaginäre' von Jean-Paul Sartre, dem
gleichfalls in Deutschland eine breitere Rezeption versagt geblieben ist. (Zu den wenigen Ausnahmen zählen Manfred Frank
und Hans-Robert Jauß.) Sartre leistet eine breit angelegte
phänomenologische Analyse des Vorstellungsbewußtseins, an der
sich meine Bestimmung der Seinsweise des Kunstwerks weitgehend
ausrichtet. Vgl. Jean-Paul Sartre, Das Imaginäre, Hamburg 1971.
(Im folgenden nur Im.)

können, ohne den Anspruch zu erheben, den Gang der Geschichte zu kennen, bzw. deren absolute Wahrheit zu wissen.

Im folgenden will ich versuchen, den Umriß zu einer derart erweiterten ästhetischen Theorie zu entwerfen. Dazu scheinen mir nötig eine Bestimmung des Charakters und der spezifischen Seinsweise des Kunstwerks und darüber hinaus eine Reflexion auf die Gründe der Verkennung dieses Charakters durch die philosophische Ästhetik.

5.2 Der Charakter und die Seinsweise des Kunstwerks

Jean Paul Sartre hat in seinem Buch 'Das Imaginäre' den existentiellen Typus des Kunstwerks durch den Begriff des Irrealen bzw. Imaginären zu erfassen versucht. Diese Bestimmung basiert auf der Unterscheidung einer realisierenden und einer vorstellenden Komponente des *einen* Bewußtseins, denen ein unterschiedliches Verhältnis des Bewußtseins zur Welt entspricht. Im Blick auf die Kunst meint diese Unterscheidung, daß einem Bewußtsein, das sich der Welt gegenüber realisierend verhält, der Zugang zum Kunstwerk notwendig verschlossen bleibt, weil es über die bloße Wahrnehmung seiner Materialität, etwa der Leinwand oder der Farbschichten bei einem Bild, nicht hinausgelangt. Um einen Gegenstand als Kunstwerk zu erfassen und zu erfahren, muß das Bewußtsein sein realisierendes Verhältnis der Welt gegenüber aufgeben und vorstellend werden. Das Kunstwerk muß auf dem Körper des jeweiligen materiellen Gegenstandes erst als ein Imaginäres erzeugt werden, d.h. das Bewußtsein muß den Gegenstand als ein materielles Analogon zu einer Vorstellung begreifen. Dieser Übergang des Bewußtseins von der realisierenden zur vorstellenden Tätigkeit ist ein negativer Akt, insofern in ihm die reale Welt der Gegenständlichkeit negiert werden muß. Erst auf dem Hintergrund der negierten Welt kann das Imaginäre erscheinen. Entscheidend ist, daß die in der Vorstellung negierte Welt "immer die von einem bestimmten Gesichtspunkt aus negierte Welt ist". (Im. S.287) Es ist eine Welt, die es erlaubt, die Abwesenheit des Objekts zu setzen, das man als Vorstellung präsent machen wird. Sofern das Kunstwerk ein Imaginäres ist, ist die in ihm negierte Welt immer eine, in der das als Kunstwerk vorgestellte Objekt nicht existiert. Das setzt voraus, daß das Bewußtsein zuvor die Welt als Totalität synthetisiert haben muß, in der das vorgestellte Objekt *nicht* existiert. "Die wesentliche Bedingung dafür, daß ein Bewußtsein vorstellt, ist, daß es 'in Situation in der Welt' ist, oder kürzer, daß es 'in der Welt ist'. Die Situation in der Welt, als konkrete und individuelle

Realität des Bewußtseins verstanden, ist Motivation für die Konstitution eines beliebigen irrealen Objekts, und die Natur dieses irrealen Objekts ist durch diese Motivation umschrieben. So darf die *Situation* des Bewußtseins nicht als reine und abstrakte Möglichkeitsbedingung für jedes Imaginäre erscheinen, sondern es ist die konkrete und genaue Motivation des Erscheinens eines besonderen Imaginären." (Im. S.288)
Die Bestimmung des Kunstwerks als ein Imaginäres opponiert jeder Inhaltsästhetik, die dem Kunstwerk einen, von der Rezeption unabhängigen, objektiven Gehalt als seine Wahrheit unterstellt. Sie erweist Produktion und Rezeption eines Kunstwerks als einen intentionalen, vorstellungsgeleiteten Akt des Bewußtseins, der nicht darauf abzielt, das Reale im Kunstwerk abzubilden oder widerzuspiegeln, sondern eine imaginäre Welt zu konstituieren. Die Synthesis der Welt als eine Totalität, in die ich existierend eingebunden bin, geht dem ästhetischen Akt voraus und wird nicht wie die Widerspiegelungstheorie annimmt, in ihm erst geleistet. Sie ist vielmehr Bedingung der Möglichkeit der Konstitution der imaginären Welt im Kunstwerk. Die entscheidende Differenz zwischen den beiden Bewußtseinshaltungen besteht darin, daß das realisierende Bewußtsein die Welt, in der es lebt, immer schon als konstituiert vorfindet, sich also von einer Welt bestimmt sieht, die es selbst nicht miterzeugt hat, während das imaginierende Bewußtsein selbst eine Welt konstituiert. Zwischen beiden Haltungen des *einen* Bewußtseins existiert ein Riß, der einen kontinuierlichen Übergang von der einen zur anderen Bewußtseinseinstellung nicht zuläßt. Der Wechsel hat immer den Charakter eines radikalen Bruchs. Dennoch sind Wahrnehmung und Vorstellung (Imagination) Akte desselben Bewußtseins, und jede Setzung des Realen durch das Bewußtsein impliziert seine mögliche Überschreitung auf ein Imaginäres hin.[6]

[6] "Das realisierende Bewußtsein schließt immer ein Überschreiten auf ein besonderes vorstellendes Bewußtsein hin ein, das wie die Kehrseite der Situation ist und im Verhältnis zu dem sich die Situation definiert." (Sartre, Im. S.290)

Wenn man das Kunstwerk als eine Leistung des imaginierenden
Bewußtseins begreift, wird die besondere Stellung, die die
bürgerliche Gesellschaft, insbesondere die philosophische
Ästhetik, der Kunst attestiert hat, in ihrer ganzen Bedeutung verstehbar. Im imaginierenden Akt der Produktion und
Rezeption des Kunstwerks erfährt sich das bürgerliche intellektuelle Bewußtsein als die welterzeugende Autonomie, als
die es sich selbst in der Aufklärung bestimmt hatte, d.h. es
erfährt sich konkret als konstitutiven Grund von Welt, wenn
auch nur einer imaginären. Diese Erfahrung ist dem neuzeitlichen Subjekt in der gesellschaftlichen Realität versperrt.
Hier erfährt es sich eher als *konstituiert* durch die verhärteten, das gesellschaftliche Sein bestimmenden, institutionellen
Komplexe. Das aus seiner gesellschaftlichen und politischen
Ohnmacht resultierende Bedürfnis des bürgerlichen Individuums,
Welt, im vollen Sinne des Wortes, autonom zu konstituieren, ist
nur in imaginären Akten zu befriedigen. Die Kunst ist eine
Formation, die eine derartige Befriedigung für die Dauer des
imaginierenden Aktes, d.h. der ästhetischen Erfahrung, erlaubt.
Die Bedürfnisbefriedigung, die Kunst dem Produzenten und
Rezipienten gleichermaßen gewährt, ist eine zweifache. Zum
einen fungiert Kunst als eine Instanz, die es dem Bewußtsein
erlaubt, dem was real nicht existiert, aber gleichwohl vom
Bewußtsein ersehnt wird, eine imaginäre Präsenz zu verschaffen, d.h. sie ist in der Lage, real erfahrene gesellschaftliche Mangelsituationen im Imaginären zu kompensieren. Zum anderen verschafft sie dem Individuum die Erfahrung der Freiheit
des Bewußtseins gegenüber der puren Faktizität des Realen,
seiner Möglichkeit und Fähigkeit, die gegebene Welt zu überschreiten. Diese zwei Dimensionen des Imaginären, die Überschreitung und die Kompensation (Bannung), ermöglichen erst
die ausgezeichnete Stellung der Kunst für das intellektuelle
Bewußtsein in der bürgerlichen Gesellschaft. Der Bürger erfährt
die im Kunstwerk erzeugte imaginäre Welt als *seine* Welt, d.h.
er erfährt sich selbst als welterzeugende Autonomie. Die im
imaginierenden Akt erfahrbare Autonomie ist die Erfahrung seiner

Freiheit gegen eine Welt, die ihm im realen gesellschaftlichen
Lebenszusammenhang als eine fremde, weil immer schon von anderen konstituierte, gegenübersteht. Die im Gesellschaftszusammenhang erfahrene Entfremdung kann zwar im imaginären Akt
nicht aufgehoben werden, aber man kann sich ihr für die Dauer
des imaginären Aktes entziehen. Die als Kunst autonom erzeugte
Welt ist im Gegensatz zur realen Welt durchgängig sinnhaft,
d.h. bedeutend. Aus diesem Grunde taugt Kunst zur Kompensation
der Sinndefizite, an denen im realen Gesellschaftszusammenhang
das bürgerliche Bewußtsein leidet.[7] Sinnhaft ist die im Kunstwerk erzeugte Welt, weil in ihr die gesellschaftlich erfahrene
Trennung von Einzelheit und Allgemeinheit in einem organismischen Verhältnis von Teil und Ganzem aufgehoben ist. Solange
das Bewußtsein seine imaginierende Haltung der Welt gegenüber
beibehält, also für die Dauer des ästhetischen Aktes, ist es
von der schmerzlichen Erfahrung der Entfremdung und Abspaltung
vom herrschenden gesellschaftlich Allgemeinen befreit. Sie ergreift aber sogleich wieder Besitz vom Bewußtsein, wenn es
seine imaginierende Haltung gegenüber der Welt aufgibt und
sich erneut dem Realen zuwendet. Die Bestimmung des Kunstwerks
als ein Imaginäres zeigt, daß die Frage nach dem 'Wesen' und
der Wahrheit der Kunst nicht auf der inhaltlichen Ebene be-
handelt und beantwortet werden kann, weil auch die schrecklichste und sinnloseste kunstmäßig erzeugte Welt immer noch eine
ist, über die das Bewußtsein autonom verfügen kann.[8]

[7] Vgl. Christian Enzensberger, Literatur und Interesse. Eine
politische Ästhetik, München 1977, Bd.1, S.25-155.

[8] "So zielt der schöpferische Akt durch die wenigen Gegenstände,
die er produziert oder reproduziert, hindurch auf eine totale
Inbesitznahme der Welt. Jedes Bild, jedes Buch ist eine Wie-
derinbesitznahme der Totalität des Seins; jedes bietet diese
Totalität der Freiheit des Beschauers dar. Denn das ist wohl
der Endzweck der Kunst: diese Welt wieder in Besitz zu nehmen,
indem man sie so zeigt, wie sie ist, aber als wenn sie ihren
Ursprung in der menschlichen Freiheit hätte." Jean-Paul Satre,
Was ist Literatur?, Hamburg 1976, S.37.
"Ein Hauptmotiv des künstlerischen Schaffens ist fraglos das
Bedürfnis, uns in Bezug auf die Welt als wesentlich zu empfin-
den. Wenn ich diesen Augenblick der Felder oder des Meeres,
diesen Gesichtsausdruck, den ich enthüllt habe, auf eine Lein-

Hegel hat das in seiner Ästhetik durchaus richtig gesehen, aber weil er diese Erfahrung an einen bestimmten Inhalt geknüpft hat, hat er nicht sehen können, daß auch die von ihm kritisierte moderne Kunst, die die Welt nicht mehr als harmonische Totalität zur Erscheinung bringt, durchaus das Bedürfnis des Bewußtseins nach Autonomie zu befriedigen vermag. Weil er die Identität von Einzelheit und Allgemeinheit nur auf das Dargestellte beschränkte, entging ihm, daß die organische Totalität des Kunstwerks nicht durch die Hineinnahme häßlicher und alltäglicher Motive destruiert wird. Hegel, der den imaginären Charakter des Kunstwerks erahnte, mußte das Ende der Kunst verkünden, weil er keine Befestigung des Bewußtseins im Imaginären, sondern eine im Realen suchte.[9]

wand bringe oder schriftlich fixiere, indem ich die Beziehungen zusammenfasse und dort eine Ordnung einführe, wo keine war, indem ich der Verschiedenartigkeit des Dinglichen die Einheit des Geistes auferlege, dann habe ich das Bewußtsein, sie hervorzubringen, d.h.: ich fühle mich hinsichtlich meiner Schöpfung wesentlich." Ebenda S.25.

[9] Unter dieser Perspektive muß auch seine emphatische Haltung gegenüber der griechischen Kunst beurteilt werden. Für die Griechen existierte das Hegelsche Problem nicht, weil in ihrem Lebenszusammenhang das Imaginäre und Reale durch keine eindeutige Grenze getrennt war. Weil die reale Welt zugleich auch eine mythische war, in der das Imaginäre als real existierend begriffen wurde, fanden die Griechen ihren Weltbezug und ihre Weltansicht, wenn auch idealisiert, im Kunstwerk adäquat dargestellt. Aber bereits Platon ahnte die unüberbrückbare Differenz zwischen der imaginären Welt der Kunst und der gesellschaftlichen Realität seines Staates, als er die Dichter der Lüge bezichtigte und nur die zulassen wollte, deren Kunst Mimesis der gesellschaftlichen Praxis ist. In der profanisierten Welt der Neuzeit verläuft zwischen dem Imaginären und dem Realen eine deutliche Trennungslinie. In der Realität der bürgerlichen Gesellschaft, die durch das vermeintlich von allen mythischen und religiösen Bestandteilen gereinigte Verstandesdenken bestimmt wird, hat das Imaginäre keinen Ort mehr. Die Befestigung des Bewußtseins in der Wirklichkeit durch die Kunst, die bei den Griechen für eine bestimmte Zeit gewährleistet war, ist dem neuzeitlichen Bewußtsein nicht mehr vergönnt. Die schmerzliche Differenz zwischen Kunst und Leben, ein Lieblingsthema der bürgerlichen Kunst, verweist deutlich auf die radikale, aber niemals akzeptierte Trennung zwischen dem Realen und dem Imaginären in der bürgerlichen Gesellschaft.

Eine derartige Befestigung aber vermag die Kunst nicht zu
leisten; sie kann sie nur imaginär beschwören und so der
Sehnsucht des Bewußtseins danach Ausdruck verleihen. Hegel
hat nicht gesehen, daß der von ihm wehmütig konstatierte
Verfall des Kunstideals ein Versuch der Kunst war, ihre
Glaubwürdigkeit zu retten, die sie angesichts ihrer unüber-
brückbaren Differenz zur gesellschaftlichen Wirklichkeit zu
verlieren drohte. Die Romantik war eine adäquate Reaktion
auf die gesellschaftliche Ohnmacht der utopischen Gegenbildlichkeit einer dem Harmoniegedanken verpflichteten Kunst. Die
Kantische Ästhetik ist, weil sie eine Analyse der konstitutiven Rolle des Subjekts in der ästhetischen Erfahrung ist und
das Schöne nicht als subjektunabhängige Substanz des Gegenstandes begreift, dem spezifischen Charakter des Kunstwerks
weitaus näher gekommen als ihre inhaltsästhetischen Nachfolger, nur daß Kant die kompensatorische Funktion des Ästhetischen, bedingt durch die geschichtliche Situation, positiv als
Bestätigung des Vernunftverhältnisses begriff, in das sich
das neuzeitliche Individuum zur Natur gesetzt hatte. Es stellt
sich die Frage, aus welchem Grund seine inhaltsästhetischen
Nachfolger den Kantischen Ansatz nicht weiter verfolgt haben
und so den spezifischen Charakter sowohl der Kunst als auch
der ästhetischen Erfahrung verfehlt haben. Der Verdacht
liegt nahe, daß hierbei Interessen des bürgerlich intellektuellen Bewußtseins eine Rolle spielten und bis heute noch
spielen, die sich aus dem Widerspruch zwischen der neuzeitlichen Vernunftkonzeption und der bürgerlichen Wirklichkeit
ergeben. Weil es der philosophischen Ästhetik primär darum
ging, im Rekurs auf die Kunst ihre diesbezüglichen Probleme
zu bewältigen, sie also auf Kunst, geleitet durch kunstfremde
Interessen, reflektierte, mußte sie notwendig den Charakter
von Kunst und damit zugleich den des Ästhetischen überhaupt
verfehlen. Im folgenden nun einiges zur Spezifik dieses
Interesses.

5.3 Das Interesse des neuzeitlichen Bewußtseins an einer Philosophie der Kunst

Im Blick auf die vorgestellten ästhetischen Theorien und auf den imaginären Charakter des Kunstwerks wird das Interesse des modernen Bewußtseins an der Kunst in einer Weise transparent, die eine Mystifikation der Kunst als Garant philosophischer Wahrheit oder Organ der Gesellschaftskritik nicht mehr zuläßt. Der geheimnisvolle Zauber der Kunst, von dem das bürgerlich-intellektuelle Bewußtsein so oft ergriffen war, resultiert aus einer eigeninteressierten Verkennung ihres imaginären Charakters. Aber es war diese Verkennung, die es der neuzeitlichen Philosophie ermöglichte, die Schwierigkeiten und Aporien, die erkenntnistheoretisch oder geschichtsphilosophisch nicht mehr aufzulösen waren, in der Ästhetik aufzuheben. Dies betrifft vor allem das Autonomie- und Souveränitätsbegehren des neuzeitlichen Subjekts, das nicht anders als ästhetisch-imaginär oder, wie im Falle Hegels, durch die weltvernichtende Konstruktion eines hermetischen Systems, dessen pathologische Struktur nicht zu übersehen ist, befriedigt werden kann. Angesichts der Realität der bürgerlichen Gesellschaft muß der Traum des neuzeitlichen Individuums, selbst Ort der Vermitteltheit von Einzelheit und Allgemeinheit nach dem Modell einer organismischen Totalität zu sein, unerfüllt bleiben. Sofern aber das Selbstverständnis des bürgerlich-intellektuellen Bewußtseins von dieser Vorstellung bestimmt wurde, mußte ein solches Bewußtsein die Realität als sinnlos erfahren. Weil Kunst auf Grund ihres imaginären Charakters die Erfahrung einer sinnkonsistenten Totalität -der im Kunstwerk gestalteten nämlich- ermöglicht, gilt ihr auch das besondere Interesse des an der Realität leidenden bürgerlichen Bewußtseins. Dieses durchaus legitime Interesse an einer das Leiden mildernden kompensatorischen Funktion der Kunst wird problematisch, wenn die ästhetische Theorie die Differenz zwischen dem Realen und Imaginären verwischt, indem sie das Imaginäre als die eigentliche Wahrheit des Realen behauptet, um eine angesichts der realen Entwicklung der bürgerlichen Gesellschaft fällige Revision der jeweiligen geschichtsphilosophischen Erwartungen und Vorstellungen zu vermeiden. Es ist nicht zu übersehen, daß sich in Deutschland geschichtsphilosophische Hoffnungen auf Veränderung und Verbesserung der gesellschaftlichen Situation immer dann in der Reflexion auf die Kunst zu stabilisieren versuchten, wenn die gesellschaftliche Entwicklung ihnen zunehmend weniger entsprach. Statt die im Rahmen philosophischer Spekulation gefundene 'Wahrheit' der Geschichte angesichts einer gegenläufigen gesellschaftlichen Entwicklung einer erneuten kritischen Reflexion zu unterziehen, neigte die Philosophie eher dazu, die einmal behauptete 'Wahrheit' der Geschichte ästhetisch zu verifizieren. Der von Hegelianern und Marxisten gleichermaßen verwendete dialektische Wahrheitsbegriff Hegels leistete dabei gute Dienste, weil das dialektische Verfahren sich a priori im Stande der Wahrheit wähnt. Der dialektische Wahrheitsbegriff Hegels erlaubte es seinen Nachfolgern, die Entfremdung des Individuums von der allgemeinen Ordnung der bürgerlichen Gesellschaft und seine Abhängigkeit von ihren institutionellen Komplexen als unwahr zu bestimmen und die im ästhetischen Kunsterleben erfahrbare Versöhnung aller gesellschaftlichen Widersprüche und Antagonismen als die eigentliche Wahrheit der bürgerlichen Gesellschaft zu glauben. Diese dialektische Bestimmung der Wahrheit der Gesellschaft versucht die Resistenz und Inertheit der realen gesellschaftlichen Entwicklung gegenüber den geschichtsphilosophischen Erwartungen der Neuzeit auf der Ebene des Begriffs zu brechen. Unterschlagen wird dabei die Differenz zwischen dem Imaginären und dem (faktisch) Realen, indem die prinzipielle Konvertibilität beider Bereiche unbegründet unterstellt wird. Das Imaginäre wird so zur *faktisch* realen Möglichkeit des Realen, d.h. die gesellschaftlich konkrete Realisierung der im imaginationsmagischen Horizont der Kunst entwickelten Entwürfe des gesellschaftlichen Seins wird fürsorglich unreflektiert vorausgesetzt. Durch die interessierte Unterschlagung der Differenz zwischen den beiden Haltungen des *einen* Bewußtseins ist es erst möglich gewesen, das Imaginäre der Kunst als die geschichtsphilosophische Wahrheit der Wirklichkeit zu behaupten und darin dem Leiden des modernen Bewußtseins an seiner Wirklichkeit therapeutisch zu begegnen. Unter dem Eindruck des ästhetischen Erlebens erscheint die reale Welt weniger hermetisch und inert als in der gewöhnlichen Alltagserfahrung. So hat auch die neuzeitliche Philosophie die reale Unmöglichkeit einer versöhnenden und herrschaftsfreien Identität von Subjekt und Objekt, Geist und Natur, Einzelheit und Allgemeinheit in der Kunst realisiert gesehen. Das vermeintlich vom Warentausch nicht verunstaltete Kunstwerk stand ein für die Möglichkeit und Wahrheit der geschichtsphilosophischen Entwürfe einer versöhnten Gesellschaft. Die real existierenden Widersprüche und Antagonismen erschienen so in der Perspektive ihrer möglichen Aufhebung, und die Möglichkeit ihrer Verschärfung wurde wohlweislich nicht reflektiert.[10] In dem Interesse an der Bestätigung geschichtsphilosophischer Entwürfe scheint mir auch der Grund

---

[10] Erst Karl Marx hat einen geschichtsphilosophischen Ansatz entworfen, der die Verschärfung der gesellschaftlichen, politischen und ökonomischen Widersprüche und Antagonismen als die notwendige Entwicklung der Geschichte behauptet. Dieser 'mutige' Blick auf die Geschichte und die Realität der bürgerlichen Gesellschaft war nur möglich, weil Marx die materiell-praktische Aufhebung dieser Gesellschaft durch eine Revolution der Arbeiterklasse als Telos der Geschichte entdeckt zu haben glaubte. Die geschichtsphilosophische Utopie einer revolutionär befreiten Gesellschaft ermöglicht erst diesen schonungslos kritischen Blick auf die bürgerliche Gesellschaft als einer geschichtlich überholten Formation. Ein Bewußtsein aber, daß die Ausbildung der bürgerlichen Gesellschaft als Inbegriff der Vernunft und Telos der Geschichte begreift, steht unter dem permanenten Zwang der Rechtfertigung des Bestehenden. Aber es ist kein Zufall, daß auch Marx bei seiner Schilderung des nachrevolutionären Zustandes der kommunistischen Gesellschaft in der 'deutschen Ideologie' zu ästhetischen Bildern greift. Teleologische Geschichtsauffassungen scheinen mir eine notwendige Affinität zum Ästhetischen zu haben, weil das jeweilige Telos immer als reine Positivität, d.h. als die absolute Versöhnung gesetzt wird. Vgl. Karl Marx, Die deutsche Ideologie. In: ders. Frühschriften, hrsg. v. Siegfried Landshut, Stuttgart 1868, S.361. Der Neomarxismus der 'Kritischen Theorie' hat daher, weil die Marxschen Erwartungen von der realen Geschichte nicht eingeholt worden sind, den kritischen Blick auf die gesellschaftliche

für die Aufspaltung der Ästhetik in eine des Realen und eine
des Imaginären zu liegen, die für die neuzeitliche Philosophie
seit Kant kennzeichnend ist. Ästhetik des Realen ist als Theorie der Sinnlichkeit bzw. der Wahrnehmung Bestandteil der Erkenntnistheorie, während die des Imaginären seit Kant als
Theorie der schönen Natur oder Kunst etabliert wurde. Während
Kant noch in der 'Kritik der reinen Vernunft' von der 'Tanszendentalen Ästhetik' sprach und so durch die Verwendung des
Begriffs 'Ästhetik' den Zusammenhang zwischen den beiden getrennten Bereichen ahnen ließ, haben seine Nachfolger den Begriff des 'Ästhetischen' weitgehend auf den Bereich der Kunst
und des Schönen beschränkt wissen wollen. Aber schon bei Kant
erscheint die Unterscheidung zwischen den beiden Bereichen
des Ästhetischen als eine wertende. Während im Rahmen der Erkenntnistheorie die Sinnlichkeit als bloßes Material für die
transzendentale Subjektivität herhalten muß, erhebt sich in
der KdU über dieser Sinnlichkeit eine nichtmaterielle, durchgeistigte des Subjekts, deren Erfahrung es dem Subjekt erlaubt,
das Primat des Geistigen über alles Natürliche bzw. MateriellSinnliche zu behaupten. Kants Nachfolger verlegten den Grund
dieser ausgezeichneten Erfahrung in das Kunstwerk, das als
materieller Gegenstand dieser Erfahrung allen anderen Gegenständen überlegen sein sollte. Was Kant durchaus zutreffend
noch als Leistung des Subjekts beschrieben hatte, wurde von
seinen inhaltsästhetischen Nachfolgern als erfahrbare Substanz
des Kunstwerks selbst ausgegeben. Statt vom imaginierenden Subjekt, sprach man noch in der Ästhetik der fünfziger Jahre vom
sprechenden Kunstwerk.[11] Damit verbaute sich die philosophische Ästhetik die Einsicht, daß sich das Bewußtsein prinzipiell
jedem Gegenstand gegenüber imaginierend verhalten kann, daß

Realität in seiner Radikalität nur durchhalten können, weil
er eine erneute Hinwendung zur Ästhetik vollzogen hat (Adorno)
und in ihr die letzten Rudimente geschichtsphilosophischer
Hoffnung auf Versöhnung als bewahrt behauptet hat.

11 Vgl. Emil Staiger, Die Kunst der Interpretation, Zürich 1955,
u. Hans-Georg Gadamer, Wahrheit und Methode, Tübingen 1960.

also der ästhetische Akt nicht an ein spezifisches Objekt gebunden ist, sondern prinzipiell von jedem Bewußtsein an jedem Objekt in der Alltagswelt vollzogen werden kann. Stattdessen hat das intellektuelle Bewußtsein für die nicht-kunsthafte Imagination ausschließlich negative Begriffe wie Illusion, Träumerei, ideologischer Schein usw. entwickelt und sie dadurch als möglichen Gegenstand für die philosophische Ästhetik disqualifiziert, Erst die moderne Kunst dieses Jahrhunderts, die den Zusammenhang zwischen kunstästhetischer und alltagsästhetischer Erfahrung selbst als Kunst präsentierte, hat den Bereich des Ästhetischen über den traditionellen Kunstwerkbegriff hinaus zu erweitern versucht und die philosophische Ästhetik in nicht unbeträchtliche Schwierigkeiten gebracht. Die letzten beiden großen, am Kunstwerk orientierten Ästhetiken, die von Lukács und Adorno, sind verzweifelte Rückzugsgefechte einer veralteten, weil beschränkten philosophischen Disziplin. Die moderne Kunst hat gegen die Kunstwerkästhetik zu zeigen versucht, daß jeder Gegenstand, aus seinem funktionellen Zusammenhang herausgelöst, als irrealer, d.h. imaginärer Gegenstand gesetzt werden kann.[12] Die darin angelegte Entmystifizierung der Kunst ist von der philosophischen Ästhetik nicht als Bereicherung ihres Gegenstandsbereiches begriffen, sondern als Dekadenz (Lukács, Staiger), Mode und Barbarei (Adorno) diffamiert worden. Solche Abwehrhaltung scheint mir zweifach motiviert. Die Teilhabe am exklusiven Bereich der Kunst hat in unserer Gesellschaft die Bedeutung einer Distinktion des gesellschaftlich zunehmend depravierten Intellektuellen gegenüber denjenigen, die durch ihre Sozialisation und Lebensbedingungen von solcher Teilhabe

---

12 "Es kommt jedoch vor, daß wir die Haltung des ästhetischen Betrachtung gegenüber realen Objekten und Ereignissen einnehmen. In diesem Fall kann man in sich eine Art Abstand zum betrachteten Objekt feststellen, daß selbst ins Nichts gleitet. Von diesem Augenblick an wird es nicht mehr wahrgenommen; es dient als *Analogon* seiner selbst, das heißt eine irreale Vorstellung dessen, was es ist, manifestiert sich für uns durch seine augenblickliche Präsenz hindurch." Sartre, a.a.O., S.299.

ausgeschlossen sind.[13] Die Kunst ist in unserer Gesellschaft
eines der letzten Reservate, in denen der Intellektuelle seine
Besonderheit gegenüber den übrigen Bevölkerungsgruppen inszenieren kann. Aber noch wesentlicher für den Abwehrprozeß
scheint mir, daß die Kunst, einmal ihrer exklusiven Besonderheit entkleidet, ihre besondere sinnstiftende Funktion bezüglich der erfahrenen gesellschaftlichen Realität verliert und
so ihrer Funktion, die sinndefizitäre Alltagserfahrung erfolgreich zu kompensieren, verlustig geht. Von diesem doppelten
Interesse des intellektuellen Bewußtseins ist die Abwehr einer
Entmystifizierung der Kunst motiviert. Einen hervorragenden
Beleg solcher Abwehr sehe ich in der nicht selten aggressiven
Haltung der meisten Künstler und Philosophen gegen die Psychoanalyse. Indem man wie Adorno in der Einleitung seiner Ästhetik
den von Freud behaupteten Zusammenhang von Künstlertum, Kunst
und Neurose vehement zurückweist, glaubt man offensichtlich,
damit zugleich der Psychoanalyse jegliche Kompetenz bezüglich
des Ästehtischen absprechen zu können. Damit entledigt man
sich zugleich der unangenehmen aber lohnenden Mühe, die nichtästhetischen Schriften Freuds durchzuarbeiten, in denen der an
ästhetischen Phänomenen und Verhaltensweisen Interessierte
einiges über den Komplex erfahren kann, den ich mit Sartre
als das Imaginäre bezeichnet habe. Die akademisch philosophische Unterschlagung der Psychoanalyse, besonders in Deutschland,
resultiert nicht zuletzt aus der Freudschen Depotenzierung des
Bewußtseins als die sich selbst transparente, das Leben des
neuzeitlichen Individuums bestimmende Instanz. Die Freudsche
Aufdeckung der Struktur des Unbewußten hat nicht nur die Erkenntnisse der Philosophie des Selbstbewußtseins zu einem
großen Teil in Frage gestellt, sondern zugleich auch die solcher Philosophie zugrundeliegenden, nicht immer schmeichelhaf-

---

13 Vgl. zum Problem der Distinktion und der sozialisationsbedingten Teilhabe an der Institution Kunst: Pierre Bourdieu.
Zur Soziologie der symbolischen Formen, Frankfurt 1970, bes.
S.150f.

ten Bedürfnisse und Interessen derer aufgezeigt, die sich ihr verschrieben haben.

5.4 Folgerungen für die gegenwärtige philosophische Ästhetik

Die bisherigen Ausführungen haben, wie ich hoffe, deutlich gemacht, daß sich die philosophische Ästhetik solange in Äquivokationen und Aporien verstrickt, wie sie ausschließlich Theorie der Kunst zu sein beansprucht. Damit will ich weder für die Abschaffung der Kunst plädieren, noch sie als einen würdigen Gegenstand der philosophischen Reflexion eliminieren. Meine Kritik an der Ästhetik bezieht sich primär auf ihre selbstauferlegte und eigeninteressierte Beschränkung bezüglich ihres Gegenstandsbereichs. In ihrer beschränkten Perspektive auf die Kunst als dem einzigen der philosophischen Reflexion würdigen Bereich des ästhetischen Verhaltens, verfehlt sie den Charakter der Kunst und überläßt einen großen Bereich der Sinnlichkeit und des ästhetischen Verhaltens der Wahrnehmungspsychologie. Außerdem sabotiert sie in ihrer Beschränkung auf die Kunst ihre rationalitätskritische Intention bezüglich einer Welt, die unter der Vorherrschaft der instrumentellen Vernunft steht. Dies trifft in besonderem Maße für die ästhetische Theorie Adornos zu. Solange die Philosophie in der Kunstästhetik ihre seit der Aufklärung existierenden erkenntnistheoretischen und geschichtsphilosophischen Probleme entweder zu lösen oder zu kompensieren trachtet, überlastet sie die Kunst und vergibt die Chance einer kritischen und radikalen Reflexion der gesellschaftlichen, politischen und ökonomischen Situation der spätkapitalistischen Gesellschaft. Nur die Reflexion auf die gesellschaftliche Realität und Praxis kann einen Beitrag zur Erhellung der erkenntnistheoretischen und geschichtsphilosophischen Probleme neuzeitlichen Denkens leisten. Als Theorie der Wahrnehmung und der Imagination könnte die Ästhetik dazu wesentlich beitragen. Das aber würde implizieren, daß die positivistische und die nichtpositivistische akademische Philosophie ihren heimlichen Idealismus zugunsten eines phänomenologisch-reflexiven Standpunktes aufgeben müßte, der den weiten Bereich der endlichen Lebenswelt nicht mehr unter der Konstruktion einer sie konstituierenden transzendentalen Subjektivität oder

der Metaphysik einer subjektlosen, objektiven Realität begräbt. Ein derartiger Denkansatz würde die im neuzeitlichen Denken verdrängte Leibgebundenheit von Erkenntnis und Wahrnehmung mitreflektieren, d.h. sich der Endlichkeit des Bewußtseins, dem Tod und dem perspektivischen Charakter der Wahrnehmung und der Erkenntnis stellen. Eine in diesem Kontext konzipierte Ästhetik würde weder vorgeben, die Differenz von Subjekt und Objekt, von Geist und Natur, von Einzelheit und Allgemeinheit aufzuheben, noch würde sie deren Identität als die Wahrheit des Seins beschwören, aber sie könnte das Begehren des neuzeitlichen Bewußtseins nach solcher Identät verstehen und seine gesellschaftlichen und geschichtlichen Entstehungsbestimmungen reflektieren. Statt zu versuchen, die Endlichkeit des Bewußtseins denkend zu überwinden, würde sie diese nicht mehr als Beschränkung, sondern als Bedingung des menschlichen Zur-Welt-Seins begreifen und wäre so weder positiv noch negativ auf das Problem der Identität fixiert, weil sie als Philosophie der Endlichkeit das zum Thema hat, was die traditionelle Philosophie in ihren Identitätskonstruktionen zu bannen suchte. Das bedeutet aber nicht, daß damit das Bedürfnis, das sich hinter derartigen Konstruktionen verbirgt, befriedigt oder gar verschwunden wäre. Nur gibt die Philosophie nicht mehr vor, diesbezügliche Befriedigung gewähren zu können. Zwar wäre auch eine derartige Theorie motiviert von dem Interesse, durch Reflexion zu leben und sich in der Welt zu erhalten, aber sie wäre nicht subjektvernichtende Identitätssuche, sondern würde den Verstehenshorizont erst zu leistender Lebenspraxis bereitstellen. Sie verweist das Bewußtsein unnachgiebig auf den imaginären Charakter derjenigen Unterfangen, durch die es sich in einer entzauberten Welt reflexiv exklusive Sinngarantien verschaffen will, um der metaphysischen Obdachlosigkeit der Neuzeit zu entkommen. Es geht mir nicht darum, das Sinnbedürfnis des modernen Menschen zu bagatellisieren oder als metaphysische 'Spinnerei' abzutun, sondern es vielmehr ernst zu nehmen. Es ernst nehmen aber heißt, Verzicht zu leisten auf alle diesbezüglichen Befriedigungsangebote.

VI. EXKURS ZUR SCHIZOPHRENEN SITUATION DER GEGENWÄRTIGEN KUNSTSZENERIE

Die Heterogenität, Chaotik, Mannigfaltigkeit und auch Beliebigkeit, in der sich die moderne Kunstszenerie dem Rezipienten präsentiert, macht es überaus schwierig, irgendeine Gemeinsamkeit zwischen dem, was gegenwärtig unter dem Titel 'Kunst' firmiert, zu entdecken. Gleichwohl scheint es mir möglich, auf einer relativ abstrakten Ebene, einige signifikante Grundvoraussetzungen zu formulieren, die jeder gegenwärtigen Kunstproduktion und -rezeption vorgängig sind. Sie beschreiben den Rahmen, in dem sich jede Produktion und Rezeption, ob sie will oder nicht, notwendig aktualisiert.

1. Die moderne Kunst hat dem traditionellen Begriff des 'Schönen' die Gefolgschaft aufgekündigt. Sie sieht ihre Aufgabe nicht mehr in der Erzeugung eines schönen Scheins, sondern in der Dekuvrierung des falschen und verlogenen Scheins, mit dem die Gesellschaft die unerträglich gewordene Realität überzieht. Sofern sie nicht auf geschichtlich überholte Formen regrediert, verweigert sie Bilder, die die Wirklichkeit als versöhnt vorstellen. Sie geht vielmehr darauf aus, die gegenwärtige gesellschaftliche Wirklichkeit als einen zerstörerischen, entfremdeten, monotonen und inhumanen Lebenszusammenhang des modernen Menschen anklagend zu entlarven.

2. Die moderne Kunst tendiert zunehmend zur Unanschaulichkeit und Abstraktheit, um sich von der falschen Anschaulichkeit der industriell erzeugten Bilderflut zu distanzieren, mit der die gesellschaftliche Realität überzogen ist. Sie sieht sich mit einer ausgeklügelten Warenästhetik und einer perfektionierten Medientechnologie konfrontiert, die systematisch an der Instrumentalisierung des imaginären Bildreservoirs arbeiten, das einst der Kunst vorbehalten war. Eine profitorientierte Kulturindustrie betreibt forciert eine Enteignung der subjektiv-imaginären Bilderwelt des Individuums, in dem sie diese mittels der vorhandenen Technologie ins Reale transponiert, d.h. sie als Quasirealität präsentiert. In

gewissem Sinne wird in der spätkapitalistischen Gesellschaft das Imaginäre real; und die kulturindustriell erzeugte Quasirealität vermischt sich auf eine schwer durchschaubare Weise mit der konkreten Wirklichkeit. Ein großer Teil der modernen Kunstproduktion versucht, der Enteignung des Imaginären durch eine verstärkte Hinwendung zur konkreten gesellschaftlichen Realität zu begegnen, ohne jedoch selbst den Bannkreis des Imaginären verlassen zu können. In dem Maße, in dem die Vergeblichkeit solcher Bemühungen aufscheint, werden die Versuche der modernen Kunst, sich durch Askese und Reduktion von der falschen Bilderwelt, mit der die Realität überzogen ist, abzusetzen, verzweifelter und absurder. Sie sieht sich der Paradoxie ausgesetzt, ihre verzweifelte Negation aller traditionellen Bestimmungen von Kunst nur wieder als Kunst leisten zu können. In ihren Extremen reagiert sie auf diese schizophrene Situation mit einem katatonisch anmutenden Rückzug auf einen Nullpunkt. In dem Bestreben, sich der Absorbtion durch die kulturindustrielle Bilderwelt zu entziehen, gerät die Kunst in ihren extremen Formen an den Rand der Selbstauslöschung.

3. Je mehr sich die moderne Kunst von dem kulturindustriell prä- und deformierten Kunstbegriff abzusetzen trachtet, um so mehr ist sie abhängig von der Präsentation durch den herrschenden Kulturbetrieb. Insbesondere in der bildenden Kunst erfahren viele Objekte ihre Bestimmung als Kunstwerke nur durch ihre Präsentation in den Kulturinstitutionen, außerhalb derer sie nicht als Kunst identifizierbar sind. Auch die ästhetischen Aktionen und Manifestationen sind auf ihre Präsentation in den Kulturinstitutionen angewiesen, da es in unserer Gesellschaft keinen eigenen Ort der Präsentation für nicht-künstlerische aber gleichwohl ästhetische Produktionen gibt.

4. Obwohl sich die moderne Kunst weitgehend vom traditionellen Kunstbegriff distanziert, bleibt sie auf ihn angewiesen. Sie gewinnt ihren besonderen Sinn und ihre Bedeutung erst in der Differenz zu dem, was einmal Kunst hieß, d.h. der Sinn eines

großen Teils der modernen Kunst resultiert erst aus ihrem differenziellen Verhältnis zur traditionellen Kunstproduktion.

5. Weil sich die kapitalistische Gesellschaft auf Grund ihrer Komplexität und Abstraktheit jeder anschaulichen Totalisierung durch die Kunst entzieht, kann diese nicht mehr die Bedeutung einer allgemeinen und verbindlichen Orientierungsinstanz für das Bewußtsein haben. Ein großer Teil der modernen Kunst kompensiert die damit verbundene Nivellierung und ihren objektiven Bedeutungsschwund durch die Inszenierung ihrer Autonomie gegenüber dem Verwertungszusammenhang der warentauschenden Gesellschaft. Ihre vermeintliche Autonomie wähnt sie darin, prinzipiell jeden Gegenstand durch Deklaration und Präsentation im Kulturbetrieb zum Kunstobjekt umfunktionieren und ihn so dem kapitalistischen Verwertungszusammenhang entreißen zu können. Darin ist sie, ohne es selbst zu wissen, magischer als alle Kunst es je war. Die Ohnmacht, die gesellschaftliche Synthesis nicht mehr anschaulich im Kunstwerk leisten zu können, läßt den modernen Künstler zunehmend zu einem 'Magier' werden, der durch seinen demonstrativen und designativen Gestus, mit dem er der Welt gegenübertritt, autonom ihre Verwandlung in eine ästhetische Gegenwelt zu betreiben vermag. So erhalten die im Bereich der bildenden Kunst präsentierten Objekte der Realität ihren Kunstcharakter als vom Künstler geborgt. Allerdings bedarf der Künstler dazu eines magischen Raumes, der allen seinen Gesten eine über die Alltäglichkeit hinausgehende Bedeutung gibt. Als dieser magische Raum funktioniert der Kulturbetrieb mit seinen verschiedenen Institutionen.

6. In ihren abstrakten und reduzierten Formen ist die moderne Kunst mehr denn je auf einen ästhetisch gebildeten Rezipienten angewiesen, der über ein hohes kunsttheoretisches und kunstgeschichtliches Wissen verfügen muß. Sie ist daher in ganz besonderem Maße auf eine umfangreiche ästhetische Erziehung ihrer potentiellen Rezipienten durch die verschie-

denen Sozialisationsagenturen unserer Gesellschaft angewiesen, die nach wie vor nur einer relativ geringen Anzahl von Individuen zukommt. Dazu quer steht der Anspruch vieler moderner Künstler, mit ihrer Produktion das exklusive Getto zu verlassen, in das die bürgerliche Gesellschaft die Kunst eingeschlossen hat. Aus diesem Gegensatz zwischen Anspruch und Wirklichkeit resultiert die kaum verstandene weitgehende Ablehnung der modernen Kunstproduktion durch ästhetisch nicht vorgebildete Rezipienten, die ihre ästhetischen Bedürfnisse, die sich strukturell in nichts von denen der gebildeten Intellektuellen unterscheiden, anderweitig ohne Frustation und mit weniger Aufwand befriedigt bekommen.

Wodurch ist die moderne Kunst in die gegenwärtige aporetische und schizophrene Situation geraten? Ich meine: durch einen ihr von der gesellschaftlichen Entwicklung seit der Aufklärung aufgezwungenen 'Paradigmenwechsel', der erst heute als solcher überhaupt wahrgenommen wird. Im Zuge der Aufklärung wurde der Kunst die Aufgabe überantwortet, die aufklärerische Rationalität der Naturentfremdung zu kompensieren, sie in einer quasi-vernünftigen Sinnlichkeit mit der Natur zu versöhnen. Im ästhetischen Geschmack kontrolliert, konnte das in der Rationalitätskonzeption der Aufklärung verdrängte Sinnliche wiederkehren und therapeutisch inszeniert werden. Die Kunst erhielt utopischen Sinn in einer Gesellschaft, in der Gemüt bzw. Seele aufs Ichdenke und Natur aufs Material technologischer Rekonstruktion oder sittlicher Beherrschung reduziert und extremiert wurden. Kunst hatte die Funktion, die Einheit dieser beiden Extreme zu suggerieren und darin die Autonomie vernünftiger Subjektivität zu bestätigen und zu rechtfertigen. So feierten die Kunstwerke die durch den Menschen vernünftig gewordene Natur, die Kultur. Gegen alle Trauer, Melancholie und Gesellschaftskritik, die von Beginn der Neuzeit an in ihnen aufschien, waren die objektiv gewordenen Kulturprodukte affimative und, was noch wichtiger war, affirmierbare Zeugen menschlicher Kultur. Weil Kunst auf Grund ihres imaginationsmagischen Charakters auch noch den in der rationalen

Naturbeherrschung unterdrückten Naturmomenten Tod, Sexualität und Gewalttätigkeit eine unriskante Präsenz zu verschaffen in der Lage war, vermochte sie über das Ausmaß der Naturentfremdung des neuzeitlichen Subjekts hinwegzutäuschen und Natur und Kultur als prinzipiell versöhnbar vorzustellen. Solange die Kulturalisierung der Natur als Prinzip der Selbstverwirklichung des Menschen noch nicht obsolet war, konnte Kunst die negativen Folgen der Naturbeherrschung, die sich im Bereich des gesellschaftlichen Seins manifestierten, relativ erfolgreich kompensieren. Im Blick auf die von der Kunst als möglich präsentierte Versöhnung von Geist und Natur erschienen sie als bloß akzidentell und prinzipiell aufhebbar. In fundamentale Schwierigkeiten geriet die Kunst erst, als die Bedrohung des neuzeitlichen Subjekts durch die erste Natur zurücktrat hinter der durch die zweite Natur. Geprägt durch eine progressive Industrialisierung und einen entwickelten Warentausch wurde die bürgerliche Gesellschaft vom Individuum zunehmend als entfremdender und bedrohlicher Lebenszusammenhang erfahren. Statt der erhofften Befreiung aus der Abhängigkeit von der ersten Natur brachte sie die Abhängigkeit des Individuums von einem institutionalisierten Staatsapparat und einer entwickelten kapitalistischen Marktwirtschaft mitsamt der dazugehörigen Warenproduktion. Es zeigte sich, daß die im Namen der Vernunft unternommene Ausbeutung und Beherrschung der Natur auch vor dem Menschen nicht halt machte. Diese Bedrohung durch die eigene Kultur konnte nicht mehr in Versöhnungssuggestionen ästhetischer Gestalt gebannt, sondern eher darin unheimlich verschleiert und bis zum Ekel übertrieben werden. In dem Maße, in dem die vom Menschen erzeugte zweite Natur vom Individuum als eine fremde lebensbedrohende Gewalt erfahren wurde, verlor die Kunst, selbst ein Produkt der zweiten Natur, an Glaubwürdigkeit und damit an therapeutischer Wirksamkeit. Die in ihr anschaulich gemachte Versöhnung von erster und zweiter Natur mußte dem an der gesellschaftlichen Entfremdung leidenden Bewußtsein als Lüge über die Kultur erscheinen. Sofern die Kunst ihres Anteils an der aus der neuzeitlichen Naturbeherrschung resultierenden Entfremdung des Individuums von erster und zweiter Natur innewurde, vollzog sie eine Wende gegen sich selbst, d.h. sie trat ein in einen bis heute anhaltenden Prozeß der Selbstreflexion und der Kritik an der rationalen Naturbeherrschung mit all ihren gesellschaftlichen Folgeerscheinungen. Die Intention der modernen Kunst, mit Artefakten, mit Kulturleistungen also, das von der Kultur bedrohte und zerstörte Leben zu erhalten oder wiederzugewinnen, erforderte die programmatische Dementierung des traditionellen Kunstbegriffs, gemäß dem im Kunstwerk der schöpferische Mensch und seine kulturellen Leistungen gefeiert wurden. Die moderne Kunst sieht sich, angesichts der destruktiven und bedrohlichen Folgeerscheinungen der zivilisatorischen Domestizierung der Natur und deren bewußtloser gesellschaftlichen Fetischisierung, dazu genötigt, die destruktiven Momente und Strukturen des Zivilisationsprozesses anklagend zu dekuvrieren. Kunst, die einst den Sieg des Menschen über die erste Natur feierte, bzw. selbst deren magische Bannung leistete, macht sich in der fortgeschrittenen kapitalistischen Gesellschaft zum Anwalt der besiegten Natur. Da sie aber an der zerstörerischen Naturbeherrschung selbst Anteil hatte, kann sie in ihrer diesbezüglichen Kritik vor sich selbst nicht halt machen. Ihre Kritik muß um der Glaubwürdigkeit willen die von ihr betriebene Affirmierung und Sanktionierung des Zivilisationsprozesses mitumfassen. Aber der moderne Künstler muß seine kunstmäßig produzierten, den traditionellen Kunstschein negierenden Artefakte hinein in die instituionalisierte zweite Natur stellen, in der sie neben den Artefakten der Warenproduktion stehen, als deren Kritik sie verstanden sein wollen. Den Versuchen der modernen Kunst, den gesellschaftlich erzeugten Schein, in den sich die kapitalistische Warenwelt hüllt, zu durchbrechen, steht ihr eigener Scheincharakter hinderlich im Weg. Der kunstgemäß erzeugte Schein hat es schwer, den gesellschaftlichen zu dekuvrieren: die moderne Kunst muß sich die Produktion utopischer Gegenbildlichkeit versagen, wenn sie nicht in Ideologieverdacht geraten will. Sie ist aber gleichwohl dazu gezwungen, ihre Kritik in sinnlich affirmierbaren Formen zu leisten. Kunst kann ihren imaginären Charakter nicht abstreifen, ohne selbst differenzlos der von ihr kritisierten Warenwelt anheimzufallen und sich darin auszulöschen. Auch da, wo sie durch Deformation und Neukonstellation den affirmativen Scheinzusammenhang der Kultur zu destruieren versucht, betreibt sie selbst notwendig das, was sie kritisiert; als diese kulturelle Leistung nämlich erheischt sie Affirmation. Die moderne Kunst entpuppt sich so als diffizile Selbstaffirmation der Kultur durch ihre Kritik hindurch und wird, wenn auch in reduzierter Form, dem geistigen Bedürfnis, dem Kunst schon immer ihre Existenz verdankte, bis heute gerecht. Die Verlogenheit der modernen Kunst besteht in der Verleugnung dieser ihrer gesellschaftlichen Leistung. Ihre Agressivität gegen die traditionelle Identifikationsleistung des Rezipienten ist Heuchelei, weil sie auf diese Leistung selbst angewiesen ist. Der moderne Künstler erwartet die affirmative Identifikation mit seiner die traditionellen Identifikationsmechanismen vorgeblich unterlaufenden ästhetischen Produktion. Zu diesem verlogenen Moment der modernen Kunst gesellt sich da Naivität, wenn nicht gar Zynismus, wo sie angesichts der Omnipräsenz des ästhetischen Potentials der Warenproduktion resigniert und die produzierten Waren selbst in den entsprechenden Institutionen als Kunstwerke präsentiert, in der stillen Hoffnung, sie würden, der normalen Warenzirkulation entrissen, über das der Natur angetane Unrecht zu sprechen beginnen. Aber als Kultur präsentiert, gesellt sich zu ihrem fetischhaften Glanz noch der kunstinstitutionell inszenierte auratische des Kunstwerks. Der so erzeugte Mehrwert ist ablesbar an den Preisindizes des modernen Kunstmarktes. Derartige Aktionen, die vor allem für den Bereich der bildenden Kunst und Malerei charakteristisch sind, zeigen, daß die ästhetische Kunst gesellschaftlich notwendig zu spät kommt, weil das Ästhetische als konsumierbare Sinnlichkeit in unserer Gesellschaft schier überall ist.[14] Die nicht kunstmäßigen, aber gleichwohl ästhetischen Aktionen und Manifestationen, die durchaus eine politische, d.h. gesellschaftskritische Funktion haben könnten, verlieren diese ihre mögliche Funktion bereits dann, wenn ihr Produzent, sich als

Künstler begreifend, sie in den Kunstmarkt einspeist, um durch ihren Verkauf sein Leben zu fristen. Auf diesem Markt müssen sie ihren politischen und kritischen Charakter zugunsten eines inszenierten Kunstcharakters aufgeben, da sie ansonsten nicht verkäuflich sind. In der kapitalistischen Gesellschaft vermag zwar ein Kunstwerk auf dem Kunstmarkt als Ware zu zirkulieren, nicht aber eine politisch-ästhetische Aktion, die sich auf Grund ihres geschichtlichen Charakters und ihrer Eingebundenheit in die Alltagswelt der Musealisierung und der Konsumtion entzieht.

14 Günter Schulte, Hegel oder das Bedürfnis nach Philosophie, Hildesheim 1982, S.137.

LITERATURVERZEICHNIS

In das Literaturverzeichnis sind auch Titel aufgenommen worden, die in der Arbeit selbst nicht zitiert wurden, aber gleichwohl für deren Zustandekommen von Bedeutung waren.

Adorno, Theodor W., Ästhetische Theorie. Ges. Schriften Bd.VII, hrsg. v. Gretel Adorno u. Rolf Tiedemann, Frankfurt/M. 1970

ders., Negative Dialektik, Frankfurt/M. 1975

ders., Minima Moralia. Reflexionen aus dem beschädigten Leben, Frankfurt/M. 1971

ders., Philosophie der neuen Musik, Frankfurt/M. 1972

ders., Prismen. Kulturkritik und Gesellschaft, Frankfurt/M. 1969

ders., Studien zum autoritären Charakter, Frankfurt/M. 1973

Adorno, Th.W. / Horkheimer, M., Dialektik der Aufklärung, Frankfurt/M. 1971

Bartuschat, Wolfgang, Zum systematischen Ort von Kants Kritik der Urteilskraft, Frankfurt/M. 1972

Bataille, Georges, Der heilige Eros, Frankfurt/M. 1974

Bateson, G. / Jackson, Don D., u.a., Schizophrenie und Familie, Frankfurt/M. 1975

Baudrillard, Jean, Der Tod tanzt aus der Reihe, Berlin 1979

Baumeister, Thomas / Kulenkampff, Jens, Geschichtsphilosophie und philosophische Ästhetik. In: Neue Hefte f. Philosophie, Heft 5 (1973), S.74-110

Biemel, Walter, Die Bedeutung von Kants Begründung der Ästhetik für die Philosophie der Kunst, Köln 1959

Bloch, Ernst, Vorlesungen zur Philosophie der Renaissance, Frankfurt/M. 1972

ders., Subjekt-Objekt. Erläuterungen zu Hegel, Frankfurt/M. 1972

Bormann, Claus v., Der praktische Ursprung der Kritik. Die
   Metamorphosen der Kritik in Theorie, Praxis und wissenschaftlicher Technik von der antiken praktischen Philosophie bis zur neuzeitlichen Wissenschaft der Praxis,
   Stuttgart 1974

Bourdieu, Pierre, Zur Soziologie der symbolischen Formen,
   Frankfurt/M. 1970

Devereux, Georges, Normal und Anormal. Aufsätze zur allgemeinen
   Ethnopsychiatrie, Frankfurt/M. 1974

Dörner, Klaus, Bürger und Irre. Zur Sozialgeschichte und Wissen-
   schaftssoziologie der Psychiatrie, Frankfurt/M. 1975

Duerr, Hans Peter, Traumzeit. Über die Grenzen zwischen Zivilisation und Wildnis, Frankfurt/M. 1978

Elias, Norbert, Über den Prozeß der Zivilisation. Soziogenetische
   und psychogenetische Untersuchungen. Bd. 1 + 2,
   Frankfurt/M. 1978

Enzensberger, Christian, Literatur und Interesse. Eine politische Ästhetik, München 1977

Foucault, Michel, Wahnsinn und Gesellschaft. Eine Geschichte des
   Wahns im Zeitalter der Vernunft, Frankfurt/M. 1973

Frank, Manfred, Das Sagbare und das Unsagbare. Studien zur
   neueren französischen Hermeneutik und Texttheorie.
   Frankfurt/M. 1980

ders., Das individuelle Allgemeine. Textstrukturierung und
   -interpretation nach Schleiermacher, Frankfurt/M. 1977

Freier, Hans, Die Rückkehr der Götter. Von der ästhetischen Über-
   schreitung der Wissensgrenze zur Mythologie der Moderne.
   Eine Untersuchung zur systematischen Rolle der Kunst in der
   Philosophie Kants und Schellings, Stuttgart 1976

Gadamer, Hans-Georg, Wahrheit und Methode,
   Tübingen 1960

Gerhard, Volker / Kaulbach, Friedrich, Kant. Erträge der
   Forschung Bd.105, Darmstadt 1975

Habermas, Jürgen, Philosophisch-politische Profile,
   Frankfurt/M. 1973

Hartmann, Nicolai, Die Philosophie des deutschen Idealismus,
   Berlin 1960

Hegel, G.W.F., Differenz des Fichteschen und Schellingschen Systems
   der Philosophie (1801). In: Werke in zwanzig Bänden, hrsg.
   v. Eva Moldenhauer / Karl Markus Michel, Bd.2, Frankfurt/M.
   1970

Lacan, Jacques, Ges. Schriften Bd. I + II, hrsg. v. Norbert
   Haas, Freiburg im Breisgau 1975

Kant, Immanuel, Kritik der reinen Vernunft. In: Werke in zwölf
   Bänden, hrsg. v. Wilhelm Weischedel, Bd. III/IV,
   Frankfurt/M. 1964

ders., Kritik der praktischen Vernunft,
   Bd. VIII

ders., Idee zu einer allgemeinen Geschichte in weltbürgerlicher
   Absicht, Bd. IX

ders., Metaphysische Anfangsgründe der Naturwissenschaft,
   Bd. IX

ders., Über den Gebrauch teleologischer Prinzipien in der
   Philosophie, Bd. IX

ders., Kritik der Urteilskraft,
   Bd. IX / X

ders., Beantwortung der Frage: Was ist Aufklärung?,
   Bd. IX

ders., Anthropologie in pragmatischer Hinsicht,
   Bd. XII

ders., Logik,
   Bd. VI

Kristeller, Paul O., Die philosophische Auffassung des Menschen
   in der italienischen Renaissance, Bd. 1 + 2, München 1974

Kulenkampff, Jens, Kants Logik des ästhetischen Urteils,
   Frankfurt/M. 1978

Laermann, Klaus, Kants Theorie des Geschmacks. In: Festschrift
   für Wilhelm Emrich, hrsg. v. Helmut Arntzen u.a., Berlin -
   New York 1975, S.96-109

Lukács, Georg, Die Gegenwartsbedeutung des kritischen Realismus.
   In: Ges. Werke, Bd. 4, Probleme des Realismus, Berlin 1971

Lypp, Bernhard, Ästhetischer Absolutismus und politische
   Vernunft. Zum Widerstreit von Reflexion und Sittlichkeit im
   deutschen Idealismus, Frankfurt/M. 1972

Martin, Alfred von, Soziologie der Renaissance,
   München 1974

Marquard, Odo, Schwierigkeiten mit der Geschichtsphilosophie.
   Aufsätze, Frankfurt/M. 1973

Hegel, G.W.F., Phänomenologie des Geistes,
  Bd. 3

ders., Grundlinien der Philosophie des Rechts,
  Bd. 7

ders., Enzyklopädie der philosophischen Wissenschaften,
  Bd. 7, 8, 9

ders., Vorlesungen über die Philosophie der Geschichte,
  Bd. 12

ders., Vorlesungen über die Ästhetik,
  Bd. 13, 14, 15

ders., Vorlesungen über die Philosophie der Religion,
  Bd. 16, 17

ders., Vorlesungen über die Geschichte der Philosophie,
  Bd. 18, 19, 20

Heinrich, Klaus, Über die Schwierigkeiten Nein zu sagen,
  Frankfurt/M. 1964

Helferich, Christoph, G.W.F. Hegel. Forschungsbericht,
  Stuttgart 1979

Henrich, Dieter, Kunst und Kunstphilosophie der Gegenwart.
  Überlegungen mit Rücksicht auf Hegel. In: Poetik und
  Hermeneutik II, Immanente Ästhetik - Ästhetische Reflexion,
  hrsg. v. Wolfgang Iser, München 1966, S.11-33

Horkheimer, Max, Vernunft und Selbsterhaltung,
  Frankfurt/M. 1970

ders., Zur Kritik der instrumentellen Vernunft,
  Frankfurt/M. 1967

Hubig, Christoph, Dialektik der Aufklärung und neue Mythen.
  Eine Alternative zur These von Adorno und Horkheimer.
  In: Philosophie und Mythos, ein Kolloquium, hrsg. v.
  Hans Poser, Berlin, New York 1979, S.218-240

Jauß, Hans Robert, Negativität und Identifikation. Versuch zur
  Theorie der ästhetischen Erfahrung. In: Poetik und Herme-
  neutik VI, Positionen der Negativität, hrsg. v. Harald
  Weinrich, München 1975, S.263-341

Koepsel, Werner, Die Rezeption der Hegelschen Ästhetik im
  20. Jahrhundert, Bonn 1975

Koselleck, Reinhart, Kritik und Krise. Eine Studie zur Patho-
  genese der bürgerlichen Welt, Frankfurt/Main 1973

Marquard, Odo, Identität: Schwundtelos und Mini-Essenz - Bemerkungen zu einer aktuellen Diskussion. In: Poetik und Hermeneutik VIII, Identität, hrsg. v. Odo Marquard und Karlheinz Stierle, München 1979, S.347-371

ders., Kant und die Wende zur Ästhetik. In: Zeitschrift für philosophische Forschung, Meisenheim 1962, S.231-243 u. 363-374

Marx, Karl, Frühschriften, hrsg. v. Siegfried Landshut, Stuttgart 1968

Materialien zur ästhetischen Theorie: Th. W. Adornos Konstruktion der Moderne, hrsg. v. Burkhardt Lindner u. Martin Lüdke, Frankfurt/M. 1980

Merleau-Ponty, Maurice, Phänomenologie der Wahrnehmung, Berlin 1966

Müller, Michael / Bredekamp, Horst, u.a., Autonomie der Kunst. Zur Genese und Kritik einer bürgerlichen Kategorie, Frankfurt/M. 1972

Müller, Rudolf Wolfgang, Geld und Geist. Zur Entstehungsgeschichte von Identitätsbewußtsein und Rationalität seit der Antike, Frankfurt/M. 1977

Nietzsche, Friedrich, Genealogie der Moral. In: Werke in drei Bänden, hrsg. v. Karl Schlechta, Stuttgart, Zürich, Salzburg 1966, Bd. 2, S.761-901

Nelson, Benjamin, Der Ursprung der Moderne. Vergleichende Studien zum Zivilisationsprozeß, Frankfurt 1977

Nelson, Leonard, Fortschritte und Rückschritte der Philosophie. Ges. Werke Bd. 7, hrsg. v. Julius Kraft, Hamburg 1962

Objekte des Fetischismus, hrsg. v. J.B. Pontalis, Frankfurt/M. 1972

Oelmüller, Willi, Die unbefriedigte Aufklärung. Beiträge zu einer Theorie der Moderne von Lessing, Kant und Hegel, Frankfurt/M. 1979

Patocka, Jan, Zur Entwicklung der ästhetischen Auffassungen Hegels. In: Hegel-Jahrbuch 1964/65, Meisenheim 1965, S.49-60

Patzig, Günter, Der Philosoph ist kein Prophet. Was eine oft überforderte Disziplin heute noch leisten kann. In: Frankfurter Allgemeine, Samstag, 26. April 1980, Nr.98

Priester, Klaus, Bürgerliche Ideologie bei Suhrkamp. Zur Neuausgabe von Werken von Habermas und Adorno. In: Marxistische Blätter 11, 1973, Heft 5

Puder, Martin, Kant - Stringenz und Ausdruck,
   Freiburg 1974

Rehfus, Wulff, Th. W. Adorno. Die Rekonstruktion der Wahrheit
   aus der Ästhetik, Diss. Köln 1976

Rohrmoser, Günter, Das Elend der kritischen Theorie,
   Freiburg 1970

Sartre, Jean-Paul, Das Imaginäre,
   Hamburg 1971

ders., Was ist Literatur?,
   Hamburg 1976

Schelling, K.F.A., System des transzendentalen Idealismus.
   Ges. Werke Bd. 2, hrsg. v. Manfred Schröter, München 1958

Schopenhauer, Arthur, Die Welt als Wille und Vorstellung. In:
   Werke in zehn Bänden, hrsg. v. Claudia Schmölders,
   Fritz Senn u. Klaus Haffmans, Zürich 1977, Bd. I-IV

Schulte, Günter, Vernunft und Natur. In: Erneuerung der Trans-
   zendentalphilosophie im Anschluß an Kant und Fichte.
   (R. Lauth zum 60. Geburtstag) Hrsg. v. K. Hamacher und
   A. Mues, Stuttgart - Bad Cannstadt 1979, S.345-358

ders., Hegel oder das Bedürfnis nach Philosophie, Hildesheim
   1982.

ders., 200 Jahre Vernunftkritik. Zur Wandlung des Rationali-
   tätsproblems seit Kant, Köln 1981.

Seminar: Die Entstehung von Klassengesellschaften, hrsg. v.
   Klaus Eder, Frankfurt/M. 1973

Staiger, Emil, Die Kunst der Interpretation,
   Zürich 1955

Tugendhat, Ernst, Selbstbewußtsein und Selbstbestimmung.
   Sprachanalytische Interpretationen, Frankfurt/M. 1979

Zilsel, Edgar, Die sozialen Ursprünge der neuzeitlichen
   Wissenschaft, hrsg. v. Wolfgang Krohn, Frankfurt/M. 1976

BH
81
.W45
1983

459811

St. Mark's Library
175 Ninth Avenue
New York, N. Y.   10011